3014
H.

DESCRIPTION

HISTORIQUE ET CRITIQUE

DE L'ITALIE.

DESCRIPTION
HISTORIQUE ET CRITIQUE
DE L'ITALIE,
O U
NOUVEAUX MÉMOIRES
Sur l'État actuel de son Gouvernement,
des Sciences, des Arts, du Commerce,
de la Population & de l'Histoire Naturelle.

PAR M. L'ABBÉ RICHARD.

Hæc olim meminisse juvabit,
Per varios casus, per tot discrimina rerum.
Æneid. I.

TOME VI.

A DIJON,
Chez FRANÇOIS DESVENTES, Libraire de
Monseigneur LE PRINCE DE CONDÉ;

Et se trouve à PARIS
Chez MICHEL LAMBERT, Imprimeur, rue des
Cordeliers, au Collége de Bourgogne.

M. DCC. LXVI.

TABLE DES TITRES.

contenus dans le sixieme Tome.

Tom. VI.   a

TABLE DES TITRES.

TABLE DES TITRES.

MÉMOIRES.

MÉMOIRES
HISTORIQUES
ET CRITIQUES.
SUR L'ITALIE.

ROME ET SES ENVIRONS,
SECONDE PARTIE.

Edifices publics, Palais, Statues,
Tableaux, État Ecclésiaf-
tique, &c.

1 L'ATTENTION, en arrivant à Rome, eft partagée entre St Pierre & la Capitole ; ces deux grands objets de curiofité, excitent les vœux des Pélerins & des Voyageurs : ce font les deux monumens de cette Ville, que l'on veut voir.

Capitole ; fes Statues & Tableaux.

Accoutumés dès l'enfance à regarder le Capitole comme le centre de la

Tome VI.   A

puiſſance Romaine, ce lieu élevé d'où les Vainqueurs du monde régloient le ſort du reſte des Mortels; on imagine y trouver encore le monument de la Terre la plus reſpectable : à peine oſe-t-on s'en former une idée; c'eſt-là d'où les Scipions, Pompée & Céſar partoient pour aller ſubjuguer l'Univers, qui ne ſembloit que les attendre pour ſe ſoumettre à leur loix. Cette Puiſſance a été ſi immenſe, que l'on ſe perſuade que le Capitole a été un lieu inacceſſible à tous autres qu'aux Romains & aux Dieux, qui ſembloient ſoutenir enſemble & à forces égales, le ſceptre de l'Univers.

Mais ſi toutes ces idées ont eu quelque réalité, les choſes ont abſolument changé de face. A ce gouvernement militaire & abſolu, où la force étoit l'appui de la domination, a ſuccédé un Empire doux & tranquille, qui ne connoît d'autres armes que la perſuaſion, dont l'autorité toute ſpirituelle, appuyée ſur la parole formelle d'un Dieu fait homme, ſe ſoutient avec une dignité plus réelle, une ſoumiſſion plus libre, une durée plus inaltérable, & une domination plus étendue; c'eſt ainſi que Rome & le Capitole ſont encore le centre de la premiere Puissance. *

Voilà ses titres & ses droits ; à la fierté d'un gouvernement despotique & arbitraire, ont succédé les douceurs toujours égales d'un gouvernement paternel.

Ainsi le Capitole, cette premiere forteresse de l'Empire Romain n'a plus rien de cet appareil formidable, qui lui attira le respect des nations : il se présente aujourd'hui sous une forme toute différente. Ouvert de tous les côtés, chacun y peut aborder librement. Ses édifices, sa décoration ne respirent que la paix & la tranquillité : ce que l'on y conserve encore de monumens antiques, ne sert qu'à apprendre que l'autorité des Consuls est anéantie, & le sceptre des Empereurs brisé.

Il ne reste plus rien en place, de l'ancien Capitole, que les fondemens même du palais du Sénateur, élevé sous des voûtes antiques, & des murailles

---

* *Humanumque genus communi nomine fovit,*
Matris non Dominæ vitu, civesque vocavit
Quos domuit, nexuque pio longinqua revinxit....
Claudianus, L. 3.

A ij

fortes & épaisses, du tems même des rois de Rome, qui occupent la partie du Mont Capitolin du côté du *Forum Romanum*, aujourd'hui *Campo Vaccino*. C'est ce que l'on appelloit *Substructiones Capitolii*, dont on voit une partie à découvert, tant à l'intérieur qu'à l'extérieur, dans le jardin qui est au-dessous du palais du Sénateur, au midi. Les voûtes antiques de ces substructions, servent actuellement de caves & d'écuries.

Toute cette fabrique est de grandes pierres taillées de quatre côtés, posées les unes sur les autres sans mortier ni ciment, mais probablement unies par une poussiere très fine, tirée de la pierre même, & délayée avec de l'eau, ainsi que l'employoient les Constructeurs Etrusques, qui eurent la direction de ces ouvrages ; ces pierres exactement unies & d'un très-grand poids, sont aussi solides que si elles ne formoient toutes ensemble qu'un seul bloc. C'est ce que l'on appelle aujourd'hui *Piperino*, pierre brune, solide, sans être cassante, & qui résiste à toutes les injures de l'air, sans éprouver la moindre altération, ainsi que le reste de ces édifices antiques le prouve.

Le *Clivus Capitolinus*, ou chemin par
où les Triomphateurs montoient de la
Via Sacra au temple de Jupiter Capitolin, est encore le même chemin en
pente fort adoucie, qui aboutit du
Campo Vaccino au Capitole, entre le
couvent d'Aracœli, & les substructions
antiques, que l'on a couvertes en partie d'inscriptions modernes.

Il paroît par tous les plans des édifices anciens du Capitole, que leur aspect principal étoit tourné du côté du
Forum Romanum : c'étoit le chemin
des Triomphateurs pour y arriver ;
du haut de la montagne on avoit la
vue sur les palais des Empereurs, les
temples les plus magnifiques, & les
édifices les plus pompeux de la République.

Aujourd'hui la face principale du
Capitole, est tournée au nord, & l'entrée est de ce côté. La montagne avoit
deux sommets beaucoup plus élevés
que le reste : l'un occupé par le temple de Jupiter Capitolin ; l'autre,
par une espece de citadelle ou de
partie plus fortifiée que le reste ; au
milieu étoit une petite plaine plus
basse que les deux sommets, & qui
pouvoit avoir environ cent toises de

largeur, fur environ quatre-vingt de profondeur ; c'eft dans ce même emplacement qu'eft aujourd'hui la place du Capitole : on y monte par un large efcalier, dont la rampe eft fort douce, car en la couvrant de fable, le Pape y arrive aifément à cheval, lorfqu'il va prendre poffeffion du Capitole, après fon couronnement. Cet efcalier eft terminé par le bas, par deux fphinx antiques, de marbre d'Egypte, qui jettent de l'eau, & qui ont été trouvés dans les bains d'Agrippa.

La place du Capitole du côté de la Ville, n'eft fermée que d'une baluftrade de marbre, qui commence au haut de l'efcalier, & qui s'étend des deux côtés dans toute la largeur du terrein. Cette partie eft décorée avec goût de plufieurs monumens antiques. Au-deffus de l'efcalier fur des piedeftaux, de la hauteur de la baluftrade, font les ftatues coloffales de Caftor & de Pollux, en marbre grec ; les trophées de Marius (*a*) ; les fils de Conf-

---

(*a*) Ces trophées méritent quelque attention, en ce qu'ils font d'un beau travail, & qu'ils ont partagé en quelques fortes, la def-

tantin, & deux colonnes, Castor &
Pollux, ayant chacun sur la tête la
coque d'œuf, où la fable dit qu'ils furent formés, & tenant leurs chevaux qui,

---

tinée de celui, à l'honneur duquel ils avoient
été érigés: Sylla les fit renverser; César, qui
vint après, les fit rétablir, si on s'en rapporte
à la tradition de Rome. Il n'est pas douteux
qu'ils n'aient été élevés après la victoire sur
les Cimbres; car les arcs sur lesquels ils furent
placés, élevés en mémoire de cet événement,
furent appellés *Cimbrorum*, & dans la suite des
tems tout le quartier prit le nom de *Cimbrum*,
au pied du Mont-Esquilin; on trouve d'anciens
titres dans lesquels l'église de St Eusebe, dont
j'ai fait mention, est appellée *Ecclesia Sancti
Eusebii ad Cimbrum* : cependant d'autres prétendent que ces trophées ont été élevés à l'honneur de Trajan, après sa victoire sur les Daces
& la défaite de leur dernier roi Décébale;
& ils en apportent pour preuve la figure de
Femme que l'on voit dans un de ces trophées,
qui représentent la Dace même, avec les attributs de ses productions & de sa fertilité. Clu-
vier, *Introd. ad Geog. l. 4.* place la Dace
dans une partie de la Hongrie, la Transilva-
nie, la Valachie, & presque toute la Mol-
davie... Ce qu'il y a de certain, c'est que l'on
voit encore les arcs sur lesquels ils étoient placés, avant qu'on ne les eût transportés à la place du Capitole; c'est ce que l'on appelle, *Aqua
Marzia*, du nom du préteur *Quintus Martius
Rex*, qui les fit construire lorsqu'il amena à
Rome les eaux du Lac Celano....

A iij

d'une taille proportionnée à la leur, font d'un grand ftile, mais point agréable, & probablement d'artiftes Romains. La colonne milliaire qui eft à main droite, & la premiere de celles qui marquoient la route fur la Voie appïenne, donnera une idée de cet ufage de l'antiquité : celle-ci a été trouvée au bas de la roche Tarpeïenne, auprès du théâtre de Marcellus. Vis-à-vis, pour faire fymmétrie, on a élevé une autre colonne de même hauteur, fur laquelle on a placé une boule de cuivre doré, où l'on prétend qu'ont été autrefois enfermées les cendres de Trajan.

Vis-à vis du grand efcalier, eft la ftatue équeftre de Marc-Auréle-Antonin, plus grande que le naturel, c'eft-à-dire entre le fecond & le troifieme ordre, *Magnæ* & *Majeres*, & placée fur un piédeftal d'un feul bloc de marbre du deffein de Michel-Ange. C'eft l'un des meilleurs Antiques, & peut-être le plus beau de ce genre, qui exifte. Le cheval, fur-tout, eft fi parfait, que toutes les fois que Pierre de Cortone paffoit fur cette place, il lui difoit : » Marche donc, ne fçais-tu pas » que tu es vivant « ? la bride du cheval eft femblable à celles dont on fe fert actuellement : ce que l'on remarquera de même dans d'autres bas reliefs qui ont rapport à l'histoire de cet Empereur. Cette Statue équestre étoit l'une des vingt-quatre que l'on voyoit à Rome, & sans doute l'une des plus belles, s'il est vrai que Totila, roi des Goths, après qu'il se fut rendu maître de Rome en 532, ne songea qu'à conserver cette seule statue qu'il faisoit conduire au port d'Ostie, lorsqu'elle fut reprise par Belisaire, qui la fit rétablir à Rome dans la place de St Jean-de-Latran, où elle fut retrouvée en 1475, dans un petit souterrain. En 1538, Paul III la fit transférer où elle est aujourd'hui : il paroît qu'elle a été légèrement dorée, ce qui a fait dire qu'elle étoit d'airain de Corinthe. Cette statue paroîtroit bien plus avantageusement, si elle coupoit l'horizon, ou si elle étoit dans une place plus vaste ; mais elle est trop près d'autres statues, qui sont adossées au palais du Sénateur, que l'on voit en même tems, & qui partagent l'attention.

Les trois autres côtés de cette place sont occupés par autant de bâtimens d'une très-belle architecture, exécutée sur les desseins de Michel-Ange ; cou-

A v

ronnés tous les trois d'une baluſtrade ſurmontée de ſtatues. Au-deſſus du bâtiment du milieu paroît un campanile de bon goût dans lequel eſt la cloche du Capitole que l'on ne ſonne qu'à la la mort des Papes, à leur priſe de poſ-ſeſſion, à l'ouverture du carnaval, & autres occaſions de cette importance.

L'eſcalier a deux rampes, il con-duit à la grande ſalle du Capitole : la fontaine qui eſt au milieu & ſes orne-mens ont été exécutées ſous les yeux de Michel-Ange. Dans une niche au-deſſus de la fontaine eſt une ſtatue an-tique de Rome triomphante, dont la draperie eſt de porphyre, la tête, les mains & les pieds de marbre de Gréce. Aux deux côtés de la baluſtrade qui entoure le baſſin de la fontaine, ſont les ſtatues couchées du Tibre & du Nil, d'un très-beau travail.

La grande ſalle ſert de tribunal ordi-naire au Senateur de Rome & aux Magiſ-trats qui lui ſont ſubordonnés, & ren-dent la juſtice en premiere inſtance à ſon nom, pour ce qui eſt de leur reſſort, ainſi que je l'ai dit ailleurs. C'eſt dans cette ſalle que l'on diſtribue tous les mois les prix aux jeunes éleves de l'acadé-mie de St Luc, pour le deſſein, la fculpture & l'architecture : elle eft ornée de peintures à frefque & des ftatues de Charles d'Anjou, roi de Naples, & fenateur de Rome, & de celles des papes Paul III, & Grégoire XIII.

Le palais des Confervateurs, qui eft à droite de la place, a une galerie couverte qui regne dans toute fa longueur, foutenue d'un grand ordre de colonnes doriques, qui portent un fecond ordre corinthien plus léger, fur lequel eft une riche corniche couronnée d'une baluftrade : rien n'eft plus noble que cette décoration extérieure. Sous la porte d'entrée on voit la ftatue de Jules-Céfar en habit militaire, & vis-à-vis, celle qui fut érigée à Augufte après la bataille d'Actium : il a une proue de navire à fes pieds, que l'on a toujours mife depuis fur fes medailles, comme défignant le moment où il avoit été affermi fur le thrône. Elles font toutes les deux du fecond ordre *Magnæ.* *

On voit dans la cour quelques morceaux de ftatues coloffales curieux en ce qu'ils peuvent donner une idée de ces grandes compofitions dont aucune n'a été confervée. Il refte deux pieds de celle d'Apollon, amenée à Rome

* Voyez à ce fujet, la note B. de la Préface du V Tome.

d'Apollinée ville d'Asie, & placée par
Lucullus au Capitole : elle avoit trente
coudées de hauteur ; ces deux pieds &
les parties de bras qui restent, font
voir qu'elle étoit d'une belle proportion, & très-bien travaillée... une tête
colossale de bronze de la statue de
Commode, que l'on estime avoir eu
quarante pieds de proportion... une autre tête colossale de Domitien, d'un
grand stile, quoique grossier & peu élégant, ce qui vient sans doute de ce
que l'on voit de trop près, cette tête
qui devoit être à une très-grande élévation, car la proportion de cette tête,
est au-dessus de celles dont j'ai parlé
plus haut. Celle-ci est posée sur un
piedestal enrichi de figures en bas-relief, qui paroissent représenter une province. Ce morceau a été probablement
tiré du Panthéon, dans lequel on voyoit
les statues de tous les Dieux placées
sur des piedestaux, sur lesquels étoient
représentées les différentes provinces
de l'Empire... Rome triomphante, figure colossale assise, au pied de laquelle
est une femme qui pleure, d'un excellent travail, & bien au-dessus de la
statue qui paroît d'un artiste inférieur...
un Lion qui déchire un cheval, grouppe

excellent, où on retrouve toute la fineffe & la beauté de travail du cifeau
des Grecs ; Michel-Ange le regardoit
comme un des morceaux les plus précieux de l'antiquité , & le reſtaura lui-
même , mais il a été gâté depuis ; le
cheval ſur-tout a beaucoup ſouffert. Ce
grouppe a été heureuſement imité , &
j'en connois pluſieurs petits modeles
en bronze qui ſont d'un travail fini.
Il fut retrouvé dans le bief d'un mou-
lin hors de la porte St Paul ; on a
mille preuves de la fureur avec laquelle
les Barbares avoient tenté d'anéantir
les ornemens les plus précieux de l'ancienne Rome, dont la beauté les éton-
noit merveilleuſement.

L'eſcalier qui conduit aux appartemens du haut eſt orné de pluſieurs
morceaux curieux de ſculpture, qui ſont
bien conſervés : je ne parlerai que de
ceux dont il eſt fait mention dans les
notes que j'ai recueillies ſur le champ ;
ſi ce ne ſont pas les plus beaux, ce
ſont au moins ceux qui m'ont le plus
frapé.

Au bas de l'eſcalier eſt une colonne
roſtrale, érigée en l'honneur de Duilius ,
le premier des Romains qui ait rem-
porté une victoire navale, l'an de Ro-

me 494; elle fut placée dans le *Foro Romano*, & a été retrouvée en 1560 auprès de l'arc de Septime. On ne peut pas dire que ce soit un de ces monumens dont la beauté étonne, mais il est précieux par son antiquité. Pline en parle (l. 35, c. 5.) *Celebratio antiquior columnarum. . . C. Duilio qui primus navalem triumphum egit de Pœnis, quæ est etiam nunc in Foro...* Cette colonne haute de dix à douze pieds, de marbre parien, posée sur le même piedestal sur lequel elle a été érigée, est d'ordre toscan, traversée de proues ou becs de vaisseaux, *Rostra*, & d'ancres, & surmontée d'une petite statue pédestre de Rome victorieuse, ayant à la main la *hasta-pura*. Cet ornement, comparé avec ce que les arts ont imaginé depuis, paroît très-mesquin : elle a été restaurée dans le tems d'Auguste. Les chevaux marins qui sont en relief sur les proues sont d'un travail bien supérieur au reste de l'ouvrage... Les statues des muses Uranie & Thalie (*Magnæ*)... Quatre bas reliefs excellens qui ornoient l'arc de Marc-Aurele, érigé dans la *Via Flaminia*, & que le pape Alexandre VII fit détruire pour rendre la vue du cours, qui sert de promenade publique plus large & plus droite. Ces quatre morceaux font bien confervés, & de la plus belle exécution : ils meritent même d'être étudiés pour connoître le coftume de ce tems, qu'il paroît que l'on a exactement fuivi. Ils font encadrés dans les murs du pallier découvert, qui eft au-deffus de la premiere rempe. Ils ont pour fujet un triomphe de Marc-Aurele.... le facrifice qu'il offre devant le temple de Jupiter Capitolin... le même Empereur à cheval qui donne des ordres aux Préteurs... Rome qui lui préfente le gouvernement de la terre figuré par un globe. On remarquera fur ce même efcalier un grand efturgeon de marbre en relief, deftiné à un ufage fingulier : on le prétend renouvellé de l'antique ; il fert de mefure aux poiffons que l'on vend au marché : la tête jufqu'aux premières nageoires de tous ceux qui font de cette grandeur & au-deffus, appartient de tems immémorial au magiftrat de Rome, & on eft obligé de la lui donner ou de la racheter. L'infcription qui eft gravée au-deffus explique parfaitement cet ufage, dont l'ignorance même ne peut pas excufer. (a)

_____

(a) Capita pifcium, Marmoreo fchemate,

La falle d'entrée grande & bien proportionnée, eft décorée de grandes
peintures à frefque par le cavalier d'*Arpino* : elles repréfentent différens traits
de l'hiftoire de Rome naiffante. . . Romulus & Remus dans l'inftant où Fauf-
tulus les trouve entre le Palatin & l'A-
ventin fous le figuier *Ruminalis* ; on
voit fa femme Acca Laurentia, qui s'approche pour les tirer de deffous la louve
qui les alaite encore. . . Romulus qui
marque avec le foc de la charrue le
premier circuit de Rome, (*Roma qua-
drata*)... l'enlevement des Sabines par
les Romains. . . . l'établiffement des
Veftales à Rome, & du culte religieux
par Numa... le combat des Horaces
& des Curiaces... la terrible bataille
des Romains avec les Veïens, fous la
conduite des rois Tullus - Hoftilius &
Metius-Suffetius... Toutes ces compofitions font belles, mais le coloris en
eft fi effacé, que l'on ne peut plus juger
que du deffein, & du genie de l'auteur,
qui s'y font encore remarquer avanta-
geufement. Les ftatues de Leon X,

---

longitudene majorum , ufque ad primas pinnas
inclufive , confervatoribus danto , fraudem ne
committito , ignorantia excufari ne credito.

de Sixte V, en bronze, & d'Urbain VIII, par le cavalier Bernin, (*Majores*) placées sur des piedestaux bien travaillés enrichissent beaucoup cette salle, où on voit aussi le buste en marbre de Christine, reine de Suéde, accompagné d'une très-belle inscription. (*a*)

La seconde piece, peinte à fresque par Thomas *Lauretti* Sicilien, représente la suite de l'histoire Romaine... Mutius Scevola qui se brûle la main en présence de Porsenna, après avoir tué un de ses Officiers qu'il avoit pris pour le Roi. . . Brutus sur son tribunal qui condamne ses fils à mort, pour avoir

---

(*a*) *Christinæ Suecorum, Gothorum & Vandalorum Reginæ. Quod instinctu Divinitatis, Catolicam Fidem regno avito præferens, post adorata SS. Apostolorum limina , & submissam venerationem Alexandro VII. summo Religionis Antistiti exhibitam, de se ipsá triumphans, in Capitolium ascenderit, Majestatisque Romanæ monumenta , vetustis in ruderibus admirata, III. Viros Consulari potestate, & Senatum tecto capite considentes , Regio honore fuerit prosecuta. VIII. id. Quintil. An.* M. D. C. LV. S. P. Q. R... On verra dans la suite combien toute les démarches de cette Reine étoient peu sinceres , & le cas qu'elle faisoit de ces Romains qui l'accabloient de louanges & d'honneurs.

conſpiré contre la republique, & tenté de rétablir les Tarquins ſur le thrône... Horatius Cocles qui s'oppoſe lui ſeul ſur le pont Sublicius au paſſage des Toſcans... la ſanglante bataille où le parti des Tarquins fut entièrement défait. Le ton de couleur de ces peintures eſt plus vigoureux que celui de la piéce précédente, & on s'appercevra ſur-tout que cet artiſte excelloit à peindre les chevaux. Dans cette ſalle ſont les ſtatues des gonfalonniers ou généraux des armées de l'Egliſe; de Marc-Antoine Colonne, général des troupes qui étoient ſur la flotte qui défit les Turcs à Lepante... d'Alexandre Farnèſe, duc de Parme... de Charles Barberin, frere d'Urbain VIII... de François Aldobrandin... de Thomas Roſpiglioſi. Comme la paix dont jouit l'Etat Eccléſiaſtique depuis long-tems laiſſoit cette charge abſolument ſans fonction, elle n'eſt point remplie depuis long-tems. On y verra encore quelques buſtes antiques d'aſſez bonne maniere, mais qui n'ont rien de merveilleux. C'eſt dans cette ſalle qu'eſt le thrône ſur lequel j'ai vu le Prieur & les Conſervateurs, recevoir le tribut des Juifs, le ſamedi avant le carnaval.

La troifieme piece a pour plus bel
ornement la fameufe Louve de bronze
qui alaite Romulus & Remus : elle étoit
très - anciennement au Capitole lorfqu'elle fut frapée de la foudre au pied
gauche de derriere, le jour même que
Céfar fut affaffiné ; on voit encore l'é-
cart qu'y fit la foudre, & une petite
partie du métal fondue par l'action du
feu. . . . une ftatue de bronze du berger Marzius qui s'arrache une épine
du pied : elle eft déja traitée fçavam-
ment, quoiqu'elle ne foit pas encore
de ce fini précieux que l'on a admiré
depuis dans les artiftes Grecs ; on la
regarde comme très-ancienne de même que celle du Camille, ou jeune Mi-
niftre des facrifices, qui eft une des
plus précieufes qui foient à Rome, tant
par fon antiquité que par la beauté
du travail, qui repréfente exactement
ce jeune homme, avec le caractere &
les traits fous lefquels Denys d'Halicarnaffe les a fait connoître (a) . . un

----

(a) *Camilli, Camillæ.* L'établiffement de
ces Miniftres du culte religieux remonte à la
plus haute antiquité de Rome. Romulus voulut que les femmes & leurs maris rempliffent
les fonctions d'une efpece de Sacerdoce. Si

buſte antique en bronze du conſul Junius Brutus, avec les yeux, d'une compoſition qui imite le naturel; ſingularité qui lui donne l'air le plus auſtere; ce buſte eſt peut-être unique: on croit qu'il fut fait par l'ordre du ſecond Brutus, & placé au Capitole comme une apologie de l'aſſaſſinat de Céſar; on ſçait qu'il fit graver ſur ſes médailles la figure du même Brutus, à ce deſſein. Ce buſte eſt d'un excellent travail... une friſe peinte à freſque par Daniel de Volterre, bien conſervée; elle repréſente le triomphe de Marius après la défaite des Cimbres.

La quatrieme piece eſt preſque en-

d'autres occupations, pour le ſervice de l'Etat, empêchoient les hommes d'y vaquer, les femmes en reſtoient chargées, & elles devoient appeller leurs enfans pour partager avec elles l'honneur de ces occupations. Il étoit permis à ceux qui n'avoient point d'enfans, de choiſir dans quelle Tribu ils jugeoient à propos, un jeune garçon & une jeune fille, les plus beaux qu'il fût poſſible de trouver, pour les faire ſervir à ces ſacrifices; le garçon, juſqu'à ce qu'il n'eût paſſé le tems de la puberté; & la jeune fille, juſqu'à ce qu'elle fût nubile (Denis d'Halic. *l. 2. Ant. Rom.*).. Ces mêmes Miniſtres avoient auſſi le nom de *Flaminii*, & ils devoient avoir pere & mere vivans...

tierement revêtue de fragmens des fêtes confulaires que le Grammairien Verrius Flaccus avoit mis en ordre fous le regne d'Augufte, & fut placer dans la partie inférieure du Forum ; *In in-feriore fori parte contra Hemiciclum : in quo faftos à fe ordinatos , & marmoreo parieti incifos publicarat.* Ce monu- ment eft regardé comme l'un des plus précieux qui foient à Rome , & on voit que Verrius l'avoit fait exécuter avec un foin & une forte de magnificence digne du regne d'Augufte. Ce Gram- mairien qui enfeignoit publiquement, fut choifi par Augufte pour être pré- cepteur de fes petits-fils : il vécut ho- norablement à la Cour , & mourut fort âgé fous l'empire de Tibere. Il rece- voit par an *feftertia centena*; & après fa mort fa ftatue fut placée dans le Forum, à côté du monument qu'il avoit fait ériger... au-deffus d'une por- te, la tête de Mithridate , roi de Pont, en bas relief, plus grand que nature, d'un grand ftile... une petite ftatue de la veftale Rhéa Silvia , de bonne maniere... la Déeffe à trois formes , *Triformis*, la Lune , Diane, Hecate ou Proferpine , ftatue finguliere & très- rare : le fini du travail & la pureté des contours ne permettent pas de douter que ce ne foit un ouvrage grec.

Cinquieme falle. Deux oies antiques de bronze, placées très-anciennement au Capitole, pour conferver la mémoire de celles qui éveillerent les fentinelles, lorfque les Gaulois, grimpans par la roche Tarpeïenne, cherchoient à s'emparer par furprife de la forterefle. Elles font plus petites que le naturel, & d'un travail très-agréable.... une grande tête d'Apollon, antique grec, que l'on regarde comme l'un des plus précieux morceaux qui foient à Rome.... les buftes de Sapho & de Socrate: cé dernier eft d'une vérité qui attache; on étudie avec plaifir la phyfionòmie du plus fage de tous les hommes, dans un portrait fait par des artiftes, qui peut-être l'avoient connu... la Sapho eft telle qu'on la repréfente ordinairement, l'air animé & penfif, quelque chofe d'extraordinaire dans les traits qui femble marquer l'enthoufiafme.... un très-beau bufte de Scipion l'Africain, qui eft repréfenté chauve. On a placé parmi tous ces perfonnages illuftres Michel-Ange, dont le bufte de marbre gris porte une tête de bronze; on retrouve

dans fon air quelques traits de cette
fierté dure & impérieufe dont il femble avoir animé fon Moïfe de Saint
Pierre in vincoli.

Sixieme piece, les ftatues antiques
de Virgile & de Ciceron. La tête de
la premiere eft moderne, & l'artifte a
cherché à lui donner cet air tranquille
& modefte, & même valétudinaire que
l'on dit qu'il avoit : la draperie en eft
belle ; la feconde eft mieux confervée,
on voit à la joue gauche le *cicer*, ou
verrue qu'avoient tous les gens de cette
famille, dont on prétend qu'étoit venu
leur furnom ; toutes les deux font du
fecond rang (*Magnæ*)... Hercule en
bronze doré, antique d'une belle forme,
& d'un travail fini, de taille héroïque
(*Majores*). Il tient la maffue de la
main droite, & des pommes dans la
gauche. Il étoit placé, dit-on, fur l'*Ara
Maxima*, du *Forum Boarium*. Il a été
retrouvé dans cet endroit fous le pontificat de Sixte IV.... un bufte grec
de Philippe, roi de Macédoine... un
Appius Claudius, en marbre rouge...
Meffaline, grand bufte qui paroît très-
reffemblant : elle n'eft plus jeune,
quoiqu'elle conferve encore de la har-
dieffe & du feu dans les yeux ; elle a

toute la physionomie d'une femme sans pudeur, fatiguée, & cependant insatiable dans ses débauches, autant qu'il est permis d'en juger par ses traits, qui paroissoient abbatus & allongés de fatigue : elle avoit les yeux noirs, & le teint gris, absolument décoloré, sans avoir rien de choquant : sa figure n'avoit jamais été belle (a). Les frises

---

(a) On y reconnoit cette Princesse, qui, suivant Sextus Aurelius... *Primo clam, mox passim quasi jure adulterii utebatur... Dehinc atrocius accensa nobilioresque quasque nuptas ac virgines, scortorum modo secum proposuerat, cunctique mares ut adessent: quod si quis talia horruerat, adficto crimine in ipsum, omnemque familiam sæviebat.* Elle avoit acquis l'impunité à force de crimes que toleroit l'imbécile Claude son mari ; elle ne se refusoit à aucun excès, à aucun crime, pour satisfaire ses passions effrenées : *Neque femina, amissa pudicitia alia abnuerit.* (*Tacit. l. 4. An.*) Eperdument amoureuse de Caius Silius, le plus beau des jeunes Romains ; elle le suivoit par-tout accompagnée de toute la pompe de son rang, pour le charmer au moins par cet éclat. Elle le força à l'épouser publiquement... *Idque adeò palam factitatum est, ut sacrificaverit apud Deos, discubuerit inter convivas, oscula, complexus, noctem denique egerit licentiâ conjugali.* (Beroald. *in* Sueton.) Narcisse profita de ce comble d'horreur, pour tirer le Prince de son engour-

de

de cette falle, peintes par Annibal Carrache, font bien conservées, & repréfentent les victoires de Scipion. Dans
la feptieme piece font raffemblés plufieurs morceaux antiques fort muti.és,
dont le principal eft une ftatue de Cybéle
reftaurée... une tête de Meduse, telle que
les foldats Romains la portoient fur leurs
boucliers... Harpocrate ou le Dieu du

---

diffement, & lui faire fentir toutes les confé-
quences de cette entreprife inouïe... *An dif-*
fidium tuum nofti ? nam matrimonium Silii vidit
populus , & Senatus & miles , ac ni properè
agis, tenet urbem maritus. (Tacit. An. l. 11.)
Il donna ordre que l'on mît fin à tant d'horreurs, par la mort violente de celle qui s'y étoit
livrée ; elle fut tuée dans les jardins de Lucullus où elle s'étoit fauvée , par un Tribun de la
garde. Et le foible Empereur , qui avoit oublié
cet ordre , attendoit le foir à fon coucher,
cette femme , qui, comme le dit Juvenal :

Aufa Palatino , tegetem præferre, cubili

Sumere nocturnos meretrix Augufta cucullos

Linquebat ; cornita ancilla non amplius una,

Et nigrum , flavo crinem abfcondente galero...

Intravit . . . . .

Excepit blanda intrantes , atque æra popofcit...

. . . . . .

Et laffata viris , nondum fatiata receffit.

Juven. S. 6.

filence affis, ftatue Egyptienne, plus curieufe que belle. Dans une de ces falles eft un tableau de la Ste Famille, peint par Jules Romain, d'une maniere fi femblable à celle de Raphaël, & fi bien dans fon ton de couleur, que fi ce tableau n'avoit pas été dépofé au Capitole par fon Auteur même, où il a été confervé depuis ce tems, on le croiroit abfolument de Raphaël.

Le pape Benoît XIV, voulant faire une collection de tableaux qui répondît, autant qu'il feroit poffible, à cette riche collection de ftatues antiques, que l'on formoit depuis quelques années au Capitole, acheta ceux qui étoient dans les palais Sachetti & Pio Carpi ; & fit conftruire en même tems les deux falles où ils font placés, & qui tiennent au palais des Confervateurs. Cet ouvrage fut achevé en 1749, ainfi que l'apprend l'infcription placée au-deffus du bufte de ce Pape, qui eft vis-à-vis de l'entrée de la premiere falle. Ces tableaux, des meilleurs maîtres, font peu connus : voici ceux que j'ai remarqués avec le plus de fatisfaction.... Agar chaffée de la maifon d'Abraham : il femble voir fur le vifage du Patriarche la peine qu'il a de mettre hors de chez

lui fon fils Ifmaël, qui eft trop jeune
pour fentir la peine où il eft, & qu'il
ne s'intéreffe qu'aux larmes de fa mere ;
par *Francifco Mola*: le ton de couleur
eft bon, & tient de la feconde maniere du Guerchin... l'*Anima Beata*,
repréfentée par un Génie aîlé qui quitte
la terre, figurée par un globe pour s'en-
voler au Paradis. Le deffein de la figure eft de la plus grande correction ;
fur fon vifage brille cette férénité, cette
douce fatisfaction que l'on doit éprouver aux approches d'un bonheur inaltérable. Le coloris eft fçavant, l'éclat de
la gloire qui part d'en-haut, & que
l'on ne voit pas, couvre toute la partie
fupérieure de la figure, de maniere à
ne pas laiffer paroître fes couleurs naturelles, qui font dans le rayon même
de la lumière ; c'eft une des compofitions les plus fçavantes du *Guide* : elle
n'a qu'une figure feule qui attire toute
l'attention ; l'action en eft très-fimple,
& en même tems très-poëtique... une
belle Ste Famille d'un coloris précieux,
par le *Titien*. ... le triomphe de la
Déeffe Flore, par Nicolas *Pouffin*, tableau trifte de couleur, mais compofé
avec beaucoup d'efprit, & bien deffi-
né.... la Louve qui alaite les deux

B ij

enfans, Romulus & Remus. Les Bergers les apperçoivent avec étonnement; la Louve n'a point l'air féroce, le payfage eft tel qu'il devoit être, dans l'endroit même où ils furent trouvés : le coloris en eft excellent.... l'enlevement des Sabines, l'un des plus beaux tableaux de *Pierre de Cortone*, d'un coloris vigoureux, où les paffions font exprimées avec une vérité étonnante; les figures de femme font belles & intéreffantes : c'eft une très-grande machine, où il y a beaucoup de mouvement, & point de confufion... Loth & fes filles dans la grotte... Bethfabée dans le bain, deux tableaux charmans du jeune *Palma*, d'une grande fraîcheur de coloris, & où on trouve tout l'agrément de l'école de Venife.... David qui vient de couper la tête à Goliath, tableau affez fièrement compofé, & de belle couleur, par le *Romanëlli*, éleve de Pierre de Cortone... une Vierge qui adore l'enfant Jefus, avec deux Anges qui l'accompagnent : elle eft à genoux & de grandeur naturelle, le deffein en eft exact, l'expreffion noble, & le coloris très-beau; du même ton à peu près que celui du rapt des Sabines, par *Pierre de Cortone*... St Sébaftien &

St Jérôme, deux tableaux du *Guide*, de la seconde maniere... Ste Cecile, avec des inftrumens de mufique : elle tient un papier, & femble marquer la mefure d'un air qu'elle chante, tableau agréable & bien peint, par le *Romanelli*... un Spofalitio de Ste Catherine, petit tableau précieux du *Correge*, il eft confervé fous une glace... une Ste famille & Ste Catherine, de *Benvenuto Garofoli*, d'un coloris digne du Correge, qu'il a très - bien imité, & peut-être copié... le repas chez Simon le Pharifien, grande mignature, par Madame *Subleiras*, remarquable par la correction du deffein & la force de l'expreffion, elle n'eft pas pointillée, mais à traits... la Sibylle perfique du *Guerchin*, figure fiere, & en même tems agréable, vigoureufement peinte... Ste Hélene, avec un Ange qui foutient la Croix à côté d'elle. La figure principale eft belle, noble & très-richement habillée, l'enfant eft charmant; ce tableau eft du bon tems de *Paul Veronèfe*, on connoît fon coloris & fes graces dans l'expreffion... une Ste famille & Ste Elifabeth, qui préfente le petit St Jean, bon tableau de *Mignard...Omnia Vanitas*, tableau allé-

B iij

gorique du Titien. Les richeffes y font repréfentées par une corne, d'où fortent des bijoux, & des pieces d'or ; la puiffance par un fceptre & une couronne ; le plaifir par une femme couchée fur un drap blanc qui regarde au ciel : elle eft auffi belle & auffi gracieufe que la Vénus , & fi intéreffante , qu'il paroît bien difficile de lui dire, *Omnia vanitas.* Il compofa, fans doute, ce tableau dans un moment de dépit. ... le facrifice de Polixène, grand & beau tableau de *Pierre de Cortone*, mais fort noirci... les trois Graces... Dalila qui perfuade Samfon de fe laiffer couper les cheveux ; deux tableaux très-gracieux, du jeune *Palma*.... le triomphe de Bacchus, par P. *de Cortone*, très-beau de couleur... la vente de Jofeph aux Marchands Phéniciens, belle & fage compofition de P. *Tefta*... une Ste famille du *Giorgion*, très-bien deffinée, & d'un excellent ton de couleur.

Dans la feconde falle, une boutique de Chauderonnier, l'un des plus grands & des plus beaux *baffans* qu'il foit poffible de voir. .. une Annonciation par *Carcellino* de Ferrare , grand tableau où l'étonnement de la Vierge eft bien rendu, elle répond fans voir l'Ange, elle eſt au premier inſtant, & n'eſt point encore raſſurée du trouble qu'elle a éprouvé. Cette idée rend le tableau piquant & neuf, il eſt d'une belle couleur, & richement compoſé... une ſainte famille, ſaint Jérôme & ſainte Catherine ſur le devant, très-beau, du *Calvart*, maître du Guide... la femme adultere, compoſition où l'on retrouve le génie, & le beau coloris d'*André del Sarte*, mais elle n'eſt pas achevée... le maſſacre des Innocens, tableau que l'on dit d'un peintre Flamand, qui tient un peu de la maniere de Rubens, dans lequel la crainte, la douleur, le déſeſpoir, la rage ſont peintes de pluſieurs façons différentes; il y a beaucoup d'eſprit & de mouvement dans cette compoſition, qui peut ſervir d'étude... Cléopatre & Octave, par le *Guerchin*, beau de couleur & de deſſein, & d'une expreſſion auſſi ſpirituelle que vraie; Cléopatre négligemment vêtue & cependant avec art, eſt à genoux & demande grace, mais en même tems elle eſt occupée du ſoin de faire valoir ſa beauté, qui n'a plus ſa premiere fleur, & qui ne touche pas Octave, dont la figure eſt fort noble, & qui paroît redouter les charmes de

B iv

cette femme artificieuse & séduisante. Les figures sont de grandeur naturelle (*a*)... une Sibylle, par le *Dominiquin*, de grandeur naturelle, le co-

---

(*a*) Dion Cassius, *Hist. Rom. l.* 51, est entré dans les détails de cette entrevue de de Cléopatre& & d'Octave , d'une maniere à faire croire qu'il en étoit bien instruit : elle demanda, dit-il, une conférence avec César, qu'elle obtint du Vainqueur , qui vouloit la tromper en la flatant , & la réserver à son triomphe : *Tùm Cleopatra... se ipsam cultu quàm maximè abjecto adornavit , nam habitus eum lugubris mirè decebat ; ac in sella consedit.... Ingrediente Cæsare pudore suffusa exiluit, & Salve, inquit, ô Domine ! Hoc enim nomen mihi ademptum , Dii tibi tribuerunt...* Elle pleura en regardant le portrait de César & ses lettres: elle se plaignit de n'être pas morte avant lui ; puis se tournant du côté d'Octave; Mais ne vous revois-je pas encore dans la personne de mon vainqueur : *Atqui quum hunc habeo , te quoque habeo...* Elle accompagnoit ces paroles du ton le plus touchant, des gestes & des regards les plus expressifs ; mais Octave feignant de ne pas s'appercevoir du projet qu'avoit formé Cléopatre de le séduire, ayant les yeux fixés en terre; se contenta de lui répondre... *Bono animo esto, mulier , nihil enim mali patieris...* A cette réponse & à toute l'indifférence marquée d'Octave, Cléopatre pénétrée de douleur , n'ayant plus d'espérance de réussir ; voyant qu'il ne lui parloit ni de son Royaume, ni de sa beauté , se

loris, le deſſein & l'expreſſion en ſont très-beaux... la *Zingana*, qui dit la bonne aventure à un ſoldat, par *Michel-Ange de Caravage* : le coloris eſt dur, & les ombres tranchantes, comme dans tous les ouvrages de ce Maître, qui deſſinoit bien, & donnoit beaucoup d'expreſſion à ſes figures... le mauvais riche à table, du cavalier *del Caïro*, Milanois : ſujet traité agréablement, richement compoſé, & très-beau de couleur & de deſſein... Jeſus couronné d'épines, de grandeur naturelle, vu juſqu'aux genoux : le coloris en eſt vigoureux & très-bon, & l'expreſſion ſage & très-conforme au ſujet, par le *Tintoret*.

La bataille d'Arbelle, par P. de *Cortone*. Ce tableau eſt magnifique ; la compoſition annonce le génie le plus riche & le plus heureux. L'idée en eſt la mê-

---

jette à ſes pieds, & lui dit en ſanglotant : *Vivere quidem, ô Cæſar, neque volo, neque poſſum....* Projet qu'elle exécuta avec autant de fermeté & de grandeur d'ame, que d'adreſſe pour ſe ſouſtraire aux gens de Céſar qui l'obſervoient continuellement.... Tel eſt le ſujet du beau tableau dont je parle, & qui eſt excellemment rendu.

me que celle du tableau de *Le Brun*, ſur le même ſujet. La figure d'Alexandre, le cheval, le grouppe qui l'environne, tout ce grand mouvement que l'on admire, ce jeune homme effrayé qui fuit, & qui eſt ſi remarquable ; l'aigle même qui vole au-deſſus de la tête d'Alexandre ; toute cette moitié eſt abſolument ſemblable. Il y a quelque différence dans l'autre ; Le Brun fait fuir Darius, & ſon char eſt tourné : ici il n'eſt qu'effrayé, & il ſemble vouloir encore combattre ; mais le char eſt le même, & la figure du Darius abſolument pareille. Le Brun a placé dans ſon tableau quelques-uns de ces Ghébres deſcendans de Zoroaſtre, avec le ſymbole du ſoleil qu'ils adoroient ſur la tête, ce que n'a pas fait P. de Cortone. Il eſt certain que le premier tableau fait, a ſervi de modele au ſecond, qui n'en eſt qu'une copie peu déguiſée. Celui-ci moins grand que celui de Le Brun, eſt bien conſervé & de belle couleur...

L'enlevement d'Europe, par P. *Veroneſe*, grand tableau fort inférieur à celui que l'on voit dans la ſalle du college à Veniſe, ſur le même ſujet, & par le même maître... un Ange qui préſente St François à la Madone, fini & gracieux, on le dit d'un des *Carraches* : il est certainement de l'école de Bologne... un petit St Jean du *Parmegianino* : le coloris en est admirable & précieux, comme celui du Correge... un grand tableau de *Luc Jordan*, qui représente le frapement du rocher, de très-belle composition & bien peint... la femme adultere : ce tableau est si sagement composé, que les uns le disent de *Raphaël*, les autres de *Gaudentio* de Ferrare.... la fortune, tableau du *Guide*, qui semble avoir été composé pour servir de pendant à l'*Anima Beata* ; c'est le même goût de dessein, & le même ton de couleur... un St Jérôme couché, qui s'éveille au son de la trompette, magnifique tableau du *Guerchin*, & d'une expression sublime... un couronnement d'épines, vu à la lumière d'une chandelle ; on le dit de Jacques *Bassan*, en ce cas il est de son meilleur tems ; l'effet de lumière y est traité avec beaucoup d'intelligence.

Le pape Benoît XIV, en même tems qu'il forma cette collection, établit une école de dessein sur le nud, & assigna des fonds pour les prix qui devoient être distribués aux jeunes éleves, &

B vj

pour les honoraires du profeſſeur tiré de l'académie de S. Luc, qui préſide à leurs travaux. Ils ont la permiſſion de venir copier, dans les deux ſalles, les tableaux, qui ſont de bon goût, & il y a un garde payé exprès pour les fermer & ouvrir, & empêcher ſur-tout qu'on n'applique des papiers huilés ſur les tableaux, pour en copier le deſſein plus exactement...

Le troiſieme bâtiment du Capitole moderne, ſitué vis-à-vis celui des Conſervateurs, eſt de même ordre d'architecture. Il paroît uniquement deſtiné à renfermer les monumens antiques qui peuvent ſervir à l'hiſtoire Romaine & à celle des arts ; tels qu'inſcriptions, bas reliefs, ſtatues hiſtoriques, autels, tombeaux, idoles Egyptiennes, qui y ſont en aſſez grand nombre, & de la plus belle conſervation. Une ſuite nombreuſe & riche de buſtes & de ſtatues Romaines & Grecques, bien conſervées, rangées dans un bel ordre, & tenues avec autant de propreté que de ſoin.

Cette collection a été commencée par le pape Innocent X, continuée par Clement XII, perfectionnée & augmentée conſidérablement par Benoît

XIV. Plufieurs Cardinaux y ont contribué, en y faifant placer des antiques dignes d'être confervés dans ce dépôt public ; une infcription placée au bas de chaque ftatue, conferve la mémoire du bienfaiteur qui l'a donnée : on peut dire que c'eft actuellement la collection la plus nombreufe, & la plus riche qui exifte dans l'Univers, fur-tout fi on a mis les deux Centaures qui appartenoient au cardinal Furietti, & qui fembloient y manquer. Je n'entreprendrai pas d'en donner ici une defcription détaillée, elle feroit peut-être faftidieufe. Elle a été imprimée à Rome en 1750, en italien.

Je me contenterai de donner une idée de leur diftribution...

Vis-à-vis la porte d'entrée on voit dans une niche la ftatue coloffale d'un fleuve, couché & appuyé fur fon urne ; on voit que c'eft la figure du Rhin : c'eft la même que le peuple appelloit *Marforio*, lorfqu'elle fervoit d'ornement à une fontaine du Campo Vaccino, auprès de l'églife de Santa Martina, & qui étoit en converfation réglée avec *Pafquin*. Sous le veftibule eft une grande urne antique, qui a fervi de tombeau à Alexandre Severe & à Julia

Mammea ; il eft enrichi de bas-reliefs
d'un excellent travail, mais ce qu'il a
de plus curieux eft que l'on voit fur le
couvercle, leurs ftatues couchées, ce
qui eft fort rare dans ces fortes de
monumens antiques. ... au bas de l'efcalier à main droite, la ftatue de Pyr-
rhus, roi d'Epire, trouvée fur le mont
Aventin, & la feule que l'on connoiffe.
Les murailles font revêtues de bas-reliefs & d'infcriptions antiques, entre
lefquelles le plan de Rome ancienne eft
gravé fur plufieurs tables ; on y voit
auffi les mefures en ufage à Rome.

Le veftibule ou chambre appellée *il
Canopo*, eft remplie d'idoles Egyptiennes, prefque toutes trouvées dans ce
XVIII fiécle, dans les ruines qui font aux
environs de Tivoli ; toutes bien confervées, & plus curieufes par la richeffe
des marbres dont elles font faites, &
leur fingularité, que par la beauté de
leur forme : ce font des Ifis, des Ofiris
& Anubis, à tête de vache, de taureau & de chien, avec la fleur Lotos
fur la tête, ou les inftrumens qui fervoient à mefurer les eaux du Nil.

Aux côtés de la porte principale de
la galerie, font les ftatues de Jupiter
foudroyant, & d'Efculape, toutes deux

de marbre noir antique, & du plus beau travail : la premiere piece appellée Chambre du Vafe, d'un grand vafe antique de marbre blanc, du plus beau travail, & d'une forme très-élégante, placé au milieu fur un autel antique chargé d'un bas-relief, où font repréfentées douze Divinités différentes. On y voit une collection confidérable de vafes & d'urnes antiques de porphyre, d'albâtre & de marbre d'un très-beau travail.

La feconde chambre dite d'Hercule, de la belle ftatue de ce Héros qui tue l'hydre ; j'y ai remarqué une vieille Menade affife, qui tient entre fes jambes un vafe orné de pampres, & qui peut à peine foutenir fa tête tant elle eft ivre : cette figure, d'un travail grec, eft de l'expreffion la plus vraie... un chaffeur, plus grand que nature, qui tient un liévre vivant..... une Dame Romaine affife, que l'on croit être Agrippine, femme de Germanicus... deux figures couchées fur des lits de repos... une ftatue de Diane d'Ephèfe avec la tête, les mains & les pieds de marbre noir d'Egypte : c'eft la *Diana Polimamma*.

La grande falle eft d'une magnificence à laquelle on ne peut rien comparer en ce genre : elle eft ornée de vingt-fix ftatues antiques du plus beau choix, pofées fur des piedeftaux , & de plufieurs buftes placés fur une corniche faillante , qui regne autour. Parmi les ftatues qui font au milieu, on ne fe laffe pas d'admirer le Gladiateur mourant : il paroît fe foutenir à peine, appuyé fur fes genoux & fur une main, les forces lui manquent, & quand on l'a confidéré quelque tems, on s'attend à le voir expirer de la douleur que lui caufe la profonde bleffure qu'il a au flanc ; l'autre Gladiateur tombant eft d'une beauté rare, mais il intéreffe moins, & l'expreffion n'en eft pas fi frapante. Parmi les autres : la déeffe Hygia ou de la Santé, tout-à-fait femblable à celle qui eft dans la galerie de Florence... la fameufe Flora d'un travail excellent, & rendue avec tous fes agrémens... une belle Léda... la ftatue coloffale en bronze d'Innocent X, par l'*Algardi*, & celle de Clement XII, en marbre blanc, par Pietro *Bracci*.

La chambre des Philofophes où font raffemblés & placés fur des gradins , cent vingt-deux buftes ou têtes antiques de Philofophes , Poëtes & Orateurs Grecs & Romains. A la tête eft la ftatue antique de Zénon. On a enrichi cette chambre de bas-reliefs, & de quelques Arabesques antiques, tirés du temple de Neptune, dont on voit les restes & l'emplacement à St Laurent hors des murs.

La chambre des Empereurs, où sont les bustes antiques des Empereurs, Impératrices, Princes & hommes illustres qui ont vécu de leur tems. La suite en est nombreuse, & d'un beau choix.

De-là on entre dans une galerie ou corridor étroit, tourné au levant, également orné d'une quantité de statues, bas-reliefs, & autres monumens antiques (a).

_____

(a) C'est-là où l'on voit sur de grandes tables de bronze la fameuse Loi royale, qui est le monument le plus frapant de la servitude & de l'avilissement où étoient tombés les Romains, sous les Empereurs : il est permis par cette Loi à Vespasien, en faveur duquel elle fut renouvellée, de déroger à tous les Plebiscites, *Senatus consultes*, Loix des Empereurs précédens ; enfin la puissance absolue & arbitraire est reconnue dans les termes les plus solemnels & les plus clairs. Cette Loi fut portée d'abord en faveur d'Auguste, auquel il fut accordé, dit Dion Cassius, *ut Legibus solutus effet, quod nulli veterum Romanorum plane & palam datum est.* On doit regarder cette Loi comme la première cause des excès où se

Enfin on arrive à la chambre appellée des Melanges, formée en entier par
Benoît XIV, où font des monumens
antiques de toute efpece, en bronze,
en marbres, en albâtres : cette collection admirable eſt faite pour donner
la plus grande idée des artiſtes de ces
tems reculés : leurs ouvrages en bronze
étoient jettés avec le plus grand foin,
& recherchés enfuite avec une délica-
teſſe & un art infini. Que de préciſion
dans leurs deſſeins, que de graces dans
leurs compoſitions ! Il y a un trepied
antique grec, de bronze, qui fe plie &
qui peut fe porter très-commodement
fous le bras ; les ornemens, quoique
multipliés, font finis admirablement,

_____

porterent les Empereurs, que les Hiſtoriens
Romains, eux-mêmes qualifient de monſtres...
Caligula ne repondit-il pas à Antonia fon aïeule,
qui lui faifoit quelques reproches fur les crimes
auxquels il s'abandonnoit... *Memento omnia*
mihi & in omnes licere... (Suet. in Calig).
Que pouvoient fe refufer des Souverains,
dont toutes les volontés, tous les ordres, toutes les actions étoient regardées comme auſſi
juſtes, que fi elles avoient été approuvées
unanimement par le Peuple & le Senat. *Ea*
perindè juſta rataque fint, ac fi Populi plebifve
juſſu acta eſſent. Ce font les termes même de la
Loi.

& entièrement confervés. Le vernis que le tems donne à ces fortes d'ouvrages eft fi léger, qu'il n'empêche pas d'en voir les parties les plus délicates, & leurs bronzes étoient d'une qualité bien fupérieure à ceux que l'on a, depuis mis en œuvre : les marbres même ont acquis, avec le tems, une forte de couleur, qui femble avoir augmenté le degré d'expreffion dont ils étoient fufceptibles ; c'eft ce que l'on appelle *Patina*, & qui rend l'état des marbres antiques bien fupérieur à la blancheur & au poli des marbres modernes (*a*).

─────────────────

(*a*) Parmi les Autels antiques de cette collection, j'en ai remarqué un de forme ronde, armé à la partie antérieure d'une petite proue de vaiffeau, avec la figure d'Eole ; & cette infcription antique, *Ara venti* : ce qui prouve que les Anciens leur rendoient un culte folemnel. Ils les regardoient comme des efprits meffagers des Dieux, chargés de leur porter les vœux & les prieres des Mortels.

O quoties & quæ nobis Galathea locuta eft?
Partem aliquam, venti, divûm referatis ad
  aures. ...
                    Virg. Eglog. 3.,

Les Dieux recevoient ainfi les hommages & les fupplications, au moins, c'étoit l'idée & l'efpérance des Anciens. . ...

Ces trois bâtimens dont j'ai parlé, composent le Capitole moderne appellé aujourd'hui *il Campidoglio*; mais ils n'occupent pas à beaucoup près toute l'étendue du mont Capitolin. Derriere les bâtimens des Conservateurs à droite, font plusieurs maisons occupées par des particuliers : ce terrein est fort élevé, c'étoit anciennement la partie la plus fortifiée du Capitole, celle où les Gaulois ne purent pas entrer. En avançant du côté du midi, on arrive sur le bord de la roche Tarpeïenne,

---

Detulit aura preces, ad me non invida blandas...

Ovid. Met. l. 10. ....

Les vœux & les prieres qui n'avoient pas leur accomplissement, étoient censées avoir été dissipées & anéanties, par les vents, ou portées dans des régions si éloignées, que l'effet ne pouvoit plus en revenir à celui qui les avoient formées. ...

..... *Pulcher Iulus,*

Ante annos animumque gerens, curamque virilem,

Multa patri portanda dabat mandata : sed auræ

Omnia discerpunt, & nubibus irrita donant...

Virg. Eneid. 9. ...

d'où on précipitoit les coupables, dans l'abyfme qui étoit au-deffous. Quoique le précipice foit comblé, que l'on ait bâti dans fon emplacement, cette roche a confervé fon même état d'efcarpement, & eft encore affez élevée pour croire que ce feroit un fupplice mortel d'être jetté du haut en bas. Autour de cette roche ferpente un petit efcalier de pierre qui defcend du Capitole au bord du fleuve, & qui eft de conftruction antique.

Au levant, derriere la galerie des ftatues, eft l'églife d'*Ara-Cœli*, & le couvent des *Zoccolanti*, bâti fur le même terrein où étoit autrefois le célèbre temple de Jupiter Capitolin, que l'on dit avoir eu deux cents pieds de diamêtre, avec un portique foutenu de plufieurs rangs de colonnes dans le goût de celui du Panthéon: il étoit précédé d'une cour ou *atrio* découvert, formé par un grand ordre de colonnes qui portoient une architrave fous laquelle étoient placées quantité de ftatues; c'étoit-là que fe faifoient les repas folemnels des Triomphateurs, après qu'ils avoient facrifié à Jupiter dans fon temple (*a*).

(*a*) On trouve par-tout des defcriptions de

Il ne reste rien de ces antiques monumens, que les *Substructiones* dont j'ai parlé. De cette multitude de temples qui couvroient cette montagne, dont

l'ordre qui s'observoit dans les marches triomphales, les peintures, les bas-reliefs & les gravures, instruisent assez à ce sujet ; mais ce qui est moins connu, & ce qui mérite autant de l'être que tout le spectacle extérieur de cette pompe, c'est l'esprit de religion qui y avoit donné lieu, & la Formule des prieres que le Triomphateur lui-même adressoit aux Dieux ; rien à mon gré ne marque mieux le grand sens des Romains, & cette vertu fondamentale, qui les éleva si haut. Le Triomphateur, en montant sur son char, invoquoit les Dieux en ces termes :

Dii, nutu & imperio quorum, nata est & aucta Res Romana, eandem placati, propitiatique servate.

Rien n'est plus noble & plus simple que cette invocation, qui se faisant publiquement & à haute voix, rapportoit le premier honneur du triomphe à cette puissance invisible, qui avoit élevé l'empire Romain, & le soutenoit dans son état de grandeur.

La priere que le Triomphateur adressoit à Jupiter, & aux Dieux protecteurs du Capitole, lorsqu'il étoit arrivé dans son temple, n'est pas moins remarquable :

Gratias tibi, Jupiter optume, Maxume, tibique Junoni Reginæ, & cæteris hujus custodibus, dabitatoribusque arcis, Diis, lubens lætusque ago, Re Romana in hanc diem & horam,

plusieurs étoient consacrés à Jupiter, à Junon, à Minerve, deux à Venus, trois à la Fortune, un à Saturne, trois aux Divinités Egyptiennes, il n'y en a plus aucun vestige. Il est vrai que les uns & les autres furent détruits dans le tems de la republique sous la dictature de Sylla, & pendant les guerres civiles d'Othon & de Vitellius; mais ils étoient aussitôt réparés, & s'élevoient de leurs ruines avec une nouvelle magnificence. On travailloit encore à l'embellir de nouveaux édifices dans le troisieme siécle de l'ére chrétienne, on y avoit fait bâtir une école, *Athenæum*, décoré de portiques & de colonnades. On travailloit alors avec solidité : les bonnes régles de l'art n'étoient pas hors d'usage. Cependant deux ans après, il ne restoit rien de toutes ces grandes constructions : les Goths s'étoient emparés de Rome, & ces peuples d'une barbarie & d'une ignorance incom-

---

per manus, quod voluistis, meas, servata, bene gestaque, eandem & servate, ut facitis, fovete, protegite propitiati, supplex oro. Ensuite on immoloit les victimes, & la pompe étoit terminée par le festin solemnel qui étoit servi dans l'Atrio du Temple.

préhenfibles, détruifirent exprès tous ces monumens de la grandeur Romaine, au point que du tems de faint Jérôme, le Capitole n'étoit plus qu'un amas de ruines.

Il en eft forti avec un nouvel éclat, qu'il doit aux papes fes fouverains actuels, & qui ont pris le vrai moyen de lui conferver quelque chofe de ce refpect dont il jouiffoit autrefois, en y reffemblant cette quantité dè chefs-d'œuvres antiques, qui décoroient l'ancienne Rome, & que l'on doit regarder encore comme la richeffe & l'ornement de la nouvelle.

Flaminius Vacca, cité par le P. de Montfaucon, dans fon Journal d'Italie, prétend que très-anciennement il y avoit un chemin ouvert dans la bafe même de la montagne du Capitole, dont les ouvertures étoient l'une auprès de l'arc de Septime, & l'autre à l'endroit où commence le grande fcalier d'*Aracœli* ; il n'eft pas poffible de découvrir aucun veftige de ce paffage à l'extérieur, ni de dire dans quel tems il a été comblé ; ce que l'on fçait, c'eft que par-tout où l'on fouille dans cette montagne, on y trouve des preuves de l'exhauffement de fon terrein, par la grande quantité de de marbres brifés, de différentes qualités que l'on y trouve fort profondément. Le même Flaminius Vacca dit encore qu'il a vu des reftes de puits creufés à la plus grande profondeur, dans le tuf de cette montagne, & dans différens fens, non-feulement pour avoir de l'eau pendant les premiers fiéges qu'eut à fouffrir cette forterefle des Romains ; mais encore pour prevenir les effets défaftreux des tremblemens de terre, qu'ils fuppofoient fans doute être occafionnés par une trop grande quantité d'air comprimée dans les cavités intérieures. Ne pourroit-on pas renouveller cette ancienne expérience, dans les pays qui en ont été défolés, & qui les redoutent encore ?

Un autre auteur anonyme rapporte une plaifante hiftoire des ftatues qui étoient au palais du Capitole, il dit qu'il y en avoit autant que de provinces dans le monde ; que chacune avoit une fonnette-ou une cloche au cou, tellement difpofée par art magique, qu'auffitôt qu'une province étrangere prenoit les armes & fe révoltoit contre l'empire Romain, la cloche qui étoit au cou de la ftatue de la province, la plus expo-

Tome V I. C

sée à cette entreprise, sonnoit, & la statue elle-même se tournoit du côté de son ennemie pour lui faire face. Je ne dis rien sur le cas que l'on doit faire de pareil conte, imaginé dans le treizieme siécle.

Que l'on ne conclue rien de la beauté ou de l'importance des palais de Rome, dont je vais parler par l'ordre où ils sont placés, je ne les cite point par rapport à leur grandeur & à leur situation, ou au tems auquel ils ont été bâtis, Je n'ai d'autre intention que de rapporter ce que j'y ai remarqué de plus curieux, soit en peinture, soit en sculpture, d'après les notes que j'ai faites en les visitant...

Palais du Pape à Monte-Cavallo.

2. *Monte-Cavallo* ou *Quirinale*, sur lequel est situé le palais qu'habite ordinairement le Pape, a pour principale décoration deux chevaux antiques de taille colossale, tenus chacun par un jeune homme qui a l'air vigoureux & noble. L'un & l'autre servoient à décorer les Thermes de Constantin, qui étoient dans ce voisinage, d'où le pape Sixte V les fit enlever pour les placer devant son palais. Ils y sont très à leur avantage, dans un des endroits les plus élevés de la ville, où on peut les examiner

à son aise, & en sentir la beauté, l'attention n'étant point partagée par d'autres monumens du même genre. On attribue ces deux grouppes l'un à Phidias, l'autre à Praxiteles ; & on dit que l'un & l'autre représentent Alexandre le Grand domtant Bucéphale : s'ils font de ces deux célèbres artistes, ils ne peuvent pas représenter Alexandre ; ils vivoient l'un & l'autre bien avant que ce prince fût né : on n'a imaginé dans la suite des tems de les faire passer fous ces noms, que pour les annoblir davantage, quoiqu'ils fussent d'assez bons artistes, pour qu'il ne fût pas nécessaire de recourir à cette supposition. Mais du tems même d'Auguste, lorsque les arts étoient à Rome dans tout leur éclat, d'habiles ouvriers s'épuisoient à graver sur leur production le nom des artistes les plus célebres de l'ancienne Gréce, pour leur donner dans la postérité une réputation plus brillante, tant le respect pour l'antiquité la plus eloignée a toujours été bien établi, & souvent au préjudice du siécle présent *...

---

*Ut quidam artifices, nostro faciunt saeculo,
Qui pretium operibus, majus inveniunt, novo

D'après cette autorité que l'on ne peut revoquer en doute, il n'est pas étonnant que dans les siécles d'ignorance qui ont suivi, on ait continué à donner ces ouvrages à Phidias & à Praxiteles, parce que ces noms antiques étoient gravés au bas de ces ouvrages.

Ils m'ont paru très-beaux, d'un grand stile, & dans le goût grec, mais ils n'ont rien au-dessus de quantité d'autres ouvrages de ce genre, faits à Rome depuis que les beaux arts, & les artistes de la Gréce y eurent passé : qui pourroit même dire que Phédre ne les a pas eus en vue dans le passage que j'ai cité plus haut ? La magnificence y étoit alors à un assez haut point, pour que quelque riche Romain eût fait décorer l'entrée d'un manége de ces deux statues dont il me paroît que ce devoit être la destination la plus naturelle, d'où Constantin peut les avoir fait tirer pour les placer dans ses bains.

J'ai déja parlé du palais du Pape à

Si marmori adscripserunt Praxitelem suo,
Mironem argento. . . .

Phedr. Prol. l. 5. Fab.

Monte-Cavallo, vis-à-vis eſt le palais de la Conſulte, édifice élevé dans ce ſiécle ſous le pontificat de Clement XII. L'architecture en eſt brillante & fort ornée, dans le goût de toutes les conſtructions modernes de Rome ; cependant elle ne nuit point à la beauté ſolide & majeſtueuſe du palais pontifical, dont la vaſte étendue annonce le ſéjour d'un Souverain, tandis que l'autre, à ſa décoration près, n'a rien de plus frapant & de plus vaſte que quantité d'autres grandes maiſons de Rome. Le ſécretaire des brefs & celui de la Conſulte y ont leur logement, au premier étage ; le reſte eſt occupé par les chevaux légers de la garde & les cuiraſſiers...

3. *Palais du Connétable Colonne.* La galerie, par rapport à ſa conſtruction, à ſa grandeur, & à la nobleſſe du goût dont elle eſt décorée, eſt la plus magnifique de Rome, elle a environ 160 pieds de longueur ſur 36 de largeur. Aux deux extrémités ſont des ſalons ou portiques ſéparés de la galerie par un grand arc ouvert dans toute ſa largeur, ſoutenu par des colonnes de jaune antique & des pilaſtres de même, avec des trophées d'armes de la maiſon. Le

Palais Colonne.

C iij

plafond eſt très-bien peint, & a pour
ſujet la bataille de Lépante, où Marc-
Antoine Colonne, Gonfalonnier de
l'Egliſe, commandoit les troupes de dé-
barquement.

Cette galerie eſt ornée des tableaux
des plus grands maîtres, preſque tous
de la plus belle conſervation, parmi
leſquels, une Madone avec l'enfant
& le petit St Jean; St Pierre, St Paul
& deux Sāintes, de la première maniere de *Raphaël*, mais admirable pour
la compoſition, le deſſein & l'expreſſion, & dont les couleurs ſont encore
très-fraîches... Hérodiade, grand tableau du *Guide*, on y reconnoît ſon
faire d'une façon à ne s'y pas mépren-
dre; mais tout n'y eſt pas peint de la
même force, ni du même ton : on y
voit ſes deux manieres, la ſeconde &
la troiſieme qui étoit la plus foible de
toutes, & il ſemble que ce tableau ne
ſoit pas achevé... Venus & l'Amour de
Paul Veroneſe, de grandeur naturelle,
bien deſſiné, du plus beau coloris &
d'une expreſſion raviſſante... la Vierge, l'Enfant, ſainte Catherine ſur le
devant avec St Jérôme & St Auguſtin,
tableau admirable du *Parmegianino*,

parfaitement defliné, & fi beau de couleur & d'expreffion, que fi cet artifte
eût toujours travaillé avec cette force,
il fe fût mis au rang du Correge, auquel il l'eût difputé ; il femble avoir été
fait pour être mis en comparaifon, &
l'emporter, s'il étoit poffible, fur le fameux tableau du Correge, qui eft confervé à la galerie de Parme... le facrifice de Céfar, grande & belle compofition de *Carlo Maratti...* une Affomption de *Rubens*, petites figures d'un
pied de proportion... une bacchanale du
même, que l'on voit avec plaifir, &
qui ne perdent rien de leur prix, au
milieu des chefs - d'œuvre des maîtres
de l'Italie... un grand & magnifique
tableau du *Guerchin*, qui repréfente le
Chrift mort, & la Vierge qui s'en approche avec toutes les marques de la
plus vive douleur. Le coloris & l'expreffion y font à un haut degré de perfection, de même que dans le martyre
de fainte Cecile, autre grand tableau
de ce maître..... un *Ecce Homo* de
l'*Albane*, précieux par la beauté du coloris, & la vérité de l'expreffion.. une
famille fainte, St Jean & Ste Elifabeth,
par le *Salviati* : on voit peu de tableaux
de ce Maître, qui deffinoit bien, &

donnoit une expression très-vive à ses figures..... une peste, par le *Poussin*, d'un excellent ton de couleurs, ce que n'avoit pas toujours ce Artiste, si sçavant dans toutes les autres parties de son art... une sainte famille d'*André Delcarto*, du plus beau de ce maître.

On entre de-là dans un très-grand jardin, formé de différentes terrasses, qui s'étendent du couchant au levant. À une des extrémités au couchant, on voit les restes tout-à-fait dégradés d'un bâtiment antique que l'on croit avoir fait partie des bains de Constantin. Dans le bois qui est au-dessus, planté de sapins, de lauriers & d'autres arbres toujours verds, sont des quartiers de marbre d'une grosseur prodigieuse, où l'on remarque quelques ornemens de l'ordre Corinthien : on prétend que ce sont les restes d'un temple élevé au Soleil, par Aurelien, après qu'il eut vaincu la célèbre Zénobie, Reine des Palmireniens : c'est d'un bloc de marbre semblable & tiré de cet endroit, que l'on a fait le piedestal du Marc-Aurele du Capitole. Il a fallu de belles machines, pour transporter ces marbres du Tibre jusque sur cette montagne, & les élever ensuite sur des colonnes, car il paroît qu'ils ont été employés dans des architraves.

4. Palais *Rofpigliofi*, qui appartenoit autrefois aux Mazarins, eft dans une fituation agréable & ouverte fur le Quirinal. Au fond d'un jardin décoré de belles eaux, eft une galerie peinte à frefque; le plafond a pour fujet l'Aurore, célebre tableau du *Guide*. On voit dans cette compofition, combien la peinture peut prêter à la poëfie, quand le pinceau eft entre les mains d'un homme aimable, qui fçait rendre fes idées fenfibles. Les trois parties, l'aube, l'aurore & le matin, font figurées dans le tableau. L'aube, par l'amour qui tient une torche allumée, figure de l'étoile du matin, que l'on fçait être fi brillante au point du jour... l'aurore par une jeune femme dans les nues, dont la tête fort d'un voile, & qui répand des fleurs... le matin par Apollon dans fon char, tiré par des chevaux vifs & ardents, qui chaffent les nuages devant eux, & qui font fuccéder une lumière éblouiffante à la lueur incertaine de l'aube & de l'aurore... le char eft entouré des heures qui forment une danfe. Le *Tempefta* a peint deux frifes de cette gale-

C v

rie : dans l'une, il a repréfenté le triomphe de l'amour, qui a fubjugué toutes
les nations & tous les âges : cette peinture eft traitée dans le goût des bas-
reliefs, parfaitement deffinée, & d'un
coloris fort gracieux ; l'autre eft un
triomphe dans le coftume afiatique. . .
Les quatre payfages à frefque, font de
Paul Brill : on y retrouve l'élégance
& le fini de fes meilleurs tableaux.

Les deux falons qui accompagnent
cette galerie, font meublés de tableaux
de prix, parmi lefquels, Samfon qui
renverfe les colonnes de la falle où font
affemblés les chefs des Philiftins, à un
feftin folemnel ; le Samfon eft de
taille héroïque. L'étonnement & l'effroi
que dût caufer un défaftre fi peu attendu, y font exprimés avec force, la
table eft culbutée : les uns font écra-
fés, les autres à l'inftant de l'être ;
Samfon foutient encore une partie de la
colonne à laquelle il eft attaché, mais
le deffus de la voûte fe détache & va
l'accabler. . . . le triomphe de David,
après avoir vaincu Goliath. Le jeune
Héros rapporte la tête du géant ; il a
l'air modefte & toutes les graces de la
eunefle ; les filles de Sion chantent
devant lui, & jouent de divers inftru-

mens; dans le fond eft Michol fur un balcon, avec fes femmes : Saül eft placé fur le devant du tableau, on voit que la jaloufie fombre s'empare de fon cœur, & qu'il eft plus irrité des chants d'alégreffe des jeunes filles, que fatisfait de la victoire de David : la compofition en eft vraie & fort fage : ces deux tableaux du *Dominiquin*, font très-grands, & du plus beau coloris... Sophonisbe qui s'empoifonne pour n'être pas conduite prifonniere à Rome : elle eft entourée de fa Cour, qui eft dans l'affliction ; & on remarque dans toute fa phyfionomie les progrès du poifon qu'elle vient de prendre ; il y a beaucoup d'expreffion dans ce tableau, par le *Calabrefe* (*a*)... Renaud qui tient

(*a*) Cette Sophonisbe étoit femme de Siphax, roi de Cirthe en Numidie, & fille d'Afdrubal, Général des Carthaginois ; le Roi fon époux ayant été vaincu & fait prifonnier par l'armée de Scipion, au combat de Cirthe. Elle vit dans l'inftant le fort cruel dont elle étoit menacée ; & ne craignant rien autant, que de tomber au pouvoir des Romains, elle s'adreffa au roi Mafiniffa, Africain & Numide comme Siphax, & lui demanda, fur toutes chofes, de ne pas permettre qu'elle fût expofée à être efclave des Romains.... *Omnia quidem ut pof-*

C vj

un miroir devant Armide qui se pa-
re, grand tableau de l'*Albane*, & très-
gracieux.... Eve qui présente la pomme à Adam, par Jacques *Palma* : la

---

ses in nos, Dii tibi dederunt, virtusque & fe-
licitas tua.... precor, quæsoque per Majestatem
regiam, in qua paulo ante, nos quoque fuimus...
Oro ne me in cujusquam Romani superbum ac
crudele imperium venire sinas... Si nullá aliá
re potes, morte ut me vindices ab Romanorum
arbitrio, oro obtestorque....

    Elle étoit belle & dans la fleur de la jeunesse,
Masinissa en fut épris, il lui promit tout ce
qu'elle lui demandoit ; mais connoissant le génie altier des Romains, & leur dessein sur Siphax & Sophonisbe, qu'il vouloit faire passer
à Rome ; son amour lui suggera un expédient
qu'il crut infaillible : ce fut d'épouser sur le
champ Sophonisbe.... *Forma erat insignis &*
florentissima ætas... (*ut genus est Numidarum*
in Venerem præceps) *amore captivæ victor cap-*
tus... Ab amore temerarium atque impudens
mutuatur consilium.... Mais la précaution fut
vaine, Scipion ne respectoit pas assez la passion
d'un Roi barbare, pour changer rien aux desseins qu'il avoit formés sur Sophonisbe, comme
épouse de Siphax, & comme fille d'Asdrubal :
il fit un très-beau discours à Masinissa sur la
continence, & lui dit que son prétendu mariage, qu'il n'avoit pu contracter, sans son agrément, avec une femme qui étoit sa prisonniere,
n'empêcheroit pas qu'elle ne fût conduite à Rome, où le Sénat décideroit de son sort.

fraîcheur du coloris peint la beauté des arbres du Paradis terreſtre...... une Sainte famille, de Simon *Da Péſaro*, tableau qui a ſouffert, mais où on remarque encore des beautés frapantes..

Alors Maſiniſſa ne ſongea plus qu'à la ſouſtraire à l'eſclavage, dont elle étoit menacée ; il lui tint parole en lui envoyant du poiſon, pour mettre par ce moyen ſa liberté à couvert, en lui faiſant dire.... *Maſiniſſam libenter primam ei fidem præſtaturum fuiſſe, quam vir uxori debuerit ; quoniam arbitrium ejus, qui poſſint, adimant, ſecundam fidem præſtare, ne viva in poteſtatem Romanorum veniat. Memor patris, Imperatoris Patriæque, & duorum Regum, quibus nupta fuiſſet, ſibi ipſi conſuleret...* C'eſt avec cette réponſe que ſe préſenta l'eſclave fidèle de Maſiniſſa : *Sub cujus cuſtodia, regio more, ad incerta fortunæ, venenum erat...* Armé de la coupe fatale, qui rendoit la Reine maîtreſſe de ſon ſort... Je reçois, dit Sophonisbe, ce préſent nuptial, il ne me déplaît point, dès que mon nouvel époux n'a rien de plus précieux à m'offrir : dites-lui cependant que je mourrois avec plus de gloire, ſi le flambeau d'un ſecond hymen n'éclairoit pas mon trépas... *Non locuta eſt ferocius,* & elle but avec la plus grande tranquillité la coupe empoiſonnée, qui trancha ſur le champ la trâme de ſes jours.... Il y a bien de la vraie grandeur d'ame dans tout ce procédé, & Sophonisbe, quoique moins célebre, eſt bien au-deſſus de Cléopatre.... V. Tit. Liv. *l.* 30. *c.* 12 & 15, *ad An.* 549.

un buste de Scipion en verd-brun d'E-
gypte, d'un travail fini.... une statue
antique de Minerve dans le stile grec...
une Diane, ouvrage moderne, parfaitement imité de l'antique. Il y a plusieurs autres bustes & statues dans ces
deux salons, & dans la galerie ; je
ne rapporte ici que ce que j'ai remarqué sur le champ.

Villa Aldo-
brandini.

4. *Villa Aldobrandini*, située au midi,
dans la partie la plus élevée du Quirinal. Le jardin en est très - agréable,
autant par sa position & le bon air,
que l'on y respire, que par ses plantations & ses eaux : j'y ai vu en plein
hyver un oranger découvert, chargé
des plus beaux fruits. Ce n'est pas cependant ce que l'on y va voir ; mais
la célebre peinture antique, connue
sous le nom de noce *Aldobrandine*,
parce qu'elle fut tirée des ruines d'une
maison de Mecenas sur le Mont-Esquilin, sous le pontificat de Clement XIII,
Aldobrandin. On la conserve dans un
petit salon qui est à une des extrémités
du jardin. Elle est très-connue, par les
estampes & les copies qui en sont répandues par-tout ; je n'ai rien à ajouter
à ce que l'on en sçait déja, sinon qu'elle
est si fort décolorée, qu'elle ne ressem-

ble plus qu'à un clair obfcur ; mais l'é-
légance & la correction du deffein font
d'une perfection au-delà de laquelle il
n'eft pas poffible d'aller. En la compa-
rant aux autres peintures antiques que
l'on conferve à Rome, & fur-tout avec
celles trouvées à Herculanum, on ne
peut pas douter qu'elle ne foit plus
ancienne, d'artiftes Grecs & d'un tems
où l'on ne connoiffoit pas encore les
régles de la perfpective, on ne fçavoit
que placer les figures fur un même plan,
& à un même point de vue ; mais où on
connoiffoit bien les régles du deffein,
& la vérité de l'expreffion. J'en ai déja
parlé ailleurs. Cette peinture eft la preuve de la folidité des enduits fur lefquels
on peignoit à frefque.

La face principale du palais eft ornée
de plufieurs bas-reliefs antiques de la
plus grande beauté de deffein, d'expreffion, & même d'intelligence dans la
pofition des figures : on voit en les exa-
minant combien les meilleurs artiftes
ont profité à cette efpéce d'étude : c'eft
une des premieres maifons que j'aye
vu à Rome, j'avois l'idée très-préfente
de toutes les peintures de Bologne ; &
je trouvois mille traits de reffemblance
entre ces bas - reliefs , & des tableaux

fameux du Guerchin, du Guide, des Carraches, &c. Dans un de ces bas-reliefs qui repréſentent des Sénateurs qui paroiſſent s'entretenir enſemble, & qui ſont de grandeur naturelle, vus juſqu'aux genoux, j'ai cru reconnoître l'idée principale du fameux tableau de St Pierre du Guide, qui eſt au palais Zamparri, à Bologne. Il y a encore un ſacrifice, & pluſieurs médaillons choiſis & de la plus belle exécution...

Palais *Albani*. Dans la premiere galerie on voit une tête d'*Ecce Homo* de *Leonard de Vinci*, de la plus grande beauté. Au même rang ſont trois têtes du Guide, qui perdent à avoir dans leur voiſinage un tableau de cette force... la mort de la Sainte Vierge, par *Carlo Maratti*. L'une des plus belles productions de ce maître, compoſée dans la maniere du Pouſſin, & avec tout ſon eſprit, mais infiniment plus gracieuſe... une famille ſainte, du même, où il a encore imité le Pouſſin, & avec beaucoup de ſuccès. Le genre de Carlo Maratti étoit le gracieux, & voilà pourquoi il a ſi bien réuſſi dans les Vierges, mais quand il a pu parvenir à la force de l'expreſſion, à la vraie poëſie de la peinture, il s'eſt en quelque fa-

Palais Albani.

çon furpaffé lui-même... une Vierge qui donne à tetter à l'enfant Jefus, de grandeur prefque naturelle. Les graces, la douceur, la noblefle, la modeftie, tout eft réuni dans la figure de la Vierge, avec la plus grande vérité dans le deffein & l'expreffion, & un coloris féduifant; on ne peut pas rendre la nature avec plus d'exactitude, & d'une maniere plus intéreffante.

La piece la plus curieufe de cette collection, eft l'efquiffe coloriée du célebre tableau de la Transfiguration par *Raphaël* : on eft sûr que c'eft l'original même, & il eft confervé au point qu'il femble fortir des mains de fon auteur; le génie ne fe fait pas remarquer avec plus d'excellence dans le tableau même que dans l'efquiffe... la Vierge en pied, le petit Jefus & St Jean, tableau que l'on dit l'original de Raphaël, de la même taille que le femblable du même artifte qui eft au Palais Royal; il y en a un tout-à-fait pareil à Naples, que l'on dit auffi Original; tous les trois ils font vraiment dignes du pinceau de Raphaël : il eft à croire que ce fujet lui avoit plu, que fes meilleurs éleves l'avoient peint fous fes yeux, qu'il avoit retouché leurs ouvrages, & les avoit

rendu semblables à l'original sorti de
ses mains, tellement qu'il est impossible
de les distinguer les uns des autres. Les
connoisseurs les plus au fait des différentes manieres des peintres conviennent qu'il est très-difficile de ne se pas
tromper en ce cas. J'avois acheté à
Bologne, une petite Vierge peinte de
l'école du Guide, le petit Jesus qui
dort est de la plus grande beauté &
vraiment digne de ce maître. La Vierge est très-gracieuse ; le tableau passoit
pour être d'un de ses éleves appellé
Hercola Maria de San Giovani. J'ai vu
quantité de connoisseurs, le prendre
pour un des tableaux du Guide, y retrouver toutes les graces & les finesses
de son pinceau, & ne pas douter que
ce grand artiste ne l'eût mis au point
de perfection où il est.

Une grande suite de desseins de peintres célèbres tels que les Carraches, Polidore, Lanfranc, l'Espagnollet, le Cigna-
ni, où on voit la force de leurs premieres
idées, qui ne sont point embellies par
la magie du coloris, & qui ne subsistent
que par leur mérite.

En général les tableaux de ce palais
sont bien conservés, tenus avec soin,
& en bien meilleur état que ceux des

palais Barberini & Borghese, qui font beaucoup plus riches, mais tellement négligés, que le tems & les intemperies de l'air agissent sur eux avec plus de rapidité qu'ailleurs, parce qu'ils font dans des appartemens bas & humides.

Le cardinal Alexandre Albani, homme de goût & curieux, a commencé cette collection & l'augmente tous les jours, il y réussit d'autant mieux que personne à Rome ne sçait mieux que lui se procurer ce que les arts ont de plus beau & de plus précieux, tant dans l'antiquité que dans le moderne.

5. Palais *Barberini* bâti dans l'emplacement du premier Capitole ou forteresse de Rome, que fit élever le roi Numa sur l'extrémité du Quirinal. L'architecture extérieure du côté de la *Strada felice*, où est la porte principale, est du *Bernin*. Il a été construit sous le pontificat d'Urbain VIII, qui a regné long-tems. Les plus illustres artistes qui vivoient alors à Rome, y ont travaillé à l'envi les uns des autres ; ainsi il n'est pas étonnant qu'il soit l'un des plus riches de Rome en peinture & en sculpture. Il renferme plusieurs excellens tableaux de Raphaël, des Carraches, du Guide, de Pierre de Cortone,

P. Barberini.

d'Andrea Sacchi, &c. C'eſt-là où l'on voit le célebre tableau de la Magdelene par le *Guide*, plus grand que le naturel & d'une beauté admirable : le coloris en eſt extrêmement clair & fort en même-tems, ce qui vient de ce qu'il eſt éclairé de façon que la lumiere ſemble percer à travers les ombres... la mort de Germanicus par le *Pouſſin*, tableau qui ſemble avoir été fait, pour prouver que les modernes pouvoient égaler les anciens, en ce que le génie & la force de l'expreſſion s'y font remarquer avec autant d'avantage que dans le fameux tableau de Timanthe, qui repréſentoit la mort d'Iphigenie, & dont on a fait de ſi pompeuſes deſcriptions : ici le peintre François paroît au moins égal au peintre Grec; il a choiſi le moment où Germanicus exhorte ſes amis à venger ſa mort, & à protéger ſa femme & ſes enfans... *Non hoc præcipuum amicorum munus eſt, proſequi defunctum ignavo quæſtu, ſed quæ voluerit meminiſſe, quæ mandaverit exſequi... Oſtendite populo Romano divi Auguſti neptem, eandemque conjugem meam ; numerate ſex liberos ; miſericordia cum accuſantibus erit, fingentibuſque ſceleſta mandata, aut non credent*

homines aut non ignofcent. ... (Tacit.
An. l. 2.) Les amis de Germanicus
attentifs & chagrins, l'affurent par leurs
regards qu'ils foufcrivent à fa volonté,
trois de fes enfans augmentent l'intérêt, Arippine qui eft debout, voilée
comme Agamemnon dans l'ouvrage de
Timanthe, laiffe voir dans toute l'attitude de fon corps, l'accablement &
la douleur où elle eft : cette compofition eft vraiment un chef-d'œuvre de
génie.

Le portrait de la maîtreffe de *Ra-*
phaël, peint par lui-même. Elle a le
teint brun & obfcur, les yeux noirs &
triftes, les cheveux fort noirs & liffés,
qui lui accompagnent le vifage dans
toute fa longueur, le nez bien fait,
& quelques graces dans la bouche, la
figure eft peu agréable ; ce tableau
peint fur bois eft d'autant mieux confervé, qu'il paroît que Raphaël lui-
même avoit fait ajufter les deux petites
portes de bois noir qui l'enferment dans
le quadre. Il y en a une copie faite
par Jules Romain, d'un coloris beaucoup plus dur . & qui n'a aucun agrément... Une grande Vénus du *Titien,*
fort femblable à celle qui eft dans la
galerie de Florence, & que l'on ap-

pelle fa maîtreffe... Un jeune homme qui perd fon argent contre des filoux avec lefquels il joue ; les phyfionomies font de la vérité, même de la nature. Dans les uns, c'eft la rufe & la friponnerie qui s'étalent avec fatisfaction, fans inquiétudes d'être remarquées ; dans l'autre, c'eft la fimplicité même, l'embarras & la crainte de perdre fon argent, par *Michel-Ange de Caravage*.

Les deux beaux plafonds de *Pierre de Cortone* & d'*Andrea Sacchi*, regardés comme des ouvrages capitaux de ces deux grands artiftes, exigent que j'en faffe quelque mention : le premier a pour fujet les vertus héroïques d'Urbain VIII, repréfentées par plufieurs figures fymboliques, toutes en mouvement, pour faire fon Apothéofe, en plaçant au ciel les armes des Barberins, furmontées de la tiare & des clefs de l'Eglife. Cette grande compofition eft très-bien entendue ; la multitude des figures ne fait aucune confufion ; le coloris eft de la plus grande beauté & vraiment éclatant, & la lumiere y paroît être furnaturelle : en quoi fur-tout on reconnoît la fcience de P. de Cortone, qui a caractérifé fon idée de cette maniere, tout-à-fait nouvelle ; l'autre repréfente la fageffe de ce Pape. Il y a moins d'action que dans le premier ; les figures font dans un repos de contemplation , le coloris en eft gracieux, la lumiere douce : cet ouvrage a quelque chofe de tendre & de fuave, qui refpire la paix & la douceur.

Les tableaux de ce Palais font peu foignés & même fe confervent moins qu'ailleurs , dans leur beauté originale ; quoique l'on prétende que l'on y en trouve toujours le même nombre. Ceux qui ont été à Rome en fçavent la raifon.

Parmi les peintures antiques, un enlévement d'Europe en mofaïque, d'un goût de deffein très-fage ; il faifoit, dit-on, partie du fameux Temple de la fortune à Prénefte (Paleftrine) fi célebre dans l'antiquité, & fi riché, qu'il donna lieu au bon mot de Carneade, rapporté par Ciceron (l. 11. de Divin.) *Carneadem Clitomachus fcribit dicere folitum , nufquam fe fortunatoirem quam Prænefte vidiffe fortunam.*

Une vieille femme affife à terre, qui tient une quenouille entre fes deux genoux, fur lefquels elle a les mains croifées , peinture antique à frefque, détachée d'une muraille qui a souffert dans l'opération, mais encore bien conservée, pour que l'on puisse juger de son mérite; il y a peu de morceaux antiques de ce genre, d'un caractere de dessein aussi vrai. Il est de la sagesse de celui de Raphaël, & fort dans son goût; ce qui me porte à soupçonner sa légitimité, de même que du tableau de deux jeunes garçons, dessinés dans le goût d'expression & de graces du Correge, & d'un pinceau aussi moëleux. Ce dernier morceau est sous une glace. On pourroit avoir le même soupçon sur le jeune Platon endormi, au tour duquel volent des abeilles. Si ces trois morceaux sont antiques, ils sont une preuve du mérite des Anciens dans ce genre, & on peut les regarder comme ce que l'on connoît de plus précieux, sur-tout pour la beauté du coloris; mais on sçait combien la découverte de la noce Aldobrandine fit fabriquer de ces faux antiques, si bien imités, qu'il est fort difficile de les discerner des vrais : on en trouve encore à acheter à Rome, & que l'on tient à un prix assez haut.

Par-tout on voit dans ce Palais des statues & des bas-reliefs antiques du plus

plus beau choix, parmi lesquels on distinguera une Vénus de grandeur naturelle, endormie, & couchée sur un lit, d'un caractère admirable : c'est vraiment la Déesse de la beauté, dont tous les traits sont dans le repos le plus parfait... Adonis blessé & mourant : il expire avec douleur, & il conserve même dans l'altération de ses traits, encore une beauté sensible... un Satire couché.... plusieurs idoles Egyptiennes de granite & de basalte... une idole de l'Abondance en bronze, d'un travail très-fini... un Faune... une statue singuliere d'un esclave qui mange le bras d'un homme... le consul Brutus avec ses deux fils, statues très-rares... les bustes de Sylla & de Marius... un autre dit de Tullia, femme de Tarquin le Superbe... la chêvre Amalthée, qui alaite Jupiter en haut relief, de grandeur presque naturelle, d'un très-beau style Grec, & qui ne peut avoir servi qu'à la décoration d'un temple. Le détail des antiques rares & précieux que renferme ce Palais exigeroit seul un volume, & c'est ce qui s'y conservera le plus long-tems.

Palais Chigi Alcorso, il y a de très-belles choses à y voir en peintures mo- Palais Chigi Alcorso.

dernes, & en ſtatues antiques... une Nativité de *Carles Maraze*, admirablement peinte dans le goût de l'Albane, avec autant de fineſſe de deſſein, de vérité d'expreſſion, & un coloris bien plus frais & plus gracieux. Les figures n'ont qu'environ un pied de hauteur : c'eſt un des plus charmans tableaux de ce genre, qu'il ſoit poſſible de voir, & qui eſt très-bien compoſé... une bataille de *Salvator Roſa*, l'un des meilleurs tableaux que j'aie vu de ce maître, & qui pourroit faire le pendant de celui de P. de Cortone, qui eſt au Capitole... une grande Magdelene pénitente, de *Guerchin*... trois enfans qui jouent, de Frederic *Barroccio* : celui que les deux autres élevent en l'air, eſt d'une fineſſe & d'une vérité d'expreſſion admirables, le coloris eſt digne du Correge... Vénus dans le bain, accompagnée des Nymphes, qui la ſervent & des Graces, compoſition très-aimable de l'Albane & de ſon bon tems... un payſage de *Claude le Lorrain*, bien dans la nature, & où la perſpective aërienne eſt à un haut dégré d'intelligence... une Judith, qui tient la tête d'Holopherne dans un panier, accompagnée de ſa ſervante : tableau preſqu'entièrement de relief, & qui fait illusion, par *Polidore de Caravage....* une grande Venus de Rubens....un Satyre qui tient une corbeille de fruit, avec une vieille femme dont on voit seulement la tête, du même, tous deux bien conservés & très-beaux.... Jesus attaché à la colonne, par le *Guerchin*...une Assomption, par le *Lanfranc*. La collection de ce palais peu nombreuse a été faite avec goût, & on n'y a rien admis que d'excellent.

Parmi les antiques, il faut voir un grouppe d'Apollon & de Marsias : le Dieu s'approche du Satyre pour le punir de sa témérité, il a déja une main sur son épaule, & de l'autre il tient le couteau fatal, ils se regardent tous deux, de manière à faire voir les sentimens dont ils sont animés ; Marsias voit avec horreur, le supplice cruel qu'il va subir ; mais il ne songe ni à se défendre ni à s'échaper, la puissance du Dieu l'étonne ; Apollon a vraiment l'air divin, il est prêt à se venger par justice, & non par passion : cette derniere figure est excellente..... Caligula, buste en porphyre conservé en son entier dans le style des artistes Romains de son tems, qui étoit celui où l'on prétend que la sculpture étoit à Rome à son point de perfection : il est placé sur une colonne d'albâtre transparent (*a*).

Un Silêne yvre & couché sur une urne de vin, on ne peut rien peindre ni imaginer d'egal à l'expression de cet antique..... une Minerve qui paroît

---

(*a*) Il est difficile de travailler un marbre aussi dur, & de lui donner ce fini précieux qui semble rendre les traits & les couleurs dans leur état naturel, le marbre statuaire qui est blanc, est plus susceptible de cette perfection ; on y est plus accoutumé, & on y retrouve plus aisément la vérité historique marquée par les signes ou traits caractéristiques des passions ; cependant on retrouve dans cette tête dont le travail est très-beau, beaucoup de ressemblance avec l'idée que Suetone a donnée de ce Prince... *Caligula staturâ fuit eminenti, pallido colore, corpore enormi, gracilitate maximâ cervicis & crurise, oculis & temporibus concavis, fronte latâ & torvâ, capillo raro ac circa verticem nullo, hisutus & cætera... Vultum verò naturâ horridum ac tetrum etiam ex industria efferebat, componens ad speculum in omnem terrorem & formidinem...* (l. 4. in ça. cal.)

On ne peut rien de plus horrible que cet extérieur, mais l'intérieur étoit encore plus affreux ; Ausone le peint en deux mots :

Cædibus incestisque dehinc maculosus ; & omni
   Crimine pollutum qui superavit avum...

avoir fervi à orner un cirque : elle porte une efpece de ceinture large qui pend jufqu'à fes pieds, fur laquelle font gravés plufieurs gladiateurs ; fingularités que je n'ai remarquées dans aucune autre ftatue de cette Déeffe.

Palais Pamphili eft un des plus grands édifices de Rome, & la maifon la plus vafte qui foit dans cette ville. Il a été bâti à trois reprifes différentes, & à trois faces principales : l'une fur la place du collége Romain : l'architecture en eft du Borromini, & c'eft la plus noble des trois, quoique la plus ancienne ; la feconde fur le Cours, plus moderne que la premiere, & très-chargée d'ornemens ; la troifieme du côté de la place de Venife, & du même goût que la feconde ; les appartemens font grands & nobles, & d'une belle diftribution. Dans la partie qui regarde le Cours, il y a quatre grandes galeries très-ornées, qui rentrent les unes dans les autres, & qui ont été faites pour fervir de promenades ; les cours entourées de colonnades & de portiques ouverts, font un des principaux ornemens de ces trois Palais qui communiquent les uns aux autres par ce moyen.

Palais Pamphili.

D iij

La collection des tableaux que l'on y voit, est des meilleurs maîtres, & de la plus belle conservation : voici quelques notes sur ceux qui m'ont fait le plus de plaisir.

Adonis qui dort, & Vénus qui le rafraîchit avec une espece d'éventail : l'amour regarde sa mere avec l'attention & le férieux d'un joli enfant, qui voit quelque chose d'extraordinaire ; composition très-agréable, de Paul *Veronèse*, & de belle couleur... naiſſance de l'amour, à laquelle l'abondance, les talens & les arts assiſtent, tableau symbolique de l'*Albane*, qui paroît avoir rapport à quelque événement particulier : les figures n'ont qu'environ un pied & demi de haut ; quoique le tableau soit assez grand, tout y est gracieux, & le payſage est fort beau... grande Académie de musique, tableau dont les ombres sont fort noircies ; mais à remarquer, à cauſe des attitudes & du mouvement des figures, par le *Valentin*... un grouppe d'enfans qui se battent, tableau charmant du *Geſſi*, beau de couleur, d'un deſſein vrai, & d'une expreſſion très-naturelle... une jeune femme dans le bain, qui écoute attentivement une vieille proxenete qui lui parle, par *Michel-Ange de Caravage*..... la Vierge & l'enfant qui dorment, un Ange vu par le dos, qui joue du violon, St Joseph qui le regarde & l'écoute attentivement, compófition de caprice du *Giorgion*, mais de la plus grande vérité, & très-aimable : on ne fe laffe point de regarder la Vierge & l'enfant, la fraîcheur de leur teint, la douceur de leur fommeil, leur air vivant : on les voit refpirer ; ce tableau fi gracieux, eft du plus beau coloris. Je l'ai examiné quelquefois la nuit, à l'heure de la converfation de la princeffe Doria, la Vierge paroiffoit encore plus belle à la lumiere, qu'en plein jour, épreuve que peu de tableaux peuvent foutenir... un jeune foldat, qu'un vieux homme veut arrêter, figures de grandeur naturelle, vues jufqu'à mi-corps, par le *Paffignani*... une Vierge en contemplation, par *Saffo Ferrata*, d'un coloris riche & éclatant, & d'un air vraiment célefte... Agar qui fuit défolée, Ifmaël qu'elle abandonne mourant, & l'Ange qui vient à fa rencontre, beau & grand tableau du *Calabrefe*... le meurtre d'Abel, très-grand tableau de *Salvator Rofa*, d'un pinceau fier & vigoureux... Jefus-Chrift devant Pilate, au

D iv

prétoire : l'Assemblée est nombreuse, & la variété des attitudes & des figures est remarquable, par Paul *Veronèse*. l'Assomption, l'adoration des Rois, la fuite en Egypte, & J. C. que l'on porte au tombeau, quatre tableaux d'*Annibal Carrache*, de quatre pieds de largeur, sur trois & demi de haut : les figures n'ont qu'environ un pied de proportion, & cependant on y remarquera la beauté du dessein, la force de l'expression & le génie de cet excellent maître, qui a peu travaillé dans ce genre ; les paysages sur-tout, qui représentent les quatre points du jour, sont très-beaux. Il semble que ces tableaux ayent donné au Poussin le goût de ces riches paysages que l'on connoît de lui, & que même ils ayent contribué à le former... le pere de famille qui reçoit l'enfant prodigue à son retour, figures plus grandes que nature, & vues jusqu'aux genoux, par le *Guerchin*, d'une grande expression, & d'un excellent ton de couleur.... Erminie qui reconnoît Tancrede blessé, par le même, bien dessiné, mais d'un ton de couleur tout-à-fait différent de celui qui le précéde : on peut les comparer ensemble pour prendre une idée des deux manieres, du Guerchin, la feconde & la troifieme... Dédale qui attache les ailes à Icare, l'inquiétude eft vraiment peinte fur le vifage du pere, par Andrea *Sacchi*.... une Magdelene qui confidère une tête de mort, d'une expreffion forte & vraie, & d'un coloris excellent... une Madone avec l'enfant, l'admiration des bergers à l'inftant de la naiffance, deux petits tableaux par *Magianino*, dont le dernier eft admirable, & peint avec le plus grand foin. ... une chambre pleine de portraits, du Titien, de Vandick, de Paul Veronèfe, & des meilleurs maîtres, parmi lefquels une femme qui fe peigne, par *Vandick*... Machiavel, par le *Bronzin*... & Dona Olympia Ma'dachini, en pied & de grandeur naturelle, par P. *Veronèfe*..

Je me rappelle d'avoir vu dans cette maifon un bas-relief antique de bonne main, qui repréfentoit la délivrance d'Andromede, le Monftre eft mort, Perfée aide à defcendre la Princeffe du rocher, qui eft habillée très-décemment, pendant qu'il eft abfolument nud; il eft certain que c'eft un quiproquo de l'Artifte, ce qui n'eft pas ordinaire, fur-tout dans les Anciens. ..

D ʋ

Palais Altieri. L'architecture de la Cour, par Antoine de *Rossi*, est très-belle ; il y a une multitude de tableaux, dans les appartemens qui sont d'un beau choix & des meilleurs maîtres... une tête d'*Ecce Homo*, par le *Guide*, d'un ton de couleur très-vigoureux, & de la plus belle expression ; il tient beaucoup du Correge... une Cléopatre, du même, de sa grande & belle maniere... la fable de Térée, & le mauvais riche à table, deux tableaux de même grandeur du *Calabrese* ; les ombres en sont tranchantes & dures, mais le dessein & l'expression en sont excellens.... une descente de J. C. au tombeau..... St Sebastien mort, percé de fléches, que deux femmes Chrétiennes arrachent avec respect & attention : tous les deux sont des effets de nuit, & ne sont éclairés que d'une lumière extrêmement sombre, mais très-sçavamment traités, & du ton de couleur le plus vrai & le plus beau, par le *Schidone*... deux Jurisconsultes âgés, qui paroissent disputer sur le passage de la loi, ils tiennent chacun un livre ouvert ; on croit qu'on va les entendre parler, tant l'action est vraie & bien représentée, par l'*Espagnolet*.... le jugement de Paris, de l'*Albane*, dans lequel on reconnoît avec plaisir le pinceau gracieux de ce maître... un petit portrait d'un jeune homme, par le *Titien*, du plus beau de ce maître, & très-bien conservé... une femme qui a sur une table devant elle des fleurs & des fruits, charmant tableau de portrait, par *Carles Maratte*...une Visitation du *Barrocci* : ce tableau n'a pas la beauté ordinaire du coloris de ce maître, mais la composition en est grande & bien entendue, la Vierge y est dessinée, avec toutes les graces, la beauté & la noblesse possibles : tout ce qui l'environne, Ste Elisabeth, St Joseph, les domestiques grouppés sur divers plans, l'admirent, & semblent placés pour la rendre encore plus admirable. Il y a plusieurs tableaux de *Salvator Rosa*, qui peignoit la nature, & sur-tout les paysans d'une maniere grande & forte.

7. Palais Borghese, bâti sous le pontificat de Paul V, qui étoit de cette maison. Il a la forme d'un clavessin, & pour cela on l'appelle à Rome *Cembalo Borghese*, cette idée est singuliere, mais la construction en occupe tant d'espace, qu'on ne s'apperçoit pas dans les appartemens de son irrégularité ; la cour est grande, & entourée d'une galerie sou-

Palais Borghese.

D vj

tenue par des colonnes couplées d'ordre dorique, qui portent une galerie supérieure soutenue de même par des colonnes couplées d'ordre ionique, qui font pour la plus grande partie de granite d'Egypte. On voit fous les arcades de la cour trois belles ftatues antiques, *Maximæ*, de Julia pia... de Fauftine la Jeune.... & de Sabine. L'appartement du rès-de-chauffée que l'on n'habite pas, eft rempli d'une collection de tableaux, la plus nombreufe & la plus belle qui foit à Rome. On dit qu'elle eft compofée de plus de douze cents originaux des meilleurs maîtres, depuis le rétabliffement de la peinture, jufqu'à nos jours. Il y a fur-tout plufieurs morceaux du Titien, qui font encore de la plus grande beauté, dont un falon eft entierement garni, parmi lefquels deux Vénus couchées, Léda... Io... une jeune femme nue avec un homme... Pfiché qui découvre l'Amour qui dort, qui, à en juger par le coloris, l'expreffion, la richeffe de la compofition & des ornemens, paroît être du plus beau tems de Paul *Veronéfe...* le maître d'Ecole du *Titien*, tableau fameux à Rome : c'eft ainfi que l'on appelle un homme affis dans un fauteuil,

les deux poignets l'un fur l'autre, vu
jufqu'à mi-corps, compofition où l'on
trouve l'efprit, la beauté, la force, le
deffein, le coloris ; enfin toutes les parties de la peinture au plus haut degré
où on puiffe les imaginer... le cardinal Borgia & Machiavel, tableau vivant, dans laquelle la nature eft rendue avec la plus grande vérité, digne
de *Raphaël*, par la beauté de l'expreffion & du deffein, mais qui ne peut avoir
été peint que par le *Titien*... un tableau du *Parmefan*, peint fur bois, où
je retrouve le génie, le feu, & prefque
le coloris du divin Correge, qu'il vouloit égaler, c'eft un fpofalitio de Ste
Catherine : les graces de l'enfant, la
nobleffe & la beauté de la Vierge,
la fatisfaction de Ste Catherine, font
au-deffus de toute expreffion ; le deffein en eft correct, & il approche de
ce pinceau moëleux, de cette beauté
de coloris, qui met le Correge dans un
rang où perfonne ne s'eft encore placé
que lui... une Ste Cecile, par le *Correge*, que l'on peut regarder comme un
des premiers effais de pinceau de ce
grand homme, lorfqu'il fortit de l'école
du *Mantegna* ; la Sainte eft à fon cla-
veffin, par derrière entre un jeune hom-

me, qui reste étonné à la vue des Anges qui la couronnent : toute la manière de ce tableau est dure & roide, & tient encore du goût des peintres Grecs, mais les passions y sont déja à un haut degré d'expression, & il y a une intelligence de lumière qui annonce ce que le Correge devoit être un jour.

On trouve dans ce Palais de très-beaux tableaux des meilleurs maîtres, depuis Jean *Belin*, dont il y en a plusieurs, jusqu'à Carlo Maratti, & ses Eléves. Ce seroit vraiment un service à rendre aux arts, de placer par ordre de dates tous ces tableaux ; on jugeroit des progrès de la peinture, depuis son rétablissement, jusqu'à nos jours. Les Possesseurs de ces trésors se contentent de sçavoir qu'ils les ont ; ils croient qu'ils dureront toujours, mais ils se trompent fort. On s'apperçoit sur la plupart de ces tableaux des ravages du tems, d'une manière d'autant plus sensible qu'on les tient dans des appartemens bas, fort humides, qui ne sont point habités, & que l'on n'ouvre que pour les étrangers qui veulent les voir : il faut y entrer sur-tout après l'hyver, pour sentir le goût fétide, & l'humidité qu'y ont répandue les brouillards qui y pénétrent ; mais c'eſt le malheur de la plus grande partie des palais de Rome, que l'on peut regarder comme des magaſins d'excellens tableaux, qui y périſſent inſenſiblement.

L'appartement du deſſus eſt occupé par le Prince & la Princeſſe ; tout au haut il y a un appartement neuf, orné avec autant de goût que de magnificence. Les plafonds ſont peints par *Corradi*, peintre Napolitain ; le ſalon eſt orné de huit grands tableaux de *Vernet*, les plus beaux qu'ait fait cet excellent payſagiſte. Ils ont pour ſujet les quatre points du jour, les quatre autres ſont différens payſages, parmi leſquels on ne ſe laſſe point d'admirer un orage : la foudre tombe, un homme, qui paſſe ſur un pont, & qui eſt près de l'endroit où elle a frapé, a dans toute ſa figure les marques de la frayeur la plus vive, ſes cheveux ſont hériſſés, ſes yeux, ſa bouche, ſes bras, tout marque le ſentiment qui l'occupe, il s'arrête à l'endroit où il ſe trouve dans cet inſtant ; les nuages ſe mêlent avec les montagnes, & répandent une horreur générale ſur tout le payſage, & cette ſorte de fraîcheur ſombre dans toute la campagne, qui fuit les orages d'été. Ce fpectacle a la vérité même de la nature, les arbres y font d'un feuillé précieux, il eft difficile de mettre plus de poëfie & d'expreffion dans un tableau de payfage, & de le rendre auffi intéreffant. Les parquets & les tapifferies des pieces qui fuivent, font d'un goût excellent & fort riches. Les tables, les revêtiffemens des portes & des cheminées, font de marbres antiques ou d'albatres très-précieux : cet appartement auffi beau & auffi élégant que j'en euffe vu même dans le palais des Souverains, eft tout-à-fait moderne: ce qui contribuera à le conferver dans fa beauté, c'eft que l'on y fait par-tout du feu en hyver, pour le garantir de l'humidité qui eft terrible à Rome, & qui détruit tout ; il n'y a que les pierres & les marbres qui y réfiftent. Le jardin de ce palais eft petit & orné de belles eaux, & de quelques ftatues, dans lefquelles une bonne copie antique de la Vénus Médicis. Il eft terminé du côté du port de Ripelta, par une galerie dans la forme d'un clavier.

Dans les falles où font les tableaux, on voit des baffins & des tuyaux qui y forment dans l'été des nappes & des

jets d'eau, pour en augmenter la fraîcheur, précaution excellente pour cette
faifon, mais qui y entretient continuellement cette humidité deftructive, dont
j'ai parlé.

L'efcalier principal eft à vis, & monte
fans repos du bas de la maifon en haut;
il eft foutenu dans toute fon étendue
par des petites colonnes couplées d'un
très-joli effet, le deffein eft du Bramante, & beaucoup plus ancien que le
palais actuel. Toute l'architecture en
eft noble & fage, les deux grandes
portes font décorées de colonnes de granite, d'ordre ïonique, qui foutiennent
les frontons décorés des armes de la
maifon.

8. Le palais Rufpoli a le plus bel
efcalier de Rome, partagé en quatre
rempes, bien éclairées, d'une conftruction folide & hardie; il eft en entier de beau marbre de Carrare. On y
voit quelques ftatues antiques affez
bonnes, parmi lefquelles une omphale
plus grande que le naturel : elle eft
coëffé de la dépouille du lion Néméin,
qui lui pend fur les épaules, & eft
attachée au-deffus de la poitrine par les
deux pates : elle tient la maffue de la
main droite.

Palais Ruf-poli.

Palais Verospi au Cours. Une statue antique de Pallas d'environ quatre pieds de hauteur, le corps est d'un seul morceau d'albatre, beau comme une agathe orientale, la tête, les mains & les pieds sont de bronze ; je crois qu'on peut regarder ces antiques comme les idoles les plus précieuses que l'on vît dans les temples. J'ai vu dans cette maison trois corps de clavessin, à différens jeux, qui devoient tous répondre à un seul clavier, & former une symphonie complette. Cette machine m'a paru très compliquée, & alors même elle étoit dérangée : on louoit beaucoup cette invention, & son effet étonnant dans la musique.

Palais Farnese, achevé sur le dessein de Michel-Ange, la corniche qui est à la facade, & qui regne autour de cet édifice absolument isolé, est formée des matériaux mêmes du célèbre Collisée, ou amphitéâtre de Vespasien. Quelque belle qu'elle soit, on ne peut la voir sans indignation, sur-tout, quand on se rappelle que ce sont les dépouilles du plus superbe édifice, que l'antiquité eût connu, qui avoit échapé à la fureur des barbares, & qu'un faste mal entendu a employé à la décoration d'une maifon particuliere, dans laquelle rien ne répare la perte qu'elle a pu caufer.

C'eft dans ce Palais qu'eft la fameufe galerie peinte par *Annibal Carrache*, & fes freres, fi connue par les defcriptions que l'on en a faites, & par les gravures & les deffeins que l'on en a tirés, que l'on trouve par tout : le coloris en eft encore bien confervé, & frais dans bien des parties ; elle a foixante-cinq pieds de long fur vingt de large.

Les ftatues antiques de ce palais font d'une grande beauté : on voit fous la galerie ouverte de la cour, l'Hercule Farnèfe, les Gladiateurs & la Flore, dont on a les deffeins dans tous les recueils d'eftampes. Dans ce même endroit eft la grande urne ou tombeau de marbre parien, revêtu d'arabefques d'un travail précieux, trouvé dans le monument élevé pour placer les cendres de Cecilia Metella, femme du riche Craffus, que l'on appelle aujourd'hui Capo di Bouré, hors la porte St Sebaftien... dans la galerie des Carraches, un Mercure auffi beau que l'Antinoüs du Belvedere, & de même taille à-peu-près... un bufte de Seneque : il a, comme dans toutes fes ftatues, l'air fevère & farou-

che, & même d'un misérable, les chevaux négligés, l'extérieur d'un Stoïcien
outré, ce qui s'accorde mal avec son
état de courtisan & sa grande opulen-
ce ; on est porté à croire en voyant
ces différentes statues, qu'elles ont
été faites après que le Philosophe, ne
pouvant obtenir ni la retraite ni la sureté de sa vie en cédant tous ses biens
au cruel Neron, passa un assez long
espace de tems dans l'attente d'une
mort cruelle, qu'il n'eut pas le courage
de se donner, comme le souhaitoit Neron, & à laquelle il ne se détermina
qu'en vertu des ordres réitérés du Prince, qui cependant ne cessoit de l'assurer de sa bienveillance, & de l'intérêt
qu'il prenoit à sa conservation (a).

_____

(a) *Senecam præceptorem ad necem contulit;
quamvis sæpe commentum peteret, bonisque ce-
denti persanctè jurasset ; suspectum se frustra,
periturumque potius quàm nociturum ei...* Suet.
in Nero. l. 6. *His adjecit complexum & oscula,
factus naturâ & consuetudine exercitus, velare
odium fallacibus blanditiis...* Tacit. an. l. 14.
Ces circonstances rendent la trahison encore
plus odieuse dans un homme, qui, pour satisfaire sa cruauté, n'avoit pas besoin d'avoir
recours à ces petits moyens, qui sont dans notre
siécle la honte de l'humanité, & qui ne paroissent
plus réservés qu'à une espece de gens nés mé-
chans, foibles & hypocrites: *Mulierculis quibus*

Une tête d'Homere de marbre de Gréce, du ſtyle le plus parfait & bien catactériſé ; mais il ne faut pas croire pour cela qu'il lui reſſemble : l'idée de faire des portraits imaginaires des grands hommes, paroît avoir pris faveur peu avant Pline, ainſi qu'il le rapporte... *Non eſt prætereundum novitium inventum... ſi quidem non ſolum ex auro argentove aut certè ex aere, in bibliothecis dicantur illi, quorum immortales animæ in locis iiſdem loquuntur, quia imò etiam qui non ſunt finguntur, pariuntque deſideria non traditi vultus, ſicut in Homero evenit.* Plin. l. 35. c. 2... un excellent buſte d'une jeune Veſtale, la tête couverte d'une draperie legère en forme de capuchon, qui paſſe par-deſſous le menton, & entoure le viſage : ſon air eſt celui d'une beauté ſimple & innocente, dans l'âge où elles s'inſtruiſoient des cérémonies ſacrées, état qui duroit dix ans ; elles en paſſoient autant à ſervir, & les dix dernieres étoient employées à inſtruire les jeunes Veſtales, Denys d'Halicarnaſſe, *l.* 2...

---

beneficia eò uſque læta ſunt dum videntur exſolvi poſſe, ubi multum antevenere odium pro gratia redditur. Tacit. an. l. 4.

Venus accroupée, qui paroît jouer
avec Cupidon à qui elle a enlevé
l'arc & les traits, une fois grande comme le naturel (*Majores*), les airs de
tête font très-beaux.... un excellent
bufte de Caracalla, où le caractere de
ce Prince féroce eft fortement exprimé (*a*)... le Faune ou berger qui porte
un chevreau fur fes épaules, antique
grec de la plus grande beauté, & célè-

---

a Baffianus Antoninus Caracalla, appellé *Aufonia Fera*, nom qui le caractérifoit, & dont
il fe glorifioit. *Dion. Caf.* l. 77... Il violoit toute
bienféance, méprifoit tout ufage, & ne cherchoit à fe diftinguer que par fa férocité & un
air extérieur qui l'annonçât... *Vivebat in exercitu contra mores inftitutaque majorum, fed
etiam proprium genus indumenti in modum pénulæ excogitavit, id barbarum difciffumque
& confutum erat ex multis partibus, eoque indutus erat femper ex quo & Caracalla cognominatus eft...* (Id. l. 78...) S'il fut terrible, il
n'en fut pas moins ridicule & méprifable aux
yeux du peuple, qui fur-tout ne fupportoit pas
qu'il eut adopté le beau nom des Antonins.

Diffimilis virtute patri, & multò magis illi
   Cujus adoptivo nomine te perhibes.
Fratris morte nocens, punitus fine cruento,
   In rifu populi, tu Caracalla, magis...
               Aufon...

bre à Rome... deux petites ſtatues d'environ deux pieds de haut, qui repréſentent Hercule & Omphale, toutes deux
d'un travail fini & précieux : Hercule
avec une quenouille, & le fuſeau à la
main, affecte un air gracieux, il ſourit,
& ſemble faire effort pour paroître dé-
licat & effeminé ; Omphale couverte
de la dépouille du lion, le regarde fièrement & ſemble lui dire qu'il s'en faut
beaucoup qu'il s'approche du but auquel
il tend. L'expreſſion de ces deux figures eſt excellente, ſpirituelle & fort
ſinguliere.

Dans la grande ſalle eſt un grouppe
coloſſal, formé de la ſtatue d'Alexandre Farnèſe, couronné par la Victoire
avec deux figures à ſes pieds qui repréſentent les Pays-bas vaincus & ſubju-
gués. Cet ouvrage médiocre par lui-
même n'eſt remarquable que parce qu'il
a été taillé en entier dans un morceau
de colonne du Temple de la Paix, dont
on peut eſtimer la groſſeur par la partie
qui ſert de piedeſtal à tout le grouppe.
Cette ſalle eſt décorée de pluſieurs autres ſtatues antiques & modernes de
Gladiateurs en différentes attitudes.

Sous un appentis dans la cour de
derriere le palais, eſt le magnifique

grouppe d'Amphion & Zetis, qui, par
ordre d'Antiope leur mere, attachent
Dircé aux cornes d'un taureau fauva-
ge ; ce grouppe est le plus grand de tous
ceux qui ayent été connus dans l'antiquité, taillé dans un seul bloc de beau
marbre blanc, haut de treize à quatorze
pieds,& de dix pieds environ de largeur,
mesurés à la base du rocher, sur lequel le
grouppe dont il fait partie est placé. On
ne peut pas douter de son antiquité,
il étoit placé devant la maison d'Asi-
nius Pollio, orateur & historien célèbre, qui fut Consul sous le regne d'Auguste, l'an de Rome 713... *Pollio Asi-
nius ut fuit acris vehementiæ, hic quoque spectari sua monumenta voluit.. In iis
sunt Centauri.. Zethus & Amphion& Dir-
ce, & taurus, vinculumque ex eodem lapide, Rhodo advectu opera Apollonii &
Taurisci...* Plin. l. 36. c. 5. Ce grouppe
est d'une maniere grande & vaste ; on
n'y trouve pas cette délicatesse, ce fini
précieux que l'on remarque dans la plupart des belles statues grecques, mais
il faut distinguer les genres ; ces sortes
de compositions d'une grande taille &
faites pour être vues de loin n'exi-
geoient pas un fini aussi soigné, que les
statues destinées à la décoration des

Temples

Temples, ou des lieux d'affemblées publiques. Le grouppe fut tranfporté enfuite dans les bains de Caracalla où il fut trouvé fous le pontificat de Paul III. Ce qu'il y a de fingulier, c'eft que la corde dont Pline fait mention, qui eft longue & d'un beau travail, a refifté à toutes les injures du tems & des Barbares, & n'a point été brifée, pendant que des parties beaucoup plus folides ont été fort altérées : elle eft paffée dans les cheveux de Dircé, qui n'eft attachée que par ce feul endroit. Amphion défigné par fa lyre que l'on voit appuyée fur un tronc d'arbre, arrête par les cornes le taureau qui veut s'enfuir, & affure la corde que Zethis tient ferme de l'autre côté. Le taureau a l'air furieux, Dircé qui eft repréfentée ayant encore tous les agrémens de la beauté, ne paroît pas éprouver d'autre fentiment que celui de l'horreur de fon état, & le plus grand effroi. Elle éloigne machinalement un des pieds du taureau, qui eft au moment de partir & de l'entraîner (a). Sous ce même appentis, parmi

_____

(a) Dircé, feconde femme de Lycus, roi de Thebes, remplaça Anthiope, qui fut répudiée, parce qu'elle fe trouva groffe de Jupiter : celle-ci

quantité d'autres antiques la plupart
mutilés, est une statue équestre, que
l'on dit d'Auguste encore jeune. Il est nud
avec un manteau à la grecque, négligemment jetté sur l'épaule gauche; il
approche la main droite de la tête du
cheval, comme s'il vouloit le flater.

Le choix de ces statues est d'autant
plus précieux, que l'on sçait que la
plupart des meilleurs antiques qui soient
à Rome furent retrouvés sous le Pontificat de Paul III, ou peu avant lui, &
qu'il ne plaça dans ce palais que ce
qui fut jugé plus parfait & plus beau.

Palais Bocca-   9. Le Palais *Boccapaduli* a de très-beaux
paduli.   tableaux, entr'autres les Sacremens du
Poussin aussi précieux que ceux de M. le
Duc d'Orleans; & un huitieme de même taille & de même tems que les autres, qui représente le baptême de saint

---

eut beaucoup à souffrir de la jalousie de Dircé,
qui la fit enfermer dans une prison obscure;
mais étant accouchée à son terme de deux fils,
Amphion & Zéthis, ils furent élevés à la campagne par des Bergers, auxquels ils avoient été
abandonnés. Dès qu'ils furent en état de venger
leur mere, ils tuerent Lycus, & attacherent Dircé
aux cornes d'un taureau sauvage, supplice nouveau, qui la fit bientôt périr de la maniere la
plus cruelle.

Jean dans le défert; le ton de couleur
en paroît même plus animé. Au-deffus
font huit tableaux du *Guerchin* de fa
troifieme maniere, dont les ombres
font fi fortes & l'expreffion fi vive. Ils
ont pour fujet le retour de l'Enfant prodigue, le frapement du rocher par Moy-
fe; St Sebaftien du corps duquel on
tire les fléches après fa mort; le fatyre
Marfias écorché par Apollon; les pains
de propofition donnés à David; Abraham qui reçoit les Anges; Efaü ven-
dant fon droit d'aîneffe: compofitions
pleines d'efprit où le coftume eft bien
obfervé; le plus gracieux eft celui qui
repréfente un foldat faifant quelques ca-
reffes à une jeune fille charmante, l'air
du foldat eft noble & amoureux; deux
autres tableaux de la même maniere
du *Guerchin*, une charité Romaine, la
fille alaîte fon pere à travers les bar-
reaux de la prifon. .... Tobie à qui on
applique le fiel du poiffon fur les yeux:
ce tableau eft remarquable, en ce qu'il
femble avoir donné naiffance à la maniere que Salvator Rofa s'eft faite depuis... Dalila qui tient Samfon endormi
fur fes genoux: le devant du tableau
eft occupé en partie par les chefs des
Philiftins, qui l'encouragent à lui cou-

per les cheveux ; la figure de la femme
est très - agréable, du *Romanelli*, bien
composé, beau de couleur & de dessein... les trois Parques, grand tableau
du même... Susanne avec ses femmes,
& les deux vieillards qui arrivent, par
Charles, fils de Paul *Veronèse* : le ton
servile de l'imitation s'y fait sentir par-
tout, cependant on y reconnoît quelques-unes des graces naturelles du modèle qu'il s'étoit proposé, le coloris en
est brillant.. une décollation de saint
Jean, petit tableau d'Antoine *Carrache*,
bien sagement dessiné.

Palais Fu-
rietti.
    Centaures, chez le cardinal *Furietti*,
& autres antiques trouvés à Tivoli,
dans les ruines de la Villa Adriani. Il
est bon de se rappeller que toutes les
ruines antiques appartiennent à la Chambre Apostolique, & que l'on ne peut
y fouiller ou les détruire que du con-
sentement de cette Chambre. Ceux qui
prevoient qu'ils trouveront des monumens antiques, dans des terreins qui
ont été décorés autrefois de monumens
précieux, & qui pour la plupart sont
recouverts de façon qu'il n'y a rien
qu'une grande connoissance de l'antiquité qui puisse les faire reconnoître,
achetent de la Chambre Apostolique la

permiſſion de faire des fouilles, qui ſe vend à proportion de l'importance du terrein.

Le cardinal *Furietti*, étant encore Prélat, obtint une permiſſion de fouiller dans la Villa Adriani. Son travail ne fut pas inutile : il trouva des appartemens ſouterreins, qui ſans doute avoient été habités par l'empereur Adrien, à en juger par la beauté des Moſaïques, qui leur ſervoient de pavement, & dont j'ai vu pluſieurs tables chez ce Cardinal, au Capitole & au palais Quirinal. Il avoit chez lui quatre tableaux antiques, de même genre, que l'on regardoit comme les plus parfaits que l'on connût, par la beauté du travail, la correction du deſſein, & la vivacité des couleurs. Le plus agréable eſt de quatre tourterelles ou pigeons de grandeur naturelle, qui paroiſſent jouer enſemble ſur les bords d'un baſſin de bronze rempli d'eau... un plus grand que l'on appelle une Chaſſe, où ſont raſſemblés différens animaux, tels que lions, éléphans, tigres : les arbres y ſont aſſez bien rendus, de même que la perſpective du payſage, ce que je n'ai vu dans aucun autre moſaïque ancienne... un troiſieme qui eſt une eſ-

E iij

pece de char triomphal, traîné par deux sangliers qui marchent de front..... le quatrieme une guirlande de fleurs & de fruits d'une grande vivacité de couleurs, & bien deffinés; les ombres y font marquées avec tant d'art, que la guirlande paroît être de relief.

Mais ce qu'il y a de vraiment précieux dans ce palais, ce font les deux centaures de Pierre de Parangon trouvés dans le même endroit, ils font entièrement conservés, & peuvent être regardés comme un des plus beaux ouvrages que jamais artifte Grec ait exécuté: ainfi c'eft le travail même qui affure l'authenticité de l'infcription que l'on lit fur la pierre, fur laquelle font pofés les deux centaures, & qui eft du même bloc dans lequel ils ont été taillés... ἀριστέας καὶ παπίας ἀφροδίσεις.

Ils font l'un & l'autre d'un âge différent, & tous deux mâles; le plus vieux a l'air mélancholique, mais fort doux, les mains croifées fur les reins, comme fi l'amour qu'il portoit, & dont on voit encore la place, eût eu deffein de les lui attacher, il eft d'une proportion agréable, & paroît encore dans la vigueur de l'âge. L'autre beaucoup plus jeune a un air moqueur, il a fur le bras gauche la dépouille d'une bête

fauve, & tient de la même main une
maſſue pliante, dont la tête eſt poſée
ſur ſon épaule. Il regarde l'autre en
riant, & ſemble ſe moquer de l'inac-
tion où le tient l'amour, qui eſt figuré par ſes deux bras croiſés ſur le dos,
tandis que la maſſue & la dépouille
qu'il porte, marquent ſa vie occupée &
ſa ſatisfaction, qui eſt exprimée dans
toute ſa phyſionomie. L'allégorie eſt
aiſée à deviner. J'ai remarqué que l'artiſte leur a fait les oreilles d'une forme
différente: l'une eſt ronde comme celle
d'un homme, l'autre eſt pointue comme
celle d'un ſatyre. On ne peut rien voir
de plus parfait & de mieux conſervé
que ces deux antiques, qui l'emportent ſur preſque tous ceux que l'on
connoît & que l'on a été obligé de reſtaurer, ce dont on s'apperçoit très-bien,
tant il eſt difficile aux artiſtes modernes
d'imiter le ſtyle des anciens; il n'y a
peut-être que l'Hercule Farneſe à qui
il manquoit une jambe & un pied, &
qui furent ſi proprement reparés par
Guillaume *Della Porta*, que quand on
eut trouvé les véritables, on laiſſa les
modernes, qui, dans la comparaiſon,
parurent auſſi beaux que les anciens.
L'Apollon, l'Antinoüs, le Luecoon

du Belvedere, qui tiennent le premier
rang parmi les ſtatues antiques, n'ont
pas été rétablis avec tant de ſuccès, &
on s'apperçoit de ce qu'ils ont ſouffert
des injures du tems & des barbares.

Palais Santa-Croce. Palais *Santa Croce*... Job qui écoute
les reproches de ſes amis, tableau de
belle expreſſion & d'un peinceau vigoureux, par *Savaltor Roſa*... St Sé-
baſtien mort avec les marques de che-
valier Romain.... St Jerôme dans le
déſert.... Putiphar que Joſeph fuit....
un homme qui ſemble vouloir arrêter
une femme qui lui échappe, & qui eſt
le pendant du précédent.. deux grands
tableaux de Sibylles : ces ſix tableaux
ſont du *Guerchin*, & de ſon meilleur
tems ; le ſècond & le troiſieme ſur-tout,
ont beaucoup d'agrémens & une grande
beauté de coloris... une femme de grandeur naturelle, à demie nue, couchée
ſur un lit, à côté un petit amour qui
eſſaye la pointe d'un dard, par *Conſtan-
ʒi*, Peintre moderne, qui à l'exemple
du Titien, a eu la noble ambition de
peindre la chair ſur le blanc. Long-tems
avant lui Blanchard, peintre François
en 1638, avoit travaillé dans le même
goût & avec ſuccès : ſes tableaux ſont
connus en France ; & on en voit quel-

ques-uns à Vénife & dans la galerie
du roi de Sardaigne.... les quatre faifons de l'*Albane*, grands tableaux ovales : ils ont fouffert, & le payfage eft
fort noirci, ce qui fait que les enfans
fortent davantage, & que la maniere
paroît plus forte que celle de ce maître ; mais ce n'eft qu'un défaut du tems
qui fera périr ces peintures qui ont été
très-belles... une Madone de grandeur
naturelle, vue jufqu'à mi-corps : elle
regarde l'enfant qui eft étendu & qui
joue : le coloris en eft bien confervé,
le deffein correct, & l'expreffion fort
noble ; on le dit de l'école de *Raphaël*,
& je le crois de *Jules Romain*. ... le re-
nîment de St Pierre à l'inftant que la
fervante lui parle, beau tableau de
l'*Efpagnolet*, & où l'effet de la nuit eft
bien repréfenté... St Jean dans le défert, demi-grandeur, très-beau de
deffein & de coloris, par *Polidore de
Caravage*... l'Hymen qui enleve le voile
dont eft couverte une femme, qui a
toutes les graces & la naïveté de la pudeur... deux petits Amours qui écrivent
avec un trait fur une plaque de bronze,
petit tableau de deux pieds de large,
fur environ un pied & demi de haut,
l'un des plus agréables qu'il foit poffi-

E v

ble de voir dans ce genre ; il eſt peint
ſur bois parfaitement bien conſervé ;
on le dit du *Correge*, & il en eſt digne,
tant l'expreſſion en eſt charmante, & le
pinceau gracieux ; l'hymen veut jouir
de ſes droits, & rougit en arrachant le
voile, que la pudeur retient encore,
mais avec peu de réſiſtance : elle ne ſe
défend plus que par habitude ; les deux
Amours ſemblent graver le traité d'union
de l'hymen avec la pudeur, & le gravent
ſur le bronze ; ſi l'expreſſion de tous
les tableaux étoit auſſi parfaite qu'elle
l'eſt dans celui-ci, on ſent que la peinture prêteroit beaucoup à la poëſie : la
ſimple expoſition de ceci, eſt l'argu-
ment d'un poëme entier.

Palais Spa- 10. Palais Spada. De belles architectu-
da.   res, pluſieurs bas-reliefs ſont incruſtés
autour des murailles de la cour ; on dit
qu'ils ont été trouvés à Ste Agnes hors
des murs ; les uns appartiennent à l'antiquité profane, les autres ſont des premiers tems de la Religion Chrétienne.
Il y a quelques autres antiques, mais
celui qui attire toute l'attention eſt la
fameuſe ſtatue dite de Pompée, haute
d'environ douze pieds, l'unique qui ſoit
à Rome ; & la même au pied de laquelle
on prétend que Jules Céſar fut aſſaſſiné,

Elle soutient un globe de la main gauche, & sur le même bras porte un
manteau attaché aux épaules, l'autre
main est étendue comme s'il parloit en
public ; il est armé d'un grand poignard
antique, passé dans un beaudrier leger,
qui ne descend qu'au dessus du téton
gauche. Le globe qu'il tient à la main,
& qui désigne l'Empire du Monde, a
fait croire à quelqu'uns que cette statue
étoit plutôt d'Auguste que de Pompée ;
il paroît en effet singulier qu'un Répu-
blicain eût osé se faire représenter avec
les marques de la puissance absolue ;
mais il n'a point le sceptre qui la désigne plus spécialement, & ce globe
représente l'Univers, ou si l'on veut
l'Empire Romain, dont Pompée avoit
étendu les bornes, & affermi la domination par le bonheur attaché si long-
tems à ses armes ; ainsi on ne peut rien
conclure de ce globe contre l'authenticité de la statue. On assure qu'elle a
été retrouvée dans l'endroit même où
étoit la Cour de Pompée, sous les fon-
dations d'un mur, qui servoit de sépa-
ration à deux caves ; de sorte que la
tête étoit dans l'une, & le reste du corps
dans l'autre, ce qui occasionna un procès entre les deux propriétaires voisins,

E vj

chacun voulant avoir la statue. Le Juge
se croyant un nouveau Salomon, prononça que la statue seroit partagée en
deux, & chacun auroit la partie qui
étoit sur son terrein : ainsi le malheureux Pompée couroit risque de perdre
une seconde fois la tête dans le seul monument qui resta de lui. Le cardinal
Capo di Ferro, grand amateur des beaux
arts, instruit de ce jugement bisarre,
fit surséoir à son exécution ; il en fit
son rapport au pape Jules III, qui regnoit alors, qui acheta la statue quinze
cents écus, & qui en fit présent au Cardinal ; elle fut placée dans la salle où
elle est encore : ce monument est l'un
des plus précieux de l'antiquité Romaine, & si bien conservé que l'on ne s'apperçoit pas qu'il ait été restauré. Parmi
les autres antiques de ce Palais, j'ai remarqué une très-belle statue grecque,
d'un Philosophe que l'on croit être
Aristhène, & que l'on dit de Séneque,
sur quelques traits de ressemblance, mais
si légers, qu'ils ne suffisent pas pour ap-
puyer cette opinion : l'ouvrage est grec,
& il y a grande apparence qu'il a été
apporté d'Athènes à Rome, après que
L. Mummius eut subjugué l'Achïe, lorsque l'on fit passer de Grece en Italie

une multitude de statues, qui y répandirent le goût des arts, environ l'an 610 de Rome... l'Amour couché dans un berceau antique de marbre blanc un peu mutilé, curieux en ce qu'il prouve que certains usages se conservent très-long-tems dans le même pays ; il est de la même forme que les berceaux dont on se sert encore à Rome, qui sont des corbeilles ovales peintes ou dorées, suspendues à deux pilastres en bois, arrondis comme le fond d'un bateau, pour donner, quand on le veut à la machine, ce mouvement léger qui sert à endormir les enfans. On remarque dans ce Palais une perspective formée par une colonnade qui va toujours en s'abbaissant, la voûte, les corniches & les autres ornemens, sont en stuc imités de l'antique : ce petit ouvrage du Borromini, célèbre Architecte, a donné au Bernin l'idée du grand escalier du Vatican, appellé *Scala regia*.

Dans les appartemens du haut, il y a plusieurs bonnes fresques, mais dont il est inutile de rien dire attendu qu'elles dépérissent tous les jours, comme les meilleurs ouvrages de ce genre qui sont dans les quartiers de Rome les plus exposés à l'humidité & aux brouillards du

Tibre dont ce palais eſt très - voiſin :
cependant il y a quelques tableaux diſ-
tingués, encore très-bien conſervés...
une charité Romaine peinte d'une maniere nouvelle : l'enfant qui eſt à côté
de la mere, pleure & ſe déſole de ce
qu'elle donne à têter à ſon grand pere ;
l'attention de la femme eſt partagée entre ſon enfant qu'elle tache d'appaiſer,
& ſon pere dont elle veut prolonger
les jours : cette compoſition ingénieuſe
traitée dans la belle maniere du Guide
par le *Peſareſe*, qui étoit ſon éleve, eſt
de la plus belle compoſition, & très-
bien deſſinée ; l'enfant ſur tout très-heu-
reuſement imaginé pour donner à ce
ſujet ſi connu les graces de la nouveauté, eſt peint avec beaucoup de
ſoin... Caïn qui tue Abel, figures plus
grandes que nature ; l'air furieux &
ſombre de Caïn eſt effrayant, par le
Peſareſe, qui a tout-à fait & très-heu-
reuſement imité le même tableau du
Guide, qui eſt au palais public de Bologne... la priſe de Jeſus-Chriſt au jardin des Olives, par *Gherard de la Notte* :
la ſcêne ſe paſſe pendant la nuit ; le
tableau n'a d'autre lumiere que celle
d'un flambeau, qui eſt très-bien mena-
gée & entierement dans le vrai... un

magnifique St Jérôme de l'*Espagnolet*...
Marc-Antoine & Cléopatre affis à table, Antoine a l'air martial : mais noble
& galant ; Cléopatre eft peinte avec
toute la beauté & les graces imaginables,
elle tient une coupe où elle eft à l'inftant
de mettre fondre fa fameufe perle ; ce
tableau a tout le gracieux de l'école
Vénitienne ; la reine d'Egypte & le
grouppe de femmes qui l'accompagnent,
font dignes de Paul Veronefe. Le coloris
en eft beau & vigoureux, par le *Trevifani*.
J'obferverai que la figure & les traits
d'Antoine & de Cléopatre dans ce tableau, font pris d'après les pierres gravées de leur tems ; Antoine y eft repréfenté dans la force de l'âge, les traits
font grands & nobles, fon regard eft
fier & en même-tems fort amoureux,
le cou un peu épais, & la couronne de
laurier fur la tête. Cléopatre eft une
beauté brune, qui a de grands yeux
noirs, pleins de feu, de tendreffe & d'efprit, le nez bien fait un peu large du
deffus, la bouche petite & charmante,
le front bien ouvert, la forme du vifage arrondie & très-agréable, coëffée
du diadême royal, & les cheveux arran-
gés de façon qu'ils ne font rien perdre
de la beauté de fes traits, il eft à pré-

fumer que des figures peintes avec ce
foin & fur les idées prifes d'après les
artiftes contemporains , doivent être
très-reffemblantes (*a*).

(*a*) Le récit de cette débauche extrava-
gante eft fort exact dans Macrobe (*l. 3. Saturn.
c.* 17). Après avoir parlé des loix portées contre la débauche des anciens Romains , ajoute
qu'il ne veut pas rapporter une loi fomptuaire
de M. Antoine le Triumvir, qui dans fes débauches avec Cléopatre, furpaffa de beaucoup
tout ce que la prodigalité ou le luxe le plus outré avoient jamais imaginé...*Cùm Antonius quid-
quid mari aut terrâ, aut etiam cœlo gigneretur,
ad fatiandam ingluviem fuam natum exiſtimans,
faucibus ac dentibus fuis fubderet, eaque re
captus de Romano imperio, facere vellet Ægyptium regnum...* Mais Cléopatre qui ne prétendoit pas que les Romains duffent l'emporter fur
elle-même par leur luxe, gagea qu'elle dépen-
feroit à un repas plus de cent fefterces : cela
parut merveilleux à Antoine qui accepta la gageure, Numatius Plancus fut choifi pour arbitre.
Le lendemain Cléopatre fit fervir un repas, qui
ne parut pas extraordinaire ; alors la Reine fou-
riant de fa furprife, fe fit apporter une coupe
où elle mit du vinaigre fort vif, & détachant
en même-tems une des perles pendues à fes
oreilles, elle la jetta dans le vinaigre où elle fe
fondit promptement, & l'avala : elle avoit ga-
gné la gageure, la perle valoit cent feſterces;
cependant pour donner une preuve de fa prodigalité, elle vouloit faire fondre la pareille, lorf-

Didon fur le bucher qui vient de fe
percer le corps de part en part avec
une épée même du pieux Enée, qui lui

que Numatius l'arrêta, & prononça qu'elle avoit
vaincu. Ce trait confirme ce que les Hiſtoriens
Romains ont dit de l'ambition, de la prodigalité & du luxe de cette Princeſſe... *Cleopatra*
modum neque rei venereæ, neque avaritiæ ſta-
tuere noverat, multa per ambitionem prodiga-
litate, multa etiam temeraria ſuperbia, utens:
regnum Ægyptium amore paraverat, ac eadem
arte Romanum quoque adipiſci intendens, &
hoc non conſecuta eſt & ſuum inſuper perdidit;
quumque duos viros Romanorum ſuo tempore
maximos ſub ſe redegiſſet, propter tertium necem
ſibi ipſa conſcivit... Dio. Caſſ. l. 51.

La perle qui reſta & qui fut apportée à Rome
après la mort de Cléopatre, parut ſi belle qu'on
la partagea en deux pour en faire des pendans
d'oreille à la ſtatue de Venus, qui étoit au
Pantheon. (*Macrob. ib.*) Ce luxe de Cléopatre
fut imité dans la ſuite par les Romains:

Filius Æſopi detractam ex aure Metellæ;

(Scilicet ut decies ſolidum exorberet) aceto,

Diluit inſignem Baccam. . . . .

Horat. Serm. 11. Sat. 3.

Il eſt queſtion dans ce paſſage de Clodius,
fils du célebre comédien Eſope, & probablement de Metella, femme du riche Craſſus;
les mœurs ont bien changé depuis ce tems, &
les Romains ſont fort éloignes de ce goût ex-

en avoit fait préfent. On ne fçait trop pourquoi. (a)

Il femble qu'en expirant la reine de Carthage faffe fes derniers adieux à fa fœur (b).

C'eft le moment que le peintre a choifi

---

travagant pour la dépenfe dans leurs feftins ; on n'y fouffriroit plus un Comédien auffi imperti- nent que ce Claudius: ce goût a paffé plus loin.

Ces perles d'une groffeur confidérable, & fans doute de belle eau, ont toujours été l'ornement le plus précieux des Dames Romaines ; Céfar en fit préfent de la plus belle que l'on eût vue à Rome, à Servilie mere de Brutus... *Ante alias dilexit M. Bruti matrem Serviliam, cui & pro- ximo fuo Confulatu, fexagies H-S. Margari- zam mercatus eft...* Suet. in Cæf. c. 50. J. B. Egnatius Venetus dans fes notes fur Suetone, fait monter cette fomme à 150000 Ducas d'or, & la fameufe perle de Cléopatre, eftimée cent Sefterces, à 250000.

(a) . . . . *Enfemque recludit Dardanum, non hos quæfitum munus in ufus...*

(b) *Moriamur, ait, fic, fic, juvat ire fub umbras. Hauriat hunc oculis ignem crudelis ab alto, Dardanus, & noftræ fecum ferat omina mortis; Dixerat atque illam media inter talia ferro Collapfam afpiciunt comites, enfemque cruore, Spumantem fparfafque manu....*

Virg. Eneid. IV.

tout le sujet du tableau, dont l'expression est forte mais très-touchante.
A côté est un beau grouppe de femmes
dans la désolation, dans la perspective
le port de Carthage, & les vaisseaux
d'Enée qui s'éloignent à pleines voiles ;
l'Amour désolé s'envole de l'appartement de Didon ; cette magnifique composition est du *Guerchin*, extrêmement
animée & du plus beau coloris ; cependant ce n'est qu'une copie du tableau original qui fut envoyé à Marie
de Medicis, reine de France ; mais cette
copie fut faite sous les yeux du Guerchin, il y travailla lui-même, & en fit
présent au cardinal Bernardino Spada
son protecteur... l'enlevement d'Helene
par Pâris à l'instant de l'embarquement;
la figure de Pâris est admirablement
dessinée par le *Guide*, qui a souvent
traité ce sujet, & dont il y a beaucoup
d'excellentes copies que l'on donne
pour des originaux... Dans une autre
piece, le portrait du cardinal Bernardino Spada par le *Guide* ; ce tableau
peut aller de pair avec tout ce qu'on
connoît de plus parfait en ce genre ;
on voit que le Guide l'a travaillé avec
un soin particulier, & il en a fait un chef-
d'œuvre.... le jugement de Pâris par
Jules Romain : on y admire la correc-

tion & la fierté du deffein de ce premier
eleve de Raphaël; il a répandu fur ce fujet, gracieux par lui-même, toutes les
graces & l'efprit que l'on peut y fouhaiter, le coloris en eft affez bien confervé, &
ce tableau eft très-précieux. . . Lucréce
appuyée fur un lit qui retire le poignard
de fon fein, où elle vient de le plon-
ger ; elle eft au milieu de fa famille, dans
laquelle on reconnoît fur - tout Brutus
& Collatin fon mari, dans lefquels le
fentiment de la vengeance l'emporte
fur celui de la douleur, par *Daniel Sai-
ter* : Allemand... le tems qui enleve la
jeuneffe, tableau allégorique de *Soli-
meni*, qui fe foutient à côté des plus
grands maîtres d'Italie, par la beauté
de fon génie & la force de l'expreffion
qu'il met dans fes tableaux, dont le
coloris eft rarement bon.

**Palais Cor-
fini.** 11. Palais *Corfini* appartenoit autrefois
à la maifon Riari, de laquelle étoit le
pape Paul IV. Il a été rebâti dans ce
fiécle par les princes Corfini : l'architecture en eft médiocre, mais fon afpect
eft riant, & la maifon par-tout bien
éclairée, fa fituation prefque au pied du
mont Janicule, eft la caufe d'une grande partie des agrémens des vaftes jardins qui l'accompagnent, & qui s'éten-

dent jufqu'au deffus de la montagne, par plufieurs terraffes, des bofquets, & des allées couvertes, décorées de ftatues, & fur-tout de belles eaux.

On y voit une belle fuite de tableaux précieux des meilleurs maîtres, bien confervés; dans lefquels j'ai remarqué une fainte famille de Frederic *Barroccio*, dont la fraîcheur & l'effet de lumiere font admirables : le tableau eft fans ombre & éclairé de tous côtés, c'eft la fingularité la plus brillante que l'on puiffe voir en peinture.

Cette maifon a une bibliothéque très-nombreufe dont on permet l'entrée prefque tous les matins; on y trouve une collection confidérable d'eftampes de tous les pays de l'Europe où la gravure eft en honneur.

C'eft dans ce palais qu'a habité, & qu'eft morte en 1689, la célèbre Chriftine, Reine de Suede.

J'ai trouvé à Rome des perfonnes affez bien inftruites de ce qui regardoit cette princeffe, qui prétendent que fon changement de religion n'eut jamais d'autre caufe que l'ennui de la décence, attachée au trône; elle vouloit être libre & indépendante, & elle imagina avec raifon qu'elle jouiroit plus fûrement de ces avantages à Rome qu'en aucun autre endroit de l'Europe; elle y alla, y fut parfaitement bien reçue, & y auroit joui d'une grande considération, si elle eût respecté au moins extérieurement les usages du pays qu'elle habitoit, mais elle ne cessoit de les fronder & de les tourner en ridicule. Les Officiers attachés à sa personne, vivoient dans le plus grand désordre, & insultoient ouvertement la religion & ses pratiques les plus respectables. Un maître d'hôtel entr'autres affectoit sur-tout pendant le carême les excès les plus marqués; on m'a assuré qu'ayant fait préparer un très - grand repas en gras, & annoncé un bal le jour même du Vendredi-Saint, il fut tué du tonnerre, ce qui effraya beaucoup la Reine, & fut une espece de triomphe pour les Romains, irrités de tant de désordres, impunis jusqu'à ce moment où le ciel s'en vengea. Si les lettres que l'on a données sous son nom en 1759, sont vraiment d'elle, il est étonnant qu'ayant quitté Rome peu après les avoir écrites, elle y soit retournée; (a) mais

----

(a) Voici deux traits de ces prétendues lettres, l'une écrite de Rome à la comtesse de Spar, &c, le 6 Janvier 1656.

je crois qu'il n'y avoit plus d'autre séjour dans l'Europe qu'elle pût habiter ;
elle passa en France, où elle ne se fit
ni aimer ni estimer ; elle se montra en
Suéde, d'où on la força de sortir ; elle
revint à Rome, toujours sous prétexte
de son attachement à la religion, &
de son amour pour les sciences & les
arts, dont elle s'amusoit effectivement,

Ne croyez pas que quoique je sois dans un
pays que les plus grands hommes de la terre ont
habités, & où il y a encore des restes merveilleux & éclatans des actions de ces Héros ; ne
croyez pas que ce soit ici le pays des Sages & des
Héros, ni l'asyle des talens & de la vertu. O César!
ô Caton ! ô Ciceron ! maîtres de la terre, votre
Patrie si illustrée par vos vertus & par vos exploits, devoit donc pour la honte & le malheur
de l'humanité, être un jour en proie à l'ignorance grossiere, & à la superstition aveugle &
absurde. Il n'y a plus ici que des obélisques
& des palais somptueux, mais des hommes,
non !

L'autre au baron Gillenstierna.

Je cours risque de mourir de faim à Rome,
si Dieu ne m'aide. Vous croyez peut-être qu'on
trouve ici des amis & des préteurs : sçachez qu'il
n'y a que des *Furfanti*, des *Coïoni*, des *Histrio-
ni*, des *Illustrissimi Fachini*, des donneurs de
bénédictions, & qu'il en pleut de ces gens-là
qu'on trouve par-tout, & qui par-tout sont
fastidiosi.

elle y vécut malgré ses propos licen-
cieux & ses sarcasmes continuels, comblée des attentions des Papes & des
Cardinaux, qui respecterent toujours
en elle la majesté du trône auquel elle
avoit renoncé. Pasquin seul fut assez
hardi pour dire ce qu'il en pensoit, &
la peindre avec des couleurs fortes,
mais naturelles.

Pazza, gobba è zoppa, vienne dal norte
Del monarcha invitio l'indegna filia

. . . .

Vuol parer dotta ed è rossa pedante...

Et le reste où ses mœurs ne sont pas
plus menagées que sa figure & son érudition, elle logeoit alors au palais Farnese en 1656... Voyez l'Espion Turc t. 4.
l. 29. Voici le portrait que Misson
en fait & qui la vit à Rome en 1688.
Elle étoit fort grasse & fort grosse;
elle avoit le teint, la voix & le visage
mâle, le nez grand, les yeux grands
& bleus, un double menton parsemé
de quelques longs poils de barbe, la
lévre inférieure un peu avancée, les
cheveux châtain clair, longs comme
le travers de la main, poudrés & hé-
rissés sans coëffure, en tête naissante,
(goût

(goût qui avoit paſſé à Charles XII,
ſon petit neveu) un air riant, des propos libres & des manieres tout-à-fait
obligeantes. Pour l'habillement un juſ-
te-au-corps d'homme de ſatin noir, tombant ſur le genou, & boutonné juſqu'au
bas ; une jupe noire fort courte qui découvre un ſoulier d'homme, un nœud
de ruban noir au lieu de cravatte, une
ceinture par - deſſus le juſte - au - corps,
laquelle bride le bas du ventre, & en
fait amplement paroître la rondeur. Elle
parut en France en 1658, à peu près
dans cet équipage, excepté qu'elle portoit une perruque, & que je n'ai vu
nulle part faire mention de cette ceinture ſinguliere dont parle Miſſon.

12. Le petit palais Farnèſe au-delà du Petit Farnèſe.
Tibre (*Farneſina alla longara*). La galerie qui ſert de veſtibule au reſte des ap-
pártemens, a été peinte par Raphaël,
& ſes meilleurs éleves tels que Jules
Romain, & François Penni, pour Auguſtin Chigi, noble Siennois, qui faiſoit
à Rome la profeſſion de banquier. Toutes ces peintures ſont à freſque, & comme cette galerie a été long-tems ouverte & très-voiſine du Tibre, l'humidité les avoit beaucoup gâtées. Carlo
Maratti en a rétabli quelques-unes, &

Tome VI.   F

a jetté un fond bleu aux tableaux du plafond, & à ceux de côté, qui fait ressortir les peintures avec beaucoup de vivacité, mais qui rend le coloris très-dur. Les sujets des deux grands tableaux du plafond, sont dans l'un : l'assemblée des Dieux, & Vénus qui vient se plaindre à Jupiter de Cupidon, qui osoit malgré elle avoir une passion si vive pour Psiché, qu'il vouloit l'épouser. L'Amour sans bandeau, sans arc & sans carquois, se défend d'un air très-suppliant : on voit que la pensée de ce tableau est grande, que l'ordonnance & le dessein la rendent bien, mais le coloris en est devenu si désagréable & si pésant, que toute la chair y ressemble à de la brique ; il en est de même du second tableau qui représente le banquet des Dieux, dans lequel le mariage de l'Amour avec Psiché est approuvé, & où elle est reçue au nombre des Divinités : ces deux grands morceaux peuvent fournir d'excellens modèles de dessein, & de figures de caracteres bien rendues. On voit dans le premier la différence des trois freres, Jupiter, Neptune, & Pluton, peints avec un génie merveilleux, qui les caractérise en leur conservant la ressemblance qui doit se trouver entre enfans d'un même pere : *Maslo Plutone*, dit le Bellori, *fiero Nettunno, bennigno Giove, in tale semblanza lisince, ché nella loro dissimilitudine, ritengono la simiglianza fraterna, non discordando dalla loro origine, à riconoscendo si tutti tre nati di un medesimo patre Saturno. . . . .* Le Jupiter sur-tout appuyé sur son coude, qui écoute attentivement l'Amour, a un caractere de bonté, & de majesté qui est vraiment divine. Dans le second, la variété n'est pas moins belle; les Dieux y boivent ensemble le nectar & l'ambroisie, il sont tous gais, mais la gaieté de Neptune & d'Amphitrite, ne ressemble pas à celle de Proserpine & de Pluton. Parmi les tableaux qui sont dans les lunettes & les triangles, ceux de Venus sur son char qui conduit par les rênes deux colombes blanches, de Mercure qui enleve Psiché pour la porter au ciel, & d'une des Graces, conservent encore quelque beauté de coloris : s'ils ont été réparés par Carlo Maratti, il seroit à souhaiter qu'il eût aussi bien réussi dans tous les autres, en travaillant à conserver les ouvrages du grand Raphaël, il eût beaucoup fait pour sa propre gloire.

F ij

Dans les appartemens du haut on voit la Galathée de Raphaël, peinture connue par les estampes & par sa réputation ; mais elle n'a plus rien qui attache que la maniere dont elle est dessinée ; le coloris en est absolument perdu, & ce qui reste des teintes les plus fortes est devenu noir ; on y retrouve encore une sublimité d'expression, une pureté de style, qui justifie ce que la Renommée a publié de l'illustre Raphaël, qui le met au-dessus de tous les artistes : *Di costui feu dono al mondo la natura, quando vinte dall' arte per mano di Michel-Angelo Buonarotti, volle in Raffaele essere vinta dall' arte è da i costumi insieme.* Le Vasari en donnant le prix à Raphaël au-dessus de Michel-Ange, le met incontestablement au premier rang, aussi ajoute-t-il : *Laondesi provo di e si curamente che coloro, che sono possessori di tante vare doti, quante si videro in Raffaele da Urbino, siano non nomini semplicimente, ma se, casi é lecito dire, dei mortali.* En voyant l'état où la plupart des chefs-d'œuvres de Raphaël sont réduits, on peut bien dire qu'il n'en restera un jour que le souvenir ; & que l'on en parlera, comme de ceux du Timante & des autres peintres Grecs, dont il ne reste plus que les descriptions, qui cependant conservent la splendeur de leur nom, dans l'espece d'immortalité à laquelle ils pouvoient prétendre ; quoique le même Vasari leur promette une récompense bien plus durable ; *Possono*, dit-il, *ante sperare d'avere a godere in cielo, condegno guidernone alle fatiche, e meriti lovo.*

On voit sur une cheminée une peinture à fresque qui représente la forge de Vulcain ; on l'attribue à Raphaël ou à Jules Romain : l'idée & le dessein sont dignes de l'un & de l'autre.

Dans la galerie où est la Galathée, sont quelques peintures du Sodoma, peintre contemporain de Raphaël, & qui avoit la ridicule ambition de vouloir se mettre en parallèle avec lui, quoiqu'on ne remarque rien dans ces tableaux médiocres, qu'un certain goût de dessein & de composition de l'école Romaine, dans un dégré fort inférieur ; ce qu'il y a de mieux est l'idée d'un tableau prise entierement dans l'Hérodote de Lucien (t. 1. de la Trad. d'Abl.)

» De notre tems, dit-il, Aëtion ex-
» posa publiquement aux jeux olympi-
» ques le tableau des Amours de Ro-

» xane & d'Alexandre.... C'est une
» chambre magnifique où l'on voit assise
» sur son lit Roxane toute éclatante de
» gloire, mais plus brillante encore par
» sa beauté, quoiqu'elle baisse les yeux
» de honte, pour la présence d'Alexan-
» dre qui est de bout devant elle. Mille
» petits Amours souriants voltigent au-
» tour, dont les uns levent son voile
» par derriere, comme pour la montrer
» au Prince, les autres la déshabillent.
» Quelques-uns tirent Alexandre par le
» manteau, comme un jeune époux plein
» de pudeur, & le présentent à sa maî-
» tresse. Il met à ses pieds sa couronne
» en la compagnie d'Ephestion, qui tient
» un flambeau à la main, & qui s'ap-
» puie sur un beau garçon, qui repré-
» sente l'hymenée : voila le principal
» dessein du tableau. A côté sont d'autres
» petits Amours qui folâtrent avec ses
» armes : les uns portent sa lance tout
» courbés, comme des portefaix sous
» un fardeau trop pésant ; les autres son
» bouclier, sur lequel il y en a un d'assis
» qu'ils menent comme en triomphe,
» tandis qu'un autre est comme en em-
» buscade dans sa cuirasse, qui les attend
» au passage pour leur faire peur ; &
» cette galanterie n'est pas inutile, mais

» elle fert à faire voir l'humeur belli-
» queufe d'Alexandre, qui, au milieu
» des plaifirs, n'abandonnoit pas le foin
» de la guerre. Voilà la defcription de
» ce chef-d'œuvre... & c'eft exactement,
celle du tableau du *Sodoma*, qui, guidé
par Lucien, a fait la compofition la,
plus gracieufe, mais avec des talens,
dont la médiocrité fe fait d'autant mieux,
fentir, que l'idée en eft plus belle. On,
voit encore mieux fa foibleffe dans les,
deux autres tableaux, dont l'un repréfente la tente de Darius, & l'autre une
bataille, dans lefquels il n'a pas fuivi
les anciens qui ne lui fourniffoient point
de defcription.

Au fond de cette même galerie,
on voit une tête de Faune deux fois
grande comme nature, deffinée avec
du charbon au haut de la muraille:
elle eft parfaitement confervée & très-
belle; le refpect que l'on avoit pour les
deffeins de ce grand maître, a empêché qu'on ne peignît cette partie de la
muraille; on ne doit pas en être étonné,
puifque Pierre Aretin que l'on appelloit
le fléau des Princes & des Grands, qui
s'étoient faits fes tributaires, pour éviter les traits de la fatyre écrivoit à Michel-Ange en 1544... *Ma perche, Si-*

F iv

gnorè, *non rimunerate voi la tanta divo-*
zione di me, ché inchino le celesti qua-
lita di voi, con una reliquia, di quelle
carte ché vi son' meno caré ? Certo ché
apprezzarei due segni di Carbone in un
foglio, piú ché quanta coppe è catene,
mi presento mai questo principe è quello....
On peut juger par-là à quel point l'enthousiasme étoit monté, le génie fier &
sublime de Michel-Ange avoit subjugué tous ses contemporains, même le
mordant Aretin.

On a apporté du palais Farnèse quelques statues antiques dans cette maison,
parmi lesquelles est la Venus *Callipige,*
on aux belles fesses, qui a eu jadis des
temples dans la Grece (*a*), d'où il ne

___

(*a*) *Voluptati sic incubuere ejus ætatis homi-*
nes ut Callipygo veneri templum ædificarint
hac de causa. Rustici viri formosæ duæ filia
in publicam viam egressæ, ambitiosius intra se
decertabant utri pulchriores natis essent. Præ-
tereunti juveni cujus pater senior erat, inspicien-
das se ambas obtulerunt. Utramque ille conspica-
tus, natu majoris pulchriores esse judicavit,
& ejus amore captus est. Reversus in urbem,
cùm æger decubuisset, juniori fratri exposuit
quod acciderat Rus ille profectus & Puellas con-
tuitus, alteram amavit. Juvenum pater cùm
instaret ut splendidius matrimonium sibi quære-
rent, idque persuadere non posset, puellarum

paroît pas douteux que cette ftatue ne
foit paffée à Rome ; ce peuple aimable étoit fi fenfible aux graces & à la
beauté, qu'il trouvoit quelque chofe de
divin, dans toutes les formes fous lefquelles elles pouvoient fe préfenter ;
de-là les différens noms donnés à Vénus, la multiplicité de fes temples &.

---

non invito parente , illas evocat ex agro , &
cum filiis collocat. Eas cives καλλιπύγους *nomi-*
narunt, ut narrat in ïambis Vercidas Megalopo-
litanus his verbis :

   Syracufis Callipygon par fuit

Amplas facultates nactæ illæ , Veneri

Quam & Callipygon nominarunt , ædem conftru-

    xere...

                Athen. l. 12.

   Il y a dans ce récit une forte de naiveté qui
peint la fimplicité des mœurs de ce tems , &
combien elles étoient éloignées de toute diffi-
mulation même dans le fexe que l'on croit le
plus rufé & le moins fincere...

Crede ratem ventis, animum ne crede puellis,

   Namque eft feminea , tutior unda , fide.

Femina nulla bona ; vel fi bona contigit ulla,

   Nefcio quo fato , res mala facta bona...

   On attribue ces vers à Ciceron : ils font à la
fuite d'une édition d'Aufone de 1595.

                    F v

de son culte. L'origine du nom de *Gallipige*, est une Anecdote curieuse de l'histoire grecque. La tête de cette excellente statue a été perdue, & on ne peut trop la regretter, si sa beauté répondoit au reste du corps, dont tout ce qui se voit de nud est au moins aussi parfait que la *Vénus de Médicis*; la draperie qu'elle releve devant elle, est bien traitée, & d'une maniere simple : elle a la tête tournée tout-à-fait sur l'épaule, comme pour regarder par derriere; si véritablement il y a eu en Grece des temples dédiés à Vénus *Callipige*, elle devoit présenter d'abord la beauté qui la faisoit honorer sous ce nom, & par conséquent avoir la tête absolumeut tournée du côté de ses fideles serviteurs; tous les plus célèbres Artistes ont essayé de rétablir cette tête, & aucun n'a pu y réussir : on s'apperçoit combien le travail de celle que l'on y a adaptée, est inférieur au reste du corps. J'ai vu à Rome un jeune sculpteur François occupé à en faire une copie, qu'il devoit envoyer à Paris : elle étoit encore trop peu avancée, pour que l'on pût prononcer sur son mérite. Je ne dis rien des autres antiques qui sont dans ce Palais, & qui sont d'un travail grec;

parmi lefquels on croit reconnoître les buftes de Socrate, de Carneades & d'Homere. J'ai déja dit pourquoi les infcriptions que l'on y a ajoutées ne méritent aucune foi.

Jardins, Vignes, Maifons de Campagne à Rome, & dans les environs.

13. CE que les Romains appelloient *Villa* ou maifon de campagne, étoit pour eux un objet de grande importance, non-feulement par l'utilité qu'ils en retiroient, mais par les agrémens qu'ils y trouvoient. Rome, centre de toutes les grandes affaires de l'univers, étoit toujours dans un tumulte qui permettoit rarement d'y trouver les douceurs du repos, qu'il falloit aller chercher à la campagne. C'eft-là qu'ils vivoient & qu'ils regnoient.

Idée des Vignes ou Jardins de Rome.

.... *Vivo & regno, fimul ifta reliqui,*
Quæ vos ad cœlum effertis rumore fecundo.
Hor. c. 10. l. 1.

Auffi le placement de ces maifons, leur conftruction & leur entretien ont

F vj

toujours paru dignes de leurs soins &
de leurs attentions ; Varron & Colu-
melle ont donné à ce sujet des préceptes
qui font de tous les pays & de tous les
tems, & si conformes à l'utilité que
l'on ne peut, même à préfent, mieux
faire que de s'y conformer (a).

Un des priviléges des Empereurs dans
les élections tranquilles, étoit d'aller
immédiatement après, paffer quelques
jours à leurs maifons de campagne ;
ils avoient encore celui d'y paffer trente
jours dans le tems de la vendange ; les
plaifirs auxquels on s'y livroit étoient

(a) Petatur aer calore & frigore temperatus.
quem fere medius obtinet collis, quod neque de-
preffus, Hieme pruinis torpet, aut torret æftate
vaporibus ; neque elatus in fumma montium,
perexiguis ventorum motibus, aut pluviis,
omni tempore fævit... Hæc igitur eft medii collis optima pofitio, loco tamen paululum intu-
mefcente, ne cum à vertice torrens imbribus con-
ceptus effluxerit, fundamenta convellat...Colum.
de re ruft. l. c. 5.

Villam ædificandam, potiffimum ut intra
fepta villæ aquam, fi non quàm proximè, primum quæ ibi fit nata, fecundum quæ influat
perennis. Si omnino aqua non eft viva, cifter-
næ faciendæ fub tectis, & lacus fub dio, ex altero loco ut homines, ex altero ut pecus, uti
poffit... Varro de re ruft. l. I. c. I.

conformes au goût des princes regnants.
Les Antonins paſſoient ce tems à jouir
des agrémens de la campagne , avec
quelques amis ſages & choiſis. Les autres s'y livroient au plaiſir avec une
pétulance & des excès, qui n'avoient
d'autres bornes que l'impoſſibilité d'aller plus loin, on peut voir dans Tacite (l. 11. An.) ce qu'il rapporte des
bacchanales que Meſſaline célebroit
dans ce tems avec le beau Silius , qui
s'y montroit ſous la forme de Bacchus
& avec ſes attributs.

Quant à la magnificence des maiſons
de campagne, on en peut juger par les
ruines qui ſe voient, le long de la mer
de Pouzzols à Cumes , par celles de
l'Empereur Adrien à Tivoli , & mieux
encore par les deſcriptions de celle de
Lucullus que les Romains appelloient
Xerxes Togatus ; & par l'idée que Pline
le jeune (Ep. 17. l. 2.) donne de ſon
Laurentinum, ou maiſon de campagne ſituée à dix-ſept milles de la ville ſur le rivage de la mer, entre Oſtie & Antium; &
qui étoit d'une magnificence & d'une
étendue à laquelle peu de maiſons de
plaiſance , même des ſouverains de ce
tems , peuvent être comparées.

Le tems de ce grand luxe eſt paſſé,

les Souverains Pontifes eux - mêmes quand ils vont en villegiature à Castel-Gandolf, y menent une vie privée, où ils ne voient que ceux qui font marqués pour être du voyage, & quelques prélats particulierement intéreſſés à leur faire la cour, ou à leur parler d'affaires preſſantes.

Les princes Romains à Freſcati ſurtout & à Tivoli, vivent plus ſplendidement & dans une ſociété plus liée les uns avec les autres qu'à la ville. On trouve dans l'hiſtoire anecdote de Rome pluſieurs villegiatures fameuſes par les aſſemblées nombreuſes, les fêtes, les ſpectacles, & les repas ſomptueux qui s'y donnoient.

C'eſt de ces maiſons de campagne, vignes, ou jardins comme on voudra les appeller) que je vais dire quelque choſe, plus par rapport à ce qu'elles contiennent de rare & de curieux, que par rapport à leurs ſituations, & à la maniere dont elles ſont plantées ; il ſuffira d'en donner une idée pour n'avoir pas à revenir ſur cet article, à chaque changement de lieu ou de maiſon.

Les étrangers & ſur-tout les François, trouvent peu de beautés dans les jardins de Rome, parce qu'ils ne reſſemblent pas à ceux de France, à ces parterres immenſes, à ces boulingrins qui ne préſentent rien à la vue qu'une ſurface plate ſur laquelle ſont tracés quelques deſſeins dont le ſable fait le fond : ils croient avoir tout dit, quand ils ont prononcé que les jardins d'Italie ne peuvent pas entrer en comparaiſon avec les jardins de France, pour l'agrement, & le goût léger de décoration.

On répond à cela, qu'ils ſont d'un tout autre goût, & qu'ils ne doivent même pas ſe reſſembler : le ſable néceſſaire à nos jardins manque entièrement en Italie ; enſuite nos plantations légères, nos parterres plats, nos boulingrins, y périroient promptement dans les chaleurs de l'été ; ils n'auroient d'agrément qu'autant qu'ils ſeroient bien garnis de fleurs pendant les premiers jours du printems, encore le ſoleil y eſt-il alors fort vif, & les fleurs y paſſent beaucoup plus promptement que dans nos climats ſeptentrionaux.

Pour ſe garantir des chaleurs de l'été, avoir des jardins & des promenades, d'une beauté plus durable, & qui euſſent de l'agrément, même dans

la rigueur de l'hyver ; on a préféré à
Rome, à Naples, à Florence & à Gênes, les belles & fortes palissades de
lauriers de toute espece, qui, mêlés
ensemble forment une agréable variété,
& conservent dans le fort de l'hyver,
une verdure qui n'a rien de la tristesse
des arbres noirs, & qui alors même est
entremêlée des fleurs du laurier thim,
qui parent merveilleusement la palissa-
de, & qui durent jusqu'à ce que les jasmins, les chevrefeuils & les roses repa-
roissent avec les premiers jours du printems. Ce goût de plantation a été suivi
dans les jardins de Rome & des environs, qui tous cependant ont un parterre plat qui accompagne la maison,
& dont la grandeur est proportionnée
à celle de l'emplacement, & au point
de vue qu'on a voulu lui donner. Dans
celles qui occupent un vaste espace,
comme les vignes Borghese & Pamphile, & que l'on peut regarder comme
de très-grands parcs, il y a des plantations de toute espece, des bois même &
des pâtutages où l'on nourrit du betail, ce qui cause une agréable variété
dans les longues promenades que l'on
y peut faire.

Il m'a paru encore que les planta-

tions d'orangers, de citroniers, de grenadiers, & d'autres arbres à fleurs &
à fruits de cette espece, étoient une
beauté réelle dans ces jardins, où l'on
trouve par-tout les plus belles eaux &
en abondance.

Je conviens qu'il y a long-tems que
les jardins de Rome sont dans ce goût,
que la vigne Borghèse est plantée depuis cent cinquante ans, & que l'on
n'a rien changé à l'ordre qu'on lui donna alors; la vigne Estensa à Tivoli, celle
de Pamphile à Frascati, sont telles
qu'elles étoient il y a plus d'un siécle ;
alors on les regardoit comme les merveilles du monde : les François même
de ces tems les admiroient, & ne
croyoient pas que l'on pût rien faire
de plus magnifique. La beauté & l'a-
bondance de leurs eaux, les formes variées sous lesquels elles s'échappent
dans l'air, l'adresse des ouvriers Italiens
dans ce genre les charmoit. Les choses
sont encore au même état, & on les
regarde à peine, parce que la magnificence de Versailles a tout effacé; mais
quelle comparaison à faire entre un gentilhomme Romain, décoré du titre de
prince si commun en Italie, & le plus
grand Roi de l'univers.

Leurs jardins m'ont paru beaux &
bien étendus relativement au pays où
ils font; ces épaiffes & hautes paliffades de lauriers, offrent dans l'hyver
même des promenades agréables à l'a-
bri des vents, & en été un couvert
épais, impénétrable aux rayons du foleil, & une fraîcheur délicieufe; tout
cela accompagné de belles eaux, peuplé de ftatues précieufes, enrichi de
bas-reliefs & d'infcriptions qui femblent être placées là pour réunir tous
les tems, tous les états & même tous
les pays. Le granite & le porphyre
d'Egypte, les marbres d'Afrique & de
Paros, ceux de Sicile & d'Italie font
raffemblés; Apollon, Hercule, Jupiter, Venus & Diane, Augufte, Cléopatre, les Agrippine & les Antonins,
rapprochent les tems fabuleux & héroïques des plus beaux fiécles de l'Empire Romain, qui ont encore quelque
exiftence par ce moyen, & à côté defquels on voit Rome moderne & vivante
dans fes princes & fes prélats qu'on
trouve mêlés avec les demi-dieux, les
confuls & fénateurs. Ce fpectacle ainfi
varié, eft un livre toujours ouvert, qui
me paroiffoit auffi amufant qu'inftruc-

tif, & qui me rendoit les promenades de ces jardins très-agréables.

On me demandera peut-être s'il est facile d'y entrer, s'ils sont toujours ouverts ? Les portiers ne manquent jamais de politesse & d'attentions pour ceux de qui ils ont reçu la *buona mancia*, & dès qu'ils l'espérent encore ; cette clef ouvre toutes les portes à Rome.

14. La *Villa Medicis* des grands ducs de Toscane, aujourd'hui appartenante à l'empereur, se présente d'abord dans mes mémoires ; de tous les jardins de Rome c'est celui où je me suis promené le plus souvent, il est vraiment public, & ouvert en tout tems ; c'est le seul où on entre gratis. J'étois logé dans son voisinage sur la place de la Trinité, dans le quartier de Rome, le plus élevé & où l'air est le plus sain ; sur le mont *Pincio*, qui domine absolument la ville, que l'on découvre dans toute sa largeur, qui de là jusqu'à l'extrémité du Vatican, n'est de guère moins de trois milles. Ce quartier outre la salubrité de la position est d'autant plus agréable à habiter, que l'on n'y est exposé à aucune incommodité de bruit, que la vapeur incommode de toutes ces cuisines publiques qui infectent presque

Villa Medicis.

toutes les rues & tous les quartiers de
Rome, ne peut pas s'élever jusques-là,
& que très-souvent on voit tout le bas
de la ville couvert d'un brouillard épais,
tandis que l'on jouit sur cette montagne
du plus beau ciel, & d'un soleil brillant.

Non est in totâ, lætior. urbe, locus...
Martial.

On y monte de la place d'Espagne,
par un des plus magnifiques escaliers
qu'il soit possible de voir : il est entierement construit de pierres de Tivoli,
(Travertini) bien ouvert, & partagé
en différens repos, ce qui fait que malgré sa hauteur qui est de cent trente-
cinq marches, il est peu fatiguant ; si
cette construction étoit décorée de statues & de vases, comme elle le pourroit être, ce seroit l'une des plus belles
choses de Rome. Les voitures montent
de la place d'Espagne, à ce quartier
par des rues qui y conduisent par une
pente fort douce, entre le Quirinal &
le Pincio.

La maison ou palais qui accompagne
ces jardins, n'a rien de plus remarquable que sa situation avantageuse, qui
commande la plus grande partie de la

ville; fa façade intérieure eft revêtue
de plufieurs bas-reliefs, d'un beau travail & bien confervés, parmi lefquels
le combat d'Hercule contre le lion de
Nemée; un Horatius Cocles qui paffe
à cheval le Tibre à la nage; des facrifices antiques qui paroiffent avoir fait
partie de quelques frifes de temples ;
aux côtés font plufieurs infcriptions ,
dont les plus remarquables font celles
qui ont rappott aux Rois, Mithridate,
Tigrane & Ariobarfane... fous le portique fix ftatues des Sabines. Les dames
Romaines les honoroient de quelque
culte religieux, à la fête appellée *Ma-
tronalia*, qu'elles célebroient le premier
de Mars, en l'honneur du dieu Mars ;
parmi les différentes caufes qu'Ovide
donne à cette fête : la premiere eft de
ce que les Sabines enlevées par les Romains qui les épouferent, arrêterent
par leurs larmes, la guerre cruelle qui
étoit prête à s'élever entre leurs peres,
leurs freres & leurs époux.

Aut quia committi ftrictis mucronibus aufæ,
   Finierant lacrimis, Martia bella fuis.

Ces ftatues font dans le goût Romain , grand & majeftueux, mais peu
agréable... une très-belle tête de Jupiter

Capitolin que l'on croit la même qui
étoit au-deſſus de la porte du palais
des Empereurs. . . dans des niches aux
deux côtés du veſtibule, deux ſtatues
de Rois captifs, les draperies ſont de
granite oriental, les têtes, les mains
& les pieds ſont de marbre; on voit
beaucoup de ces ſtatues à Rome toutes
à-peu-près du même goût & dans le
même ſtyle, peu agréables, mais précieuſes par leur ancienneté, & en ce
qu'elles ſont preſque toutes de porphyre
& de granite; les draperies en ſont bien
conſervées, mais d'ordinaire les têtes,
les pieds & les mains qui étoient d'autres marbres, ont été reſtaurées. . . les
deux lions dont l'un antique & l'autre
moderne, ſur lequel eſt écrit le nom de
Flaminius Vacca, ſculpteur & anti-
quaire du ſeizieme ſiécle. . . vis-à-vis du
veſtibule, à la tête du parterre ſont deux
baignoires antiques, de granite d'E-
gypte, auſſi curieuſes dans leur genre
que les obeliſques : autant qu'il peut
m'en ſouvenir elles ont vingt-deux pieds
de longueur, onze de largeur, & quatre de profondeur; le fond en étoit ſi
épais, que le cardinal de Medicis qui
fut depuis le grand duc Ferdinand II.
en fit enlever les deux tables prodi-

gieufes qui font dans la grande galerie.

Au fond de la grande allée de ce Jardin qui va du midi au nord, fous un bâtiment fait exprès, font placées les célèbres ftatues de Phidias qui forment l'hiftoire de l'aventure tragique de la famille de Niobé : elles font au nombre de quinze, y compris un cheval & un vieillard, difpofées par grouppe de trois ; toutes ces ftatues m'ont paru de grandeur naturelle, excepté celle de Niobé, qui a au moins fept pieds & demi de hauteur : elle eft de la plus grande expreffion ; on voit cette Princeffe orgueilleufe de fa fécondité (a), qui avoit ofé

(a) Aufone s'eft amufé à faire l'épitaphe fuivante à Niobé...

Thebarum regina fui, fi pileia cautes
   Quæ modo fum, læfi numina Latoidum.
Bis feptem natis, genitrix læta atque fuperba
   Tot duxi mater, funera quot genui.
Non fatis hoc divis, duro circumdata faxo,
   Amifi humani corporis effigiem,
Sed dolor, obftructis quamquam vitalibus, hæret,
   Perpetuas quæ rigat fonte pio, lachrimas.
Proh, facinus, tantæ re, animis cæleftibus, iras
   Durat adhuc Luctus, matris imago perit.

mépriſer Latone, pénétrée d'une douleur ſuperbe & furieuſe, de ne pouvoir
ſouſtraire ſa malheureuſe famille aux
traits d'Apollon & de Diane; elle tient
entre ſes bras, ſur ſon ſein, enveloppée
dans ſa robe, la plus jeune de ſes filles
dont elle demande la vie : elle leve les
yeux au ciel, elle crie !

Ultima reſtabat, quam toto corpore, mater,

Tota veſte tegens; unam minimamque relinque,

De multis minimam poſco, clamavit & unam.

* Ovid. Met. l. 6....

C'eſt ſur cette ſtatue, ſur ſon expreſ-

---

* Le Poëte fait ici alluſion aux ſources qui
étoient au pied des rochers de Sipilus dans le
Péloponeſe, & que la mithologie regardoit
comme produite par les larmes de Niobé, chan-
gée en ces rochers.

Les Poëtes Grecs ne ſont pas d'accord ſur le
nombre des enfans de Niobé, Homere dit qu'elle
en eut douze, Euripide quatorze, Sapho dix-
huit, Pindare vingt; d'autres trois ſeulement,
ce qui n'eſt pas ſenſé; elle n'auroit pas eu de
de quoi s'élever ſi fort au-deſſus de Latone. Phidias a préféré le ſentiment d'Homere à tous les
autres, car ſi tout ſon ouvrage a paſſé de Grece
à Rome, comme on ne peut pas en douter, &
qu'on l'ait retrouvé complet dans ces derniers
tems, il ne lui a donné que douze enfans, ſix
fils, & ſix filles... V. Aulu. l. 29. c. 6.

ſion

fion même, qu'Ovide avoit pris ces idées qu'il rend avec tant d'élégance & d'efprit. Je n'en dis pas davantage fur la beauté de cette ftatue. Les autres, quoique de la même main, n'ont pas une expreffion fi frapante; la figure d'un des fils qui eft couché & qui eft de beau marbre parien, eft excellente: c'eft la meilleure de toute la famille, par rapport à l'attitude, la pureté des contours, & la vérité même de la nature; celle d'une de fes fœurs qui regarde en l'air, & qui paroît en fe couvrant de fon voile, vouloir fe garantir du trait qui va la fraper, eft encore très-belle. On peut douter légitimement fi le vieillard qui eft mêlé avec les autres, eft de la même main; ou il a été reftauré pour la plus grande partie, puifqu'il n'a été placé avec la famille de Niobé, que parce qu'il regardoit en l'air avec quelque effroi, comme s'il eût été menacé du même malheur. Ces ftatues ont été trouvées en terre hors la porte St Jean, fur la fin du feizieme fiécle.

Mais de toutes les ftatues qui font dans ce jardin, aucune ne m'a paru auffi admirable que Cléopatre mourante, qui eft dans une efpece de niche ou de chapelle, conftruite fur les murs

mêmes de la ville, qui enferment de ce
côté-là Villa Medecis. Cette statue a
au moins douze pieds de proportion,
d'un travail excellent dans lequel l'Artiste paroît avoir déployé toutes les
reſſources de ſon génie, pour rendre de
la maniere la plus expreſſive & la plus
frapante, le grand ſujet qu'il avoit à
traiter : la reine d'Egypte eſt repréſentée avec toute la magnificence royale
dont elle s'étoit parée l'inſtant avant ſa
mort : *Veſte ſe omnium elegantiſſimâ
induit, ac quàm potuit pulcherrimè exornavit, omnique habitu regio aſſumpto,
vitâ exceſſit.* Comme ſa mort fut volontaire, qu'elle ſe la donna jouiſſant
d'une pleine ſanté, elle a toute ſa beauté ; elle expire ſans convulſions, ſans
douleur, de l'effet d'un poiſon très-
ſubtil, qui arrêtoit tout de ſuite le mouvement du ſang, ſans cauſer aucun dé-
ſordre dans l'économie animale ; quel
étoit ce poiſon ? quel fut ce genre de
mort ? on n'en eſt pas aſſuré. Suétone
dit : *Periiſſe aſpidos morſu putabatur ;*
Dion Caſſius, l. 51. dit expreſſément
que l'on n'avoit jamais ſçu quel genre
de mort avoit coupé le fil de ſes jours :
*Quo mortis genere obierit certum nemo
novit.* On trouva ſeulement quelques

légeres piquures fur fon bras gauche, oc-
cafionnées, ou par la morfure d'un af-
pic qu'elle fe fit apporter, caché dans
des fleurs, ou par l'application d'un
poifon fi actif, que dès qu'il avoit touché une feule goutte de fang fortant du
corps; il s'y répandoit avec une promptitude inconcevable ; il ne falloit pour
en éprouver l'effet, que fe faire une légere piquure : on croit qu'elle fe fervit
pour cela de fon aiguille de tête... *Alii
acum ab ea qua capillum componere folita
effet, veneno inunctam tradunt : cujus
ea fuerit natura, ut cùm corpori aliàs
nullum damnum injungeret, ubi primùm
tamen fanguinem vel minimum attigif-
fet, mortem celerrimam & abfque omni
dolore adferret; hanc acum ab ea more fuo
in capite hactenus geflatam, tùm detractam, brachioque prius alia re fauciato
fanguini immiffam fuiffe.*

Octave ayant appris que Cléopatre
étoit mourante, en fut extrêmement
furpris; il vint avec précipitation, lui
fit donner des remedes contre le poifon ; fit appeller des *Pfylles*, efpece
d'hommes que l'on croyoit naître avec
la vertu d'arrêter l'effet du poifon, &
de le faire fortir du corps en le fuçant,
pourvu qu'il lui reftât encore quelque

principe de vie (*a*) ; mais l'effet du poifon étoit confommé : toutes les tentatives que l'on put faire pour tirer Cléo.

(*a*) Les Pfylles étoient des peuples de Libye, qui avoient la vertu naturelle d'empêcher l'effet du venin des ferpens les plus dangereux ; de les arrêter & de les engourdir, & même de les faire mourir en les approchant. C'eft ainfi qu'en parle Pline, *Hift. nat. l.* 7. Caton ayant à traverfer les déferts de la Libye, mena avec lui de ces Pfylles, pour qu'ils guériffent tout de fuite ceux qui feroient mordus par les ferpens dont ces pays étoient infectés.

. . . . *Gens unica terras*

Incolit : à fævo ferpentum innoxia morfu,

Marmaridæ Pfylli; pertingua potentibus

herbis.....

Lucan. Phæd. l. 9.

Ces peuples voyant la confiance que l'on avoit à leur vertu fecrette, fe répandirent en Italie, & effayerent même au rapport de Plutarque, de la peupler des ferpens & des fcorpions d'Afrique, pour avoir par ce moyen plus d'occupation & gagner davantage. Le célèbre médecin Celfe, qui étoit très-capable de juger de ce fait, qui avoit du rapport à l'hiftoire naturelle, dans laquelle il étoit très-habile, prétend que toute la fcience & la vertu des Pfylles, confiftoit dans l'affurance que l'habitude de fucer les plaies faites par les animaux vénimeux, leur avoit donnée, que le venin de la plupart des

patre des bras de la mort, furent inutiles. Octave qui crut pouvoir alors regarder Cléopatre fans péril, admira
encore fa beauté, fut touché jufqu'aux

---

reptiles & autres infectes, confiftoit moins dans
fon goût ou dans fa propre fubftance, que dans
l'action même de la morfure qui le communiquoit immédiatement au fang, en déchirant &
en ouvrant les vaiffeaux où ils coulent, & que
quiconque fera affez affuré pour fucer tout de
fuite une plaie faite par un animal vénimeux,
ne coure aucun rifque lui-même, & guérira
infailliblement celui qui aura été bleffé... *Ergo
quifquis exemplum Pfylli fecutus exurerit, &
ipfe tutus erit, & tutum hominem præftabit...*
Cornel. Celf. l. v.

Aulug. l. 16. c. 11. prétend que les Marfes en
Italie, defcendans de Marfus, fils de Circé,
avoient la même vertu fur les ferpens,& *incanta-
tionibus herbarumque fuccis, faciunt me dela-
tum miracula...* Mais il falloit pour cela qu'ils
ne fe fuffent point mêlés par le mariage avec
aucun étranger. Ces Marfes occupent aujour-
d'hui une partie de l'Abruffe, & je crois qu'ils
n'ont rien confervé de la vertu de leurs ancêtres;
Aulugelle parle à ce fujet des Pfylles, que fur
la foi d'Hérodote, il croit avoir péri dans les
fables; mais il eft étonnant qu'il fe trompe auffi
lourdement, puifque les auteurs Romains, poftérieurs à Augufte, où les Contemporains s'accordent tous à dire que ce Prince fe fervit des
Pfylles, pour tâcher de retirer par leur moyen,
Cléopatre des bras de la mort.

larmes de la cruauté des deſtins qui l'a-
voient forcée de quitter la vie ſi promptement, & avec une préſence d'eſprit,
une fermeté, dont il ne ſe ſentoit pas
capable ; mais ce qui le toucha le plus,
c'eſt que cette mort inopinée, ôtoit à
ſon triomphe tout ce qui pouvoit le rendre plus glorieux : *Magnopere doluit,*
omni ſe triumphi ſui gloriâ ſpoliatum eſſe
ratus. Il s'en dédomagea en faiſant re-
préſenter cette Princeſſe avec la beauté
& la magnificence qu'il admira encore
en elle ; c'eſt ce que l'Artiſte a heureuſement rendu, car quoiqu'elle ſoit
repréſentée à l'inſtant même de ſa mort,
on ne remarque d'autre changement ſur
ſon viſage, qu'une paupiere qui eſt plus
abbaiſſée que l'autre, & le menton un
peu retiré. Cette ſtatue eſt l'une des
plus précieuſes qui ſoient à Rome, je la
crois ſupérieure à celle qui eſt au Vatican, ce qui peut venir de ce qu'elle eſt
dans un jour plus favorable ; Octave fit
mettre Cléopatre dans un même tombeau avec Antoine, ainſi qu'elle le lui
avoit demandé. Tous ſes ſoins, pour
conſerver la mémoire de cette Princeſſe,
tournerent en quelque façon, moins à
la gloire de ſon triomphe, qu'à celle
même de Cléopatre : *Quanquam victa*

& capta, gloriam tamen consecuta est;
quum ejus ornamenta in templis nos-
tris affixa sint, & ipsius aurea imago
in templo Veneris conspiciatur. Dio.
ibid. Ainsi lorsqu'elle voyoit Octave
prendre toutes les précautions possibles pour l'engager à se conserver la
vie, & à se réserver pour son triomphe, elle avoit raison de dire à ses con-
fidentes, *Non triumphabor.* Si elle ne
put gagner Octave par ses charmes, elle
le trompa par sa finesse, & la fausse
confiance qu'elle affecta, & sçut se soustraire à la honte & à la misere de l'es-
clavage.

Dans cette même grotte ou chapelle,
sont quelques bas-reliefs d'un excellent
travail, un entr'autres d'un vieillard couvert d'un mauvais manteau, & qui paroît demander l'aumône : on prétend
qu'il représente Belisaire, ce qui ne
peut pas être, eu égard à la pureté du
dessein, qui étoit inconnue dans le sixieme siécle. On verra ailleurs que ce doit
être le Dieu, *Bonus eventus.* La galerie intérieure est remplie de plusieurs statues, dont quelques-unes sont bien conservées, & d'une grande beauté... une
Vénus dans l'attitude d'une personne
qui est dans le bain, excellent ouvrage

G iv

grec... quelques Apollons dans différentes attitudes qui se ressemblent tous, & qui paroissent imités de quelque excellent modèle antique, dont on n'a pas l'original... un Siléne qui enseigne un jeune Faune, ou si l'on veut un Bacchus, à jouer de la flute, & qui paroît rempli, suivant l'expression d'un Poëte, de la divinité, dont il fait l'éducation.

Bassaridas, Satyros, Panos, Faunosque docebat

Ludere Silenus jam numine plenus alumno.

Parmi ces statues, quelques-unes sont bien conservées; mais d'autres sont si mal restaurées, que l'on aimeroit mieux les voir dans l'état mutilé où on les a retirées de terre, qu'avec ce mélange de travail moderne mal entendu, qui ne peut pas absolument se soutenir à côté de la beauté de l'antique : c'est ce que l'on verra sur-tout dans un Apollon qui a le bras droit élevé sur la tête; le corps est de la plus grande beauté, la tête est bien traitée; mais les bras & les jambes qui y ont été ajoutés, ne sont pas même dans les proportions justes au reste du corps.... le Marsias attaché à un arbre, & prêt d'être écor-

ché, eſt une des meilleures ſtatues antiques (*a*) qui ſoient à Rome : les
mains, la tête panchée ſur la poitrine,

(*a*). Aucun trait de l'hiſtoire fabuleuſe n'a
été plus ſouvent traité par les Artiſtes de l'antiquité, que la victoire d'Apollon ſur Marſias:
ce fut à Célene, ville autrefois capitale de la
Phrygie que ſe paſſa la ſcene... *Famaque ita*
tenet, Celænis Marſiam cūm Apolline Tibiarum
cantu certaſſe. Tit. Liv. l. 38, c. 13. La ſource
du Méandre étoit dans cette ville même. Cette
aventure les a rendus très-célèbres.

Quis non certamina Phœbè
Poſſet & illuſtres ſatyro pendente Celœnas.
Stat. Theb. l. 2.

Servius, ſur le troiſieme Livre de l'Eneide,
prétend que la ſtatue de Marſias, Faune ou
Satyré, qui étoit ſous la protection du Dieu
Bacchus, *Liberi patris,* fut erigée dans les
places publiques de toutes les Villes libres,
comme une preuve de leur liberté: elle tenoit
la main haute, & ſembloit dire que rien ne
manquoit à la Ville. Sans doute que lorſque la
liberté ne fut plus à Rome qu'un vain nom,
la victoire d'Apollon ſur le Satyre, fut repréſentée en mille manieres différentes...

Provocat & Phœbum, Phœbo ſuperante pependit,
Cæſa receſſerunt à cute membra ſua.
Ovid. l. 6. Faſt.

G v

& tout le corps sont d'un travail précieux, & de l'expression la plus vraie. Parmi les ouvrages modernes on verra un Mercure de bronze, par Jean de Bologne, digne d'être comparé pour la

---

Les statues furent extrêmement multipliées, & toujours dans son état de misere, pour prouver aux Romains que s'ils s'avisoient de revendiquer leur liberté, & de disputer aux Empereurs leur souveraineté; ils ne pouvoient s'attendre qu'au sort de Marsias...

Clamanti cutis est, summos direpta per artus,
Nec quidquam nisi vulnus erat....

Metam. l. 6.

C'étoit auprès de la statue de Marsias, que les avocats de Rome s'assembloient dans la place, ainsi que l'apprend Horace, l. 1. Sat. 6.

Deinde eo dormitum, non sollicitus mihi, quod
cras
Surgendum sit mane, obeundus Marsia...

Les criailleries des Plaideurs étoient si fortes, leurs assemblées si fréquentes & si nombreuses dans cet endroit, que Martial prétend, que s'il eût été possible, la statue même en eût pris l'habitude de plaider ou de parler procès.

Fora litibus omnia fervent:
Ipse potest fieri Marsia causidibus.

L. 2. Ep. 64.

beauté & pour l'élégance, à tout ce que l'antiquité a produit de plus parfait; il servoit autrefois à décorer la fontaine qui est vis-à-vis de la porte extérieure.

15. *Villa Ludovisi*, sur le mont Pincio, n'est séparée de la Villa Medicis, que par le chemin qui conduit à *Porta Salara* ou *Pinciana*, & occupe comme la précédente une grande place du terrein sur lequel étoient situés les jardins de Salluste. Celle-ci, comme toutes celles dont il me reste à parler, n'est point publique, on n'y entre que sous le bon plaisir du portier. Ses plantations sont belles & assez bien tenues ; elles sont disposées de façon que l'on est assuré d'y trouver sur-tout en été une fraîcheur & une solitude très-agréables: les statues dont ces jardins sont décorés, sont la plupart de très-bon goût ; la maison, bâtie sur les desseins du Dominiquin, est d'une architecture légère & convenable à une petite maison de plaisance ; au-dessus de la porte est incrusté dans la muraille un bas-relief d'un travail admirable, il représente un Empereur sur son thrône, auquel un militaire, que l'on croit être Marc-Aurele le Philosophe, préfet

Villa Ludovisi.

G vj

du prétoire préfente Commode & An-
nius Verus en préfence des troupes,
afin qu'il leur accordât le titre de Cé-
fars. Sur un voile foutenu par deux efclaves, eft la figure d'une femme vue
jufqu'à la ceinture, que l'on croit être
Fauftine la jeune, celle que l'on appelle
la mere des armées ; & qui mourut à
ce que l'on prétend d'une mort violente
pour être entrée dans une confpiration
contre l'Empereur fon époux : *Sub id
tempus Fauftina moritur five doloribus
podagræ , five alia ex caufa.* Dio. Caf.
l. 72. ce magnifique ouvrage parut
avoir été le devant d'une urne cinéraire.

Les dedans de la maifon font ornés
de plufieurs ftatues d'un beau choix,
parmi lefquelles on verra les deux Gladiateurs qui fe repofent, celui qui a un
Amour à fes pieds peut être Charinus
que l'impératrice Fauftine la jeune aima
éperduement. L'hiftoire de Fauftine eft
fi connuë que je n'ai rien à en dire, ce
que Julius Capitolinus raconte de la
mort du Gladiateur ne l'eft pas autant. Il dit que Fauftine ayant avoué
à l'empereur Marc - Aurele fa paffion
folle pour cet homme ; ce Prince par
le confeil des Chaldéens, forte de de-

vins alors affez communs à Rome, fit
tuer le Gladiateur, & ordonna à l'impératrice de se laver dans son sang, &
que par ce moyen elle vaincroit les de-
firs dont elle étoit agitée : le remede
ne pouvoit manquer de réuffir ; mais il
prétend encore que la nuit d'après que
Fauftine eut fait cette opération, elle
conçut Commode, & qu'ayant alors
l'idée frapée de ce qui s'étoit paffé la
veille, ce fut la caufe par laquelle Commode conferva toujours les inclinations
d'un Gladiateur.

Une grande tête de Bacchus, bas-
relief antique de marbre rouge d'Egypte:
il eft à examiner pour la forme de la
bouche & des yeux, qui peuvent donner
une idée du méchanifme des Oracles...

Un grouppe antique en marbre blanc
qui repréfente le jeune Papirius Prætextatus, & fa mere qui veut tirer de
lui le fecret du Sénat : l'expreffion en
eft excellente, on voit toutes les inquiétudes & les empreffemens de la mere,
& en même-tems la fatisfaction du jeune homme qui la contente ; & qui l'intéreffe en imaginant tout de fuite un
conte très-plaifant qu'elle prend pour
une vérité : *Actum in Senatu dixit,
utrùm videretur utilius exque republica*

esse , unusne ut duas uxores haberet , an ut una apud duos nupta esset. Il ajoute que la chose avoit paru très-importante, que la décision en avoit été remise au lendemain (*a*). Ce jeune homme a sur la physionomie la naïveté & la gaieté

(*a*) Cette réponse plaisante , porta l'alarme & le trouble dans l'esprit de la mere de Papirius ; elle sortit de chez elle , alla raconter le fait à toutes les matrones de son quartier , qui le répandirent bien vîte dans le reste de la ville; desorte que l'on vit le lendemain , toutes les meres de famille , à la porte du Sénat , demander instamment & avec larmes , qu'il fût statué que toutes les femmes eussent désormais deux maris. Les Sénateurs étonnés , les crurent vraiment insensées ; mais le jeune Papirius les tira de peine , en leur racontant ce qui avoit donné lieu à cette plainte. On sentit alors l'inconvénient qu'il y avoit à permettre l'entrée du Sénat aux enfans des Patriciens , & il fut résolu que le seul Papirius y seroit admis dans la suite, au rang & avec la robe des Sénateurs , d'où il eut le surnom de *Prætextatus.* Cette aventure doit être placée à l'an de Rome 440 , & peut servir à faire connoître le naturel des femmes ; étant arrivée dans un tems , où les mœurs Romaines étoient dans toute leur intégrité.

J'ai dit que je croyois le grouppe du tems d'Auguste , parce qu'il rétablit l'usage d'admettre les jeunes Patriciens au Sénat , pour les accoutumer de bonne heure aux affaires.

de fon âge, & une forte de fineffe qui paroît bien n'être que pour le moment, car on ne voit rien dans fes traits qui en indique l'habitude. Ces fortes de ftatues antiques qui rappellent une action particuliere & bien connue, font les plus capables de faire juger de la perfection de l'art, parce que l'on fent mieux fi la nature eft repréfentée comme elle doit l'être... un très-beau Marc-Aurele dont le bufte eft de porphyre, & la tête de bronze... un bufte rare de Peffennius Niger, compétiteur de Severe à l'Empire, qui fut tué en Syrie ; on remarque dans fes traits cette fierté que lui avoit infpiré le Sénat & le peuple Romain, qui avoient eu recours à lui & penchoient plus à lui déférer la puiffance fouveraine qu'à fes compétiteurs. Dion Caffius (l. 73 & 74.) auteur contemporain & Sénateur, raconte fort en détail tout ce qui fe paffa à Rome dans ce tems, ce qui peut bien faire connoître ce Prince, & fes concurrens.

Un très-beau grouppe antique d'Arrie & de Petus, d'un travail Romain, & d'un grand ftyle, & d'une compofition fi vraie qu'elle remet fous les yeux les malheurs & la vertu de ces deux perfonnages illuftres, que leur vertu

seule conduisit à cette fin tragique. Arrie y tient le premier rang ; Cecinna
Pétus son mari condamné à mort, hé-
sitoit, & paroissoit trembler ; elle le
rassura en lui donnant l'exemple de ce
qu'il devoit faire, quoiqu'il lui fût très-
libre de vivre : *Arria alio facto insignis,*
hæc conjunx Cæcinnæ consulis, neque vi-
vere marito perempto potuit (quod sane
potuisset non absque honore, Messalinæ
conjunctissima) & ipsum trepidantem
confirmavit arrepto quippe gladio se sau-
ciavit, atque eum porrigens... Viden' in-
quit, puer, me non dolere... Hi laudem in-
venerunt quia continentibus malis, eo res
devolutæ erant, ut nulla virtus alia quàm
fortiter mori, haberetur... Dio. Cas.
l. 60. Cette action a été extrêmement
célebrée (*a*). Les deux grouppes dont

(*a*) Cette expression *Non dolet*, a paru si héroïque dans la suite, qu'elle a été très-célè-
brée.

Casta suo gladium cùm traderet Arria Pæto,
Quem de visceribus traxerat ipsa suis :
Si qua fides, vulnus, quod feci, non dolet, inquit;
Sed quod tu facies, hoc mihi, Pæte, dolet.
               Mart. Ep. 14. l. 1.

je viens de parler, font comptés parmi mi les antiques les plus précieux de Rome.

Pluton qui enleve Proferpine, excel-

Præclarum illud, ejufdem ferrum ftringere, perfodere pectus, extrahere pugionem, porrigere marito, addere vocem immortalem ac pene divinam, Pœte, non dolet. Plin. l. 3. ep. 16...

Cecinna Petus qui mourut fous l'empire de Claude & fa femme Arria, ne doivent pas être confondus avec Thrafeas Petus, & Arria fon époufe ; defquels Tacit (An. l. 16) dit : *Trucidatis tot infignibus viris ; Nero virtutem ipfam exfcindere concupivit, interfecto Thrafea Pæto, & Barea Sorano...* Ce Thrafeas étoit de Padoue, & reffembloit en tout aux Romains les plus vertueux, il n'avoit d'autres crimes que fa vertu, qui l'avoit rendu odieux à Neron. Sa femme Arria que l'on vouloit forcer à vivre, fe brifa la tête contre un mur, reprochant à fa fille & à fon gendre Helvidius de l'avoir mife dans la néceffité de périr de cette maniere cruelle, en ne lui permettant pas de fe poignader. Voilà où en étoit réduite la vertu Romaine, au défefpoir. Tous ces forfaits impunis, avoient tellement aveuglé Néron, qu'il difoit qu'avant lui aucun Prince n'avoit connu l'étendue de fon pouvoir. Il ne donnoit qu'une heure de tems à ceux qu'il avoit condamnés à mourir, & crainte qu'ils ne tardaffent davantage à exécuter fes ordres : *Medicas admovebat qui cunctantes continuò juvarent, ita enim vocabat venas mortis gratia intercidere...* Sueton. *in Nerone* l. VI.

lent grouppe du Cavalier Bernin.....
une Nymphe qui fort du bain, ftatue
moderne dans le gout grec, très-gra-
cieufe & d'une expreffion charmante.

Dans le petit pavillon ou *Cafino*, le
célebre tableau de plafond qui repréfente
l'aurore qui chaffe la nuit, par le *Guerchin*; la lumière qui fort des ténebres, y eft
peinte avec une intelligence admirable.
On voit dans une caiffe un corps d'homme pétrifié, curiofité naturelle que l'on
prétend unique au monde, & qui fut
donnée au pape Grégoire XV, de la
maifon Ludovifi, par un étranger, qui
avoit trouvé cette pétrification dans le
fable de la mer fur les côtes de Syrie;
il eft certain que le corps eft pétrifié,
mais il m'a paru fort douteux que ce
fût un corps humain, on n'y reconnoît
aucune articulation : le vifage eft recouvert d'une croûte de vafe & de fable qui permettent à peine d'en diftinguer la forme ; de forte que ce pourroit être auffi-bien une ftatue de bois
qui auroit fervi à la décoration de la
pouppe ou de la proue d'un vaiffeau,
que le corps d'un homme : pour s'affu-
rer de la vérité du fait, il faudroit en
brifer quelque partie confidérable, &
en vérifier la configuration intérieure.

Les jardins font peuplés de plufieurs ftatues précieufes, parmi lefquelles une Fauftine coloffale... un bufte d'Alexandre Severe, dont le vifage feul a quatre pieds de hauteur... un Satyre en pied de grandeur naturelle, par *Mich l-Ange* ; il eft auffi beau que les antiques grecs les plus parfaits .. une urne cinéraire ornée de bas - reliefs d'un excellent travail grec, qui repréfentent une bataille entre les Grecs & les Romains... un Silene antique, la tête appuyée fur un outre & endormi.

Silenum pueri fomno vidére jacentem,
Inflatum hefterno venas ut, femper, Iaccho...

Virg. Eclog. VI.

Il femble que ce foit le même que Virgile avoit vu.

Villa Montalta, ou *Negroni* formée en partie fur les termes ou bains de Diocletien dont on voit quelques reftes à l'extrémité orientale. Sixte V fit planter ce jardin pendant qu'il étoit cardinal, & d'un très-bon goût pour ce tems; il y a de très-belles allées de cyprès & des bofquets bien entendus. La principale fontaine eft décorée d'un Neptune porté fur un triton, par le Ca-

Villa Montalta.

valier *Bernin*. On verra à la tête d'une des allées principales, un terme ou buste posé sur une gaîne : il représente un Hercule coëffé de la dépouille du lion, en maniere de capuchon de Francis-cain. Il a tous les traits de Sixte V. Sous le vestibule de la maison dont l'ar-chitecture est de Dominique Fontana, font deux statues consulaires antiques plus grandes que nature, que l'on dit être de Marius & de Sylla.

Villa Giusti-niani.

Villa Giustiniani auprès de St Jean Latran. Ses jardins fort négligés mé-ritent d'être vus à cause d'un très-grand vase antique chargé d'un bas-relief qui représente une bacchanale, de la forme la plus élégante, & du plus beau tra-vail... une très-grande statue de l'em-peureur Justinien I : l'ouvrage n'en est pas mauvais pour le tems où elle a été faite, si elle est véritablement du sixie-me siécle (*a*). Quoi qu'il en soit, une

---

(*a*) Elle peut même passer pour colossale, Car elle paroît avoir au moins 24 pieds de hauteur ; & quoiqu'elle ne soit pas comparable par la grandeur aux anciens colosses dont il reste des fragmens ou des têtes au Capitole ; & aux Vignes Mathei, & Ludovisi ; cependant elle l'emporte en ce quelle est entiere, & que quoi-

inscription moderne gravée sur le piédestal apprend que c'est la figure de ce
Prince dont le Giustiniani de Rome prétendoit descendre, ce qui leur est dis-
puté par la maison du même nom qui
est établie à Gênes : il n'y a que celle
de Venise qui contente de son ancienne
origine très-connue, ne perce pas les
ténebres des siécles d'ignorance & de
barbarie, pour aller chercher son auteur dans le même Prince, ou ceux de
son nom. La maison de ce jardin est
revêtue de quelques bas-reliefs, & de
médaillons très-précieux ; mais on en
a si peu de soin, que la plupart sont
prêts à se détacher des murs.

Les jardins Farnese occupent la plus
grande partie du mont Palatin, qui n'a
plus rien de l'ancienne splendeur que
lui avoient communiquée les Empereurs
qui y avoient fixé leur séjour.

Ecce Palatino crevit reverentia monti,
Exultatque habitante Deo........

On n'y voit plus que quelques ruines

que mal restaurée, elle ne l'est qu'avec les fragmens antiques que l'on auroit pu rajuster plus
adroitement.

qui font la plupart cachées par de grandes plantations de lauriers & d'autres
arbres de cette efpece. Il y a environ
quarante ans que l'on découvrit plufieurs falles ou chambres qui avoient
fait partie des bains de Neron, on en
enleva les revetiffemens & les colonnes qui étoient en partie de verd antique de porphyre & d'autres marbres
précieux. On reconnut que cet édifice
avoit été ruiné par le feu ; on prétend
que toute cette montagne , quoique couverte de jardins & d'arbres à fruits, eft
entierement minée par deffous, & per-
cée de tous les côtés de fabriques antiques, dans lefquelles on ne pénétre
plus : il n'y en a plus qu'une feule que
l'on a réfervée pour fatisfaire la curiofité des amateurs de l'antiquité, qui
vont pleurer fur les ruines de tant de
beaux monumens ; il eft certain que
cette falle a été de la plus grande magnificence : on voit qu'elle a été couverte de peintures divifées par compartimens , à fonds d'or & d'azur , qui
formoient le camayeu le plus brillant.
Les bordures qui féparoient les diffé-
rents cartels , étoient formées de lapis
laruli , de jafpes & d'agathes, & autres
pierres précieufes. Le feu & enfuite

l'humidité ont fort altéré ces beautés antiques, dont il reste à peine quelques vestiges qui puissent faire juger de leur prix.

Au-dessus de l'entrée principale sont deux statues fameuses à Rome : elles représentent deux dames Romaines assises, la premiere que l'on croit être celle d'Agrippine mere de Neron, est d'une grande force d'expression ; elle a les mains croisées sur ses genoux, occupée de quelque dessein très-sérieux , & qui l'inquiétoit fort : elle paroît être à ce tems auquel elle délibéroit si elle iroit trouver Neron à Baïes , dont elle avoit sujet de se défier. La seconde est celle de Sabina Poppea femme de Chrispinus, enlevée par Neron, & donnée en garde à Othon. *Poppeam Sabinam principale scortum, ut apud conscium libidinum (Othonem) deposuerat donec Octaviam amoliretu ...* Tacit. An. 15... C'est cette Poppée si fameuse par sa beauté, sa délicatesse & son luxe, *Adeo delicaté vivit ut mulas quibus agebatur haberet aureis funibus subligatas :* cinq cents ânesses qui avoient nouvellement mis bas, lui fournissoient tous les jours du lait dans lequel elle se baignoit pour conserver la douceur de sa peau ; aussi

étoit-elle si attachée à sa beauté, que quand son miroir lui apprenoit qu'elle avoit souffert quelque altération, elle souhaitoit plutôt de mourir que de vieillir : c'est cette Poppée qui d'ailleurs étoit fort impérieuse, qu'il est question de reconnoître dans la belle statue dont je parle. Elle est assise sur sa chaise, panchée négligemment en arriere, avec un air très-mélancolique ; mais avec les traits de la beauté & de la délicatesse ; ses jambes sont étendues en avant, ses mains croisées sur ses genoux, le pouce de la droite passé dans la gauche. Toute l'expression en est touchante ; on ne sçait si la mélancolie est son état habituel, ou si elle a quelque chagrin secret, ce que l'on peut croire c'est qu'elle avoit de l'humeur, & que ce fut la cause de sa mort violente : Suetone, *in Nerone* *c.* 35. l'indique assez clairement lorsqu'il parle de sa mort; *Ipsam quoque calcis occidit, quod se ex aurigatione sero conversum, gravida & ægra conviciis incesserat.* Elle compte trop dans cet instant, sur sa beauté & sur l'attachement de Neron, qui la fit périr brutalement d'un coup de pied. Au reste il la regreta toujours, & sa mémoire le porta à des extravagances que lui seul pouvoit
voit

voit imaginer pour soulager son chagrin (a).

17. *Villa Mathei alla Navicella*, ainsi
appellée du nom du quartier où elle est,
dont on voit l'enseigne vis-à-vis la
porte ; c'est un petit vaisseau antique
de marbre, de huit à neuf pieds de long.
Sa situation sur la partie la plus élevée
du mont Celius, est cause sans doute
de la salubrité de l'air que l'on y respire ; le jardin est planté de façon qu'il
paroît beaucoup plus vaste qu'il n'est,
par la maniere dont les allées sont dis-

*Villa Ma-
thei.*

(a) Voici ce que Dion Cassius nous apprend
(l. 72.). *Nero tanto ejus desiderio teneri cœpit,
ut puerum liberum, is Sporus nominabatur, ex-
secari jusserit, quod Sabinæ simillimus erat,
eoque in cæteris rebus pro uxore usus sit. Quin
etiam progrediente tempore eum in uxorem duxit, quanquam ipse nuptus Pythagoræ liberto,
dotemque ei per syngraphum constituit : quas
nuptias ipse populus Romanus publicè celebravit
unà cum cæteris gentibus...* Tacit. *An.* 15, rapporte le même fait : *Paucos post dies uni ex
illo contaminatorum genere, in modum solemnium
canjugiorum denupsit...* A quel point étoit alors
l'asservissement des peuples & leur bassesse, pour
applaudir publiquement à ces horreurs, qui devoient leur paroître nouvelles, & les célébrer par
des fêtes générales dans tout l'Empire?

Tome VI.   H

posées : il y en a une partie qui a la forme d'un théâtre antique, dans le fond duquel est un buste colossal inconnu, & que l'on dit d'Alexandre le grand : la tête a du menton jusqu'à la racine des cheveux six pieds de hauteur, & prise dans son entier elle doit en avoir huit ; ainsi toute la statue avoit soixante-quatre pieds de hauteur, & par conséquent la plus haute qui fût à Rome. Vis-à-vis ce buste est un obelisque antique formé de deux pieces, la partie supérieure est entierement couverte de caracteres hiéroglyfiques. Il n'y a point de maisons ni de jardins à Rome où il y ait une aussi grande collection d'urnes sépulchrales de toutes les formes & de toutes les grandeurs.

La maison qui est au milieu de ce jardin n'a d'autres ornemens que plusieurs statues anciennes & quelques modernes, qui semblent être placées là pour faire comparaison des unes avec les autres... un groupe d'Apollon qui attache le Satyre Marsias pour l'écorcher : ce sujet a été traité si souvent & de tant de manieres par les anciens, qu'il est difficile de le présenter d'une maniere nouvelle & piquante, toute l'attention de l'artiste, *Olivieri*, fculp-teur moderne, s'eft portée ici à caractérifer le Satyre, en quoi il paroît avoir bien réuffi. . . . . . un cheval de bronze antique de demi-grandeur ; il eft écorché, & il a les veines, les nerfs & les mufcles découverts, ce morceau eft parfait dans fon genre, & paroît avoir été fait pour fervir d'étude dans une école de vétérinaire. . . une ftatue de Vénus dont le corps, le bras gauche, la draperie qui la couvre, & les jambes font antiques, la tête & le bras droit qui font modernes ne répondent point au refte ; mais on ne peut rien voir de plus gracieux que la belle proportion & le contour de ce qui eft antique. . . une ftatue moderne de l'amitié, par *Olivieri* : elle eft repréfentée fous la figure d'une belle femme nue, qui tient fa main fur la poitrine qui eft ouverte, ce qui marque la fincérité. Ce fujet eft affez bien rendu, & l'ouverture à la poitrine, dont l'idée paroît révoltante n'a rien qui choque ; la candeur qui eft exprimée par tous les traits du vifage, explique cet emblême, & le rend intéreffant. . . . . .

H ij

Au bas on lit cette inscription :

Virginius, Urſinius, Ciriaco Mathæio ami-
citiæ monum...
Statuere illuſtrius me ipſa amicitia non potuit
M. D. C. V.

Un Silene ou ſuivant de Bacchus aſſis,
la tête enfoncée dans les épaules, &
fort rejettée en arriere ; il a la bouche
ouverte, le viſage bourſoufflé ; il paroît
prêt à étouffer de la trop grande quantité de vin qu'il a bue, & qui probablement eſt ſortie de l'outre à demi-
vuide, qui eſt à côté de lui, antique
grec, traité d'un goût capricieux, &
ſi vrai qu'on ne peut le regarder ſans
rire. Cette piece eſt dans ſon genre
l'une des plus rares qui ſoient à Rome,
& d'un excellent travail... une figure
de demi-grandeur, aſſiſe & couronnée
de fleurs avec un maſque antique ſur le
viſage, très-bien travaillée & intéreſſante, en ce qu'elle eſt caractériſtique
d'un uſage antique... Brutus & Porcia,
beau grouppe antique & bien conſervé ;
les figures de grandeur naturelle juſqu'à
la ceinture ; on y admire la généreuſe
réſolution de la fille de M. Caton, qui

pour conserver sa liberté entiere, ne sçachant comment terminer ses jours, se fit un poison d'une espece nouvelle, en avalant des charbons ardens : le statuaire ancien n'a pas imaginé de la représenter avec tous les traits d'une beauté tendre & délicate, comme quelques peintres modernes : Porcie est ici une beauté Romaine, fiere sans férocité, qui périt volontairement, indignée de l'iniquité des vainqueurs de son mari, le dernier des Romains : *quia ferrum non dabatur, ardentes ore carbones haurire non dubitasti, muliebri spiritu virilem patris exitum imitata. Sed nescio an hoc fortius ? Quod ille usitato, tu novo genere mortis absumptates...* Valer. Max. l. 4. c. 6. *de amore conjugali* (a)...

_____

(a) Je ne sçais si le Poëte s'est exprimé aussi heureusement sur ce même sujet, que l'Historien ; on en peut faire la comparaison.

Conjugis audisset fatum, cum Porcia Bruti,
Et substracta sibi quæreret arma dolor ;
Nondum scitis, ait, mortem non posse negari,
Credideram satis hoc vos docuisse patrem.
Dixit, & ardentes avido bibit ore favillas ;
I nunc, & Ferrum turba molesta nega.

Mart. Ep. 43. l. 1.

H iij

une tête antique de Cicéron, le nez, les levres & le menton font modernes, ainsi je ne sçais sur quoi on peut prétendre qu'elle est très-ressemblante à cet orateur illustre, à moins qu'on ne prenne le grand front découvert pour la seule piece caractéristique de la physionomie.....

Une petite statue équestre d'Adrien, morceau rare & surement unique : on le dit antique, il en a tous les caracteres, & il est singulier qu'il soit si bien conservé..... un Antinoüs entier qui dispute le prix de la beauté à celui du Belvedere, & qui a l'avantage d'être bien conservé..... deux très-grandes statues de Marc-Aurele, & de Faustine la jeune : celui-ci a une grace admirable dans toute la figure, & tant de beauté & de douceur, qu'on est porté à la plaindre plutôt qu'à la blâmer des excès auxquels elle se laissa aller. Il semble qu'on puisse faire dire à l'Empereur :

Placet tibi factum ? non si queam
Mutare ; nunc cùm nequeo, æquo animo fero.
Terent. in Adelph.

J'ai vu dans cette maison une table de porphyre verd, antique, que l'on dit uni-

que au monde , & un très-beau vase
de jaspe oriental , tant par la forme que
par le travail.

Ces maisons & ces jardins avoient
sans doute beaucoup d'éclat dans leur
nouveauté, mais à la longue les statues
exposées à l'air se gâtent, les plantations se dégradent, les maisons sont
négligées, & la plus grande partie ont
l'air misérable : les belles statues dont
elles sont peuplées, ressemblent à des
héros retenus par enchantement dans
une prison où ils sont déplacés.

Giardini Barberini, situés sur une
petite élévation fortifiée qui couvre le
Vatican du côté du *Transtevere* : c'est
à l'attaque de ce bastion que le Connétable de Bourbon fut tué. Neron a eu
dans cette même place un petit palais,
d'où il voyoit les courses & les combats
qui se faisoient dans le cirque de Caïus :
du côté du midi il y a quelques restes
de bains anciens qui n'ont pas été construits avec magnificence. Ce qu'il y a
actuellement à examiner dans les jardins
est leur situation ; les vues en sont étendues & riches. On découvre d'un côté
la place St Pierre, tout le Vatican &
la montagne qui est au-delà, de l'autre le cours du Tibre, & une très-grande

H iv

partie de la ville , & du côté du levant tout le Tranftevere. La plantation que l'on y a faite , y a très-bien réuffi , & elle eft arrofée de belles eaux. La maifon n'a rien de curieux.

Villa Pamphili. 18 Au-delà du Janicule, hors de la porte de St Pancrace , en fuivant la Strada Aurela , eft la *Villa Pamphili*, l'une des plus magnifiques , & la plus vafte de celles qui font aux environs de Rome ; elle a, dit-on, près de deux lieues de tour : on y trouve des promenades de toute efpece, en bofquets, en prairies entourées de grandes allées d'arbres, en plantations d'orangers & d'autres arbres de cette efpece belle & bien entretenue ; en jardins à fleurs , parterres & potagers. Les cédrats y réuffiffent très-bien : j'en ai vu fur les arbres de fort gros, & d'un parfum exquis. Le jardinier chargé de cette partie, me fit voir un fruit nouveau auquel il prétendoit avoir donné l'exiftence : il eft rond à côtes féparées, verd & jaune doré, quelquefois on y trouve des excrefcences & taches comme fur la bigarrade, la feuille reffemble à celle de l'oranger aigre , la fleur moins groffe que celle du citronnier , plus longue & légèrement marquée de rouge , & a l'odeur

du cédrat : l'écorce n'en est point
épaisse, le fruit à l'intérieur est formé par
une substance divisée en plusieurs loges
vésiculeuses & pleines de suc, dans laquelle on trouve des graines ou semen-
ces, comme dans les autres fruits de ce
genre; il a une singularité, c'est qu'une
loge n'a pas le goût de l'autre : le jardinier me fit un mystere sur l'origine
de ce fruit, qui est effectivement nouveau, & peu connu même à Rome,
& qui me paroît un mélange du cédrat,
& de cette petite orange que l'on appelle en Languedoc, *Amella Rosa* : je
ne pourrois pas dire lequel des deux est
enté sur l'autre, ni pourquoi ces fruits
qui sont verds en donnent un à côtes
distinguées.

Les fontaines y sont belles & abondantes ; il y en a de toutes les manieres, en cascades, en jets, en nappes,
dans les parties les plus éloignées de
la maison, elles coulent en liberté, &
forment un ruisseau qui arrose les pieces
de prairies.

Le théâtre d'eau qui est par derriere
la maison, est très-bien entendu & décoré de vases & de statues ; au fond
dans une grotte est un orgue hydraulique, dont je fais mention parce que

H v

c'est la mieux entretenue de toutes celles qui sont aux environs de Rome, & dans la ville où ces machines sont assez communes ; les airs de celle-ci sont justes & fort agreables, & se répétent en écho. Toute la machine est en cuivre & en plomb, & paroît encore solide.

La maison principale qui est située au centre & sur la partie la plus haute de la vigne, est un pavillon quarré, duquel s'éleve une tour de même forme, entourée d'une terrasse fort large : au-dessus de la tour est une seconde terrasse, d'où on a la vue la plus belle & la plus variée qui soit aux environs de Rome, & sur laquelle on seroit placé avantageusement pour faire des observations astronomiques, car elle domine sur presque tout le cercle de l'horizon.

Cette maison ne paroît pas avoir été construite à autre dessein que d'y faire une collection de statues & de tableaux. Les derniers Princes de la maison Pamphile, ont habité de préférence le Casino ou petite maison, qui est au pied de la belle & curieuse plantation d'orangers & de cédrats, dont les meubles sont simples, mais commodes, de bon goût, & faits depuis peu de tems ; tout y est en taffetas & en toiles peintes des Indes.

Il y a actuellement de tableaux, ils ont presque tous été transportés au palais Pamphile à Rome. Les statues en sont l'ornement le plus curieux. J'y ai remarqué un Philosophe cynique nud, il tient à la main gauche un pot plein de lapins, la mal-propreté de ses cheveux & de sa barbe, l'attitude où il est , son air dur & effronté, rendent d'une maniere très-expressive l'idée que l'on a de cette secte : l'ouvrage en est grec & très-beau... Marsias attaché à un arbre, figure grecque de demi-grandeur. . .

Publius Clodius en habit de femme pour entrer aux mysteres de la bonne Déesse (a) , statue très-rare ; il est re-

_____

(a) Les mysteres de la bonne Déesse se célé-broient par les femmes seules. C'étoient des especes d'orgies secrettes, dont il n'étoit pas permis aux hommes d'approcher, sous peine de la vie Ils avoient été institués à Rome, à l'hon-neur d'une nymphe Oudriade , femme du Roi Faunus. Lorsqu'un Préteur , un Consul , ou un Souverain Pontife, étoient autour pour les faire célebrer ; il falloit qu'il quittassent la mai-son avec tous leurs esclaves mâles ; les femmes

présenté dans l'état même où il fut surpris. Son aventure fit le plus grand éclat à Rome : *Publium Clodium , Appii filium te credo audiſſe , cum veſte mulieris*

---

en reſtoient ſeules les maîtreſſes , qui alors préparoient entr'elles tout ce qui étoit néceſſaire par la célébration du myſtere , qui ne ſe faiſoit que pendant la nuit ; & dans laquelle on employoit la muſique, le chant , la danſe , & d'autre jeux ſecrets, qu'il n'étoit pas permis de reveler... Plutarq. *in Cæſare.*

Femineæ loca clauſa deæ, fonteſque piandos
  Impune & nullis ſacra reteſta viris...

Proper. l. 4. Eleg. 10.

Mais l'aventure de Clodius, prouve que lorſque la licence eut ſuccédé à la régularité , on ne reſpecta plus rien ; & que les femmes même ſe ſervirent ſouvent de ce prétexte pour tromper leurs maris :

Exibit quam ſæpè, cave, ſeu viſere dicat
  Sacra, bonæ, maribus non adeunda , deæ.

Tib. el. 6. l. 1.

Ou comme le dit Ovide, il n'étoit pas permis aux hommes d'y entrer , à moins que la Déeſſe elle-même ne les y appella...

Cùm fuget à templis, oculos bona diva, virorum
  Præterquam ſi quos, illa venire, jubet...

De Art. l. 3.

deprehenfum, domi C. Cæfaris, cùm fa-
crificium pro populo fieret, cùmque per-
manus ferviliæ, fervatum & educatum,
rem effe infigni infamiâ. La chofe
même parut fi grave, qu'elle fut dé-
férée au Sénat : *Mentionem à Q. Cor-*
nificio in Senatu faɛtam. Cicero, *ad At-*
ticum.

Il n'étoit permis qu'aux femmes d'entrer à ces myfteres ; auffi furent-ils regardés comme profanés par cette eu-
treprife, contre laquelle Ciceron dé-
clama beaucoup, & en public & en particulier ; & qui fut caufe que Céfar ré-
pudia fa femme Pompeïa, fille du grand
Pompée, dont Clodius étoit amoureux.
Quoiqu'il ne fût pas fort fcrupuleux,
il prétendit que, *Cæfaris uxorem, non*

Indépendamment de l'ufage où l'on étoit de
célébrer ces myfteres dans les maifons particulieres, les Romains lui avoient encore élevé
un temple fur l'Aventin...

Templa patres illic oculos Mofa viriles,
Leniter acclivi conftituere jugo.
                    Ovid. Faft. l. 5.

Il n'en fubfifte plus rien que la place où l'on
dit qu'il a été fitué.

modo peccato , sed peccati etiam suspi-
cióne vacare oportere. Ce Clodius, fameux par ses débauches , eut assez de
crédit pour contribuer autant qu'aucun
autre Romain à la perte de l'illustre
Ciceron , qu'il insulta plusieurs fois impunément *a*). Il faut croire que ce fut
moins par son autorité , que parce qu'il

_____

(*a*) Ciceron n'avoit parlé de ce Clodius, que
parce que son âge, les services qu'il avoit rendus , & le rang qu'il tenoit dans la République
l'autorisoient à dire son sentiment : cependant
cet homme perdu ne lui pardonna jamais, & ne
cessa de cabaler contre lui. Pendant le premier
exil de Ciceron, Clodius fit une consécration
dérisoire de la maison du Consul, à la liberté
publique : *Ubi signum meretricis pro libertatis
simulacro collocavit,* ce dont Ciceron se plaint
fort dans le discours qu'il adressa aux Pontifes,
pro domo sua. Il ne cherchoit à faire connoître cet ennemi opiniâtre , que pour lui enlever
l'espece de crédit dont il jouissoit , & qui étoit
odieux à tous les gens de bien. *Non pluris fe-
cerat,* dit-il ailleurs, *bonum Deum quàm tres
sorores quas constupraverat.* (Ep. ad Lest.)
Ces trois sœurs de Clodius, étoient Clodia,
mariée à Lucullus, Terentia à Martius Rex,
& la troisieme surnommée Quadrans à Metellus
Celer. Elle fut appellée *Quadrans,* par la même
raison à-peu-près qui a donné lieu au proverbe
François. A femme avare , galant escroc :
Quadrans cognominata est eo quod quidam ado-

ſçut flater à propos la poſſeſſion de
gens plus puiſſans que lui, & qui le ſervirent dans ſa vengeance, ne croyant
travailler que pour leurs intérêts. Le
goût de ces intrigues odieuſes n'eſt pas
perdu...

Fauſtina, Jules Céſar, Veſpaſien,
Tibere, Galba, Marius, beaux buſtes
antiques... un petit Morphée qui dort,
tenant trois têtes de pavôt dans la
main gauche, petit antique Grec très-
joli.... une ſtatue du Nil, couché ſur
une corne d'abondance; de demi-grandeur, en baſalte noir, & d'un travail
excellent & très-fini....

Une ſtatue en pied d'une Hermafro-
dite, antique très-curieux; les traits
du viſage ont l'agrément & la délica-
teſſe de ceux d'une jolie femme, la gorge
bien faite & très-marquée; & le ſexe le
plus apparent, eſt le maſculin... une

---

*leſcens, qui eam amabat, pro argenteis nummis
quadrantes æreos immiſit in loculum puellæ,
quæ, cum quadrantibus pro pretio concubitus
illuſa fuiſſet quadrantis meruit cognomen....*
Ces particularités ſont tirées d'une vie de Ciceron, publiée ſous le nom de Plutarque, & compoſée, à ce que l'on croit, par Leonard Aretin,
Secretaire de la République de Florence, mort
en 1444.

petite ſtatue d'environ trois pieds, repréſentant une *Præfica*, antique bien conſervé, & de la plus grande vérité d'expreſſion. Ces femmes tenoient un rang
diſtingué dans les convois funèbres,
on les louoit pour pleurer les morts,
& donner aux autres le ton ſur lequel
ils devoient ſe lamenter ; elles rele-
voient avec des grands éclats de voix,
les belles actions des défunts ; s'arra-
choient les cheveux, ſe déchiroient le
ſein, crioient ou hurloient, ſi l'on veut,
& faiſoient du bruit à proportion du
prix qu'elles recevoient.

> *Hæc quidem, Hercle, opinor, præfica eſt*
> *Nam mortuos collaudat.* . . . . .
>
> Nævius.

deux grands tombeaux ornés de bas
reliefs, de la conſervation la plus entiere, & d'un travail précieux, les figures ſont preſque tout-à-fait déta-
chées. Sur le premier, on voit la chaſſe
du ſanglier qui tua Méléagre, & ſur le
couvercle ſa pompe funèbre ; ſur le ſecond, Diane qui deſcend pour voir
Endimion.

> *Errat & ipſa olim qualis per Latmia ſaxa*
> *Endymioneos ſolita affectare ſopores.*

Cum face & Aftrigero diademate luna bicornis…
Aufon.

Antinoüs Bacchus, couronné de pampres, antique, bien reftauré, le corps
eft d'une délicateffe finguliere……
Jacob qui lutte avec l'Ange, de grandeur naturelle… deux grouppes d'enfans qui fe battent, chacun de trois…
les buftes de Panfilio, Panfili, frere
d'Innocent X, & de Dona Olimpia
Maldachini fa femme, qui établit foli-
dement la fortune de cette maifon, en
fe rendant la maîtreffe de l'adminiftra-
tion des revenus de la chambre Apoftolique pendant le regne de fon beau-
frere… le bufte d'Innocent X, en porphyre avec la tête & les ornemens de
bronze ; tous ces ouvrages font de l'Algardi, & le difputent en beauté à tout
ce que le cifeau des meilleurs Artiftes
de l'antiquité a produit.

Parmi les tableaux, un St Jerôme de
l'*Efpagnolet*, d'un pinceau vigoureux,
& d'une expreffion fiere… une grande
Vénus du *Titien*, couchée, & qui fe
préfente de face, elle eft abfolument
nue, & d'une très grande beauté de coloris… Pfychée qui découvre l'Amour
qui dort, tableau charmant de *Guido*

Cagnaffi de Bologne : l'Amour eft de la taille d'un jeune homme de quinze ans, beau comme lui-même. On ne peut pas peindre deux figures plus gracieufes.... un triomphe de Bacchus, tableau ou deffein en clair obfcur, par Jules Romain ; l'une des plus belles chofes que j'aie vu de ce maître... un petit St Jean peint fur bois, que l'on dit du Schidone, & qui eft effectivement du plus beau ton de couleur.

Au-deffous de la Villa Pamphili, fur un côteau, entre le Celius & le Janicule, eft la *Vigne Feroni*, curieufe à caufe de fes belles plantations d'orangers, de citronniers & de cédrats, placées fur différentes terraffes, & entretenues avec grand foin ; je n'ai vu aucun jardin aux environs de Rome mieux foigné que celui-là. La maifon eft fimple, mais d'une propreté recherchée.

Villa Corfini.

Villa Corfini, dans une belle fituation fur le Janicule, l'entrée principale eft vis-à-vis la porte de *San Pancrazio* ou *Porta Aurelia*. Cette maifon bâtie probablement fous le pontificat de Clément XII, eft d'un très-bon goût d'architecture, le falon du haut, la grande galerie découverte qui l'entoure, & la terraffe dont il eft terminé, font de belle conftruction ; il n'y a point de jardin d'agrément, tout l'emplacement est utilement cultivé, & on n'a réservé de promenades que les allées bordées de paliffades de lauriers, qui féparent les différentes piéces de terres ou de vignes.

Villa Giraud, fituée dans ce même quartier, mérite d'être vue, à caufe de la maifon qui en eft le principal ornement : on peut la dire unique dans fon efpece, bâtie fur le modele d'un grand vaiffeau de guerre, dont elle repréfente fi parfaitement toutes les parties extérieures qu'il n'y manque que les voiles & les mâts, elle eft même pofée d'une maniere toute pittorefque fur un rocher feint par les pierres brutes, qui forment le rès-de-chauffée. On peut dire que c'eft le caprice fingulier d'un Artifte, qui n'a point eu d'imitateurs.

Bafile *Bricci*, peintre Romain, & fa fœur Plautille, en donnerent les plans & les firent exécuter pour l'Abbé Benedetti, Romain, qui avoit fervi utilement le Cardinal Mazarin à Rome.

La forme extérieure de cette maifon n'empêche pas que la diftribution n'en foit fort agréable ; elle eft ornée des portraits de tous les Princes & Seigneurs de la Cour de France, & fur-

Villa Giraud.

tout des Dames galantes du tems où elle a été conſtruite : il y a encore beaucoup d'emblêmes, & de deviſes amuſantes, en différentes langues peintes ſur les boiſures & aux plafonds des galeries : en voici quelques-unes :

Un nemico è troppo, è cento amici non baſtano

Chi non fa' nienté, non dubita di nienté

Gran pazzia il viver povero, per morir ricco

'Buon' Ré deglé ſi altri, è Ré di ſe ſteſſo

Chi paga debito, fa capitalé........

Chi non s'avventura, non ha ventura.

Mais quelques beautés qu'ayent les maiſons de plaiſance ou vignes dont je viens de parler, il faut convenir que la *Villa Borgheſe* l'emporte ſur elles par la quantité de ſtatues antiques & de bas-reliefs du plus beau choix, dont elle eſt enrichie. Elle occupe tout l'eſpace qui eſt entre les portes *Pinciana* & *del Popolo*, en tirant de la ville au *Téverone* : ſon circuit eſt de trois milles ou d'une lieue de France ; ſes deux entrées ſont voiſines des deux portes auxquelles elle répond. On peut dire que cet endroit eſt délicieux par la beauté de ſes

Villa Borgheſe ou Pinciana.

plantations, de ſes bois, & de ſes eaux; il eſt peuplé de chevreuils, de daims, de liévres & de faiſans que l'on y voit en troupes, & par-tout l'utile y eſt mêlé à l'agréable, avec autant d'ordre que d'élégance. Cette promenade qui eſt à la porte de Rome, eſt très-fréquentée, ſur-tout le matin.

Le palais eſt placé à-peu-près au milieu de ce parc, dans la ſituation la plus élevée & la plus avantageuſe pour la vue qui, de tous les côtés, eſt agréable & variée : l'architecture n'a rien de beau ni de frapant, mais il eſt revêtu d'une multitude de bas-reliefs, de médaillons, de buſtes antiques, & de ſtatues plus curieuſes qu'elles ne ſont belles. On peut regarder ſon extérieur, comme un receuil ſçavant d'antiquités Egyptiennes, Grecques & Romaines, que l'on peut étudier avec fruit pour s'inſtruire du culte religieux, des cérémonies, & des principaux traits de l'hiſtoire de ces différens peuples.

Parmi les ornemens extérieurs, on remarque le Curtius à cheval, qui ſe précipite dans le gouffre qui s'étoit ouvert dans le Forum Romanum. Cet antique précieux eſt de plein relief, de grandeur naturelle, & placé un peu haut ; il doit être ainsi pour bien juger du travail de l'artiste. Le cheval est ramassé & semble faire effort pour s'élever du gouffre où il tombe. Curtius a la main gauche élevée & étendue, & on voit dans tous ses traits que l'effroi le saisit, & fait disparoître la satisfaction qu'il avoit eue d'abord de s'immortaliser en s'immolant pour sa patrie : l'homme qui périt force en quelque façon le héros à disparoître. Ce morceau est l'unique, il est bien conservé, & placé avantageusement pour être vu & dessiné.

Les Dieux n'eurent aucune part à son dévouement : c'étoit un jeune homme fort vif, déja connu par quelques exploits militaires, dévoré de l'amour de la patrie & du desir de se signaler pour elle : étonné comme les autres Romains de ce gouffre qui s'étoit ouvert au milieu de la place publique peut-être à la suite de quelque tremblement de terre, l'enthousiasme le saisit, il imagine que les Dieux demandent de lui quelque chose d'extraordinaire, & forme le projet de s'y précipiter, lorsqu'on étoit occupé des moyens de le remplir : *Tum M. Curtium juvenem bello egregium... templa Deorum immortalium quæ*

Foro imminent, Capitoliumque intuen-
tem, & manus nunc in cœlum, nunc in
patentes terræ haitus ad deos manes por-
rigentem, se devovisse : equo deinde,
quàm poterat, maximè ornato insiden-
tem, armatam se in specum immisisse.
Alors la multitude étonnée, hommes &
femmes, le combla de préfents de toute
efpece, de fleurs & de fruits, & fur-
tout s'empreffa de combler le gouffre,
croyant les Dieux appaifés par un facrifice folemnel. Il femble que Tite-
Live ait pris la plupart de fes idées
d'après cette ftatue, qui fans doute
exiftoit de fon tems. Il fait à ce fujet
une reflexion bien fenfée, & qui peut
fervir en bien d'autres occafions : *Cu-*
ra non deeffet, si qua ad verum via,
inquirentem ferret nunc famæ rerum ftan-
dum eft, ubi certam derogat vetu; as fi-
dem.... Tit. Liv. l. 7. c. 6. ad an.
R. 393.

De l'autre côté eft un très-beau bufte
de l'empereur Titus, dont il ne faut
pas perdre l'idée, pour le placer à côté
de celui de Berenice qui eft dans les
appartemens.

On a enlevé de ce palais tous les
tableaux qui y étoient pour les tranf-
porter à la ville ; mais on y a laiffé la

plus belle collection de statues antiques, parmi lesquelles il y en a quelques modernes qui sont dignes de se trouver en aussi bonne compagnie, beaucoup de colonnes de jaune & de verd antique, d'albatre, & de marbre précieux connu sous le nom de *Lumachella antiqua*. Plusieurs urnes de porphyre & d'albatre oriental, dont on dit que quelques-unes ont servi à renfermer les cendres des Empereurs, la grandeur & les formes en sont différentes. Dans les statues j'ai remarqué.

Le Faune qui tient un enfant qu'il caresse, c'est ainsi qu'on l'appelle ; mais il n'a ni les oreilles pointues, ni la petite queue qu'on donne ordinairement à ses semblables, ainsi je préférerois l'avis qui assure que c'est Saturne qui caresse Jupiter ; il a y une excellente copie en bronze de cette statue dans la Villa Medicis.

La Venus aphrodite (*a*) sortant de l'eau avec l'Amour qui soutient une draperie, bas-relief antique fort saillant,

---

(a) *Genitura spuma est, ideoque deam quæ rei venereæ præest Aphroditen nominarunt, vel quod è maris spuma sit nata.....* Cel. Rhod. l. 16. c. 15.

dont

dont la figure principale a environ vingt pouces de hauteur : je crois que c'eſt l'ouvrage grec le plus parfait qui exiſte à Rome, au moins je n'y ai rien vu qui m'ait fait autant de plaiſir. L'Amour rit d'un air malin, ſa mere le regarde avec des yeux où il y a autant de volupté que de tendreſſe, toute l'expreſſion en eſt admirable ; & le tableau eſt tel qu'il eſt ſorti des mains de l'artiſte, conſervé dans ſon entier.

Deux ſtatues des Camilles ou jeunes miniſtres des ſacrifices dont j'ai dejà parlé, la tête, les bras & les jambes ſont de bronze, le corps & les draperies de marbre. On trouve pluſieurs ſtatues antiques de cette maniere, qui ont bien réſiſté aux injures des tems & aux révolutions de Rome, parce que les parties les plus delicates & les plus fragiles, étant d'un métal ſolide, elles n'ont pu ſe briſer, ainſi qu'il eſt arrivé à pluſieurs autres chefs d'œuvre, dont il ne reſte que les torſes ou troncs.

Le Gladiateur qui ſaute en avant pour fraper ſon ennemi ; toute la figure eſt légère & agile : la rapidité & la force de mouvement avec leſquels il s'élance, paroît communiquer à ſes nerfs

& à ſes muſcles une ſorte de vibration
ſenſible, c'eſt autant à ſon adreſſe & à
ſa vivacité, qu'à la force qu'il deyra
la victoire. Il y a tant de vérité dans
cette ſtatue, qu'il ſemble qu'elle quit-
teroit ſon piédeſtal s'il y avoit un ennemi devant elle : ce morceau célèbre de
l'antiquité eſt l'ouvrage d'un ſtatuaire
grec, nommé Agaſias d'Epheſe, ainſi
que l'apprend l'inſcription gravée au
pied de la ſtatue, qui fut trouvée à
Antium, dans les jardins de Neron ſous
le pontificat de Paul V.

Un buſte de Veſpaſien, dont la tête
eſt antique & de porphyre. Malgré la
difficulté de travailler une pierre ſi dure, l'artiſte lui a donné une ſi belle expreſſion qu'il fait tableau : on y reconnoît ce Prince, qui, ſuivant Auſone :

Quærendi attentus, moderato commodus uſu,

    Auget, nec reprimit, Veſpaſianus opes:

Olim qui dubiam privato in tempore famam,

    Par aliis princeps, tranſtulit in melius.

On ſçait que ſa ſage économie & l'ordre qu'il mit dans les finances le fit
paſſer pour avare, ſur-tout venant après
des Princes diſſipateurs qui prodiguoient
le ſang de leurs ſujets, & les richeſſes
de l'état avec une fureur égale,

Berenice, buste antique, d'un beau travail; remarquable en ce que les cheveux de cette princesse ne sont ni nattés ni attachés, mais frisés à trois rangs de boucles placées perpendiculairement, dont les plus longues accompagnent le visage & tombent sur les épaules, dans le même goût que les femmes se coëffoient à la Cour de Louis XIV, dans le tems de la reine Marie-Thérèse d'Autriche. Ce buste peut donner une idée de cette Princesse que les Romains regardent comme un autre Cléopatre, qui dominoit sur Titus & l'Empire. Ses traits annoncent plutôt une femme tendre fort ambitieuse.

L'amour de Tite pour cette Princesse, son goût décidé pour le plaisir, quelques-autres préjugés mal-fondés sans doute, firent craindre aux Romains que ce Prince ne fût pour eux un Néron : *Præter sævitiam, suspecta in eo luxuria erat... Propterque insignem reginæ Berenicis amorem, cui etiam nuptias pollicitus erat.* Mais dès qu'il fut placé sur le trône des Empereurs; toutes ces craintes s'évanouirent : *At illi ea fama, pro bono cessit, conversaque est in maximas laudes, neque ullo vitio reperto, & contrà virtutibus summis...* Be-

renicem statim ab urbe dimisit, invitus, inviram... Sueton. *in Tit. c.* 7. Ce trait de fermeté, la réforme qu'il mit dans sa maison, dont il bannit tous ces gens inutiles, que le luxe de ses Prédécesseurs, & la corruption des mœurs y avoient introduits, étonnerent les Romains, qui, de la crainte, passerent à l'admiration. *Ille cum primis admirabili, qui sibi imperat, qui se habet in potestate, cùm facilius sit gentes barbaras vincere, quàm animum suum continere.* Son regne fut court, mais tranquille, & il fut vraiment l'amour & les délices de l'Univers :

> *Rapitur florentibus annis,*
> *Expers civilis sanguinis, orbis amor....*
> Auson.

Cette coëfure singuliere de Berenice, dont j'ai parlé plus haut, n'étoit point celle des dames Romaines : elle n'étoit en usage que parmi les femmes de Judée, qui d'ordinaire la formoient avec des cheveux postiches, ou des especes de perruques blondes, que l'on appelloit *Galerus.*

Diane chasseresse, statue antique, les pieds, les mains & la tête sont de bronze , la draperie eſt d'albâtre oriental agathiſé... une *Zingana* , ou diſeuſe de bonne aventure , traitée de même , ſa figure doit être brune , mais elle eſt charmante; on voit le feu ſortir de ſes yeux, avec la malice attachée à cet état, qui ne cherche que des dupes. Ces deux ſtatues de grandeur naturelle, ſont parfaitement bien conſervées.

Deux têtes coloſſales , l'une de Lucius Verus , l'autre de Pertinax : celleci fort rare... un Platon, traité dans le même goût que le Pertinax, & qui paroît être du même tems; les traits en ſont à remarquer, il a le front quarré , plus large que haut, le regard ſérieux & doux , tout annonce en lui une grande tranquillité d'ame , & la réflexion la plus profonde; & en même tems une ſi grande douceur de caractere, que l'on reconnoît que les abeilles qui voloient autour de lui pendant le ſommeil de ſon enfance , annonçoient ce qu'il devoit être un jour.

Pallas , buſte antique d'une grande beauté... Criſpine , femme de Commode , buſte dont tous les traits ſont gracieux , & le travail bien fini. C'eſt cette Criſpine qui avoit été d'abord réléguée à Caprée, & qui continuant dans

I iij

ses désordres, fut mise à mort par l'Empereur son mari : *Crispinam quoque iratus Commodus adulterii causâ occidit.* Dio. l. 72. Cette Crispine étoit fille de Marc-Aurele Antonin, & de Faustine la jeune. ... un autre très-grand buste de la même Crispine , d'un beau travail, quoique d'une expression moins fine que le précédent , mais remarquable par l'élégance de sa coëffure ; ses cheveux sont rangés & frisés aux faces dans le goût que les femmes se coëffent à présent ; les grands cheveux du derriere de la tête sont nattés & retroussés en rond. C'est la seule figure antique que j'aie vue, traitée dans ce goût.

Le buste du cardinal Scipion Borghese en marbre blanc , par le cavalier *Bernin*, d'une beauté de travail & d'expression qui égale ce que l'antique a de plus parfait. Ce célèbre Artiste n'avoit qu'environ dix-huit ans, lorsqu'il fit ce buste ; & le considerant quarante ans après , il le trouva si beau , qu'il dit avec chagrin, quels progrès ai-je fait pendant tant d'années de travail & d'application , si je maniois ainsi le marbre dans mon enfance ? *Oh, quanto poco profitto ho' fatto io nell' arte della scoltura, in un si longo corso d'anni , men-*

*rè io connosco, ché da fanciullo, maneggiava il marmo di questo modo... *Baldinucci, vita del Bernino.

Apollon & Daphné, du *Bernin*, grouppe excellent, égal à ce que l'antique & le moderne ont de plus parfait. Les deux figures font de grandeur naturelle. Daphné a l'air & la taille délicate de la Nymphe la plus charmante : elle est déployée avec la légereté que l'on imagine aisément devoir être dans une jeune personne qui court, & qui est encore dans l'attitude de fuir, les jambes étendues, ses bras élevés & avancés. Elle est moins saisie de son changement d'état, car la métamorphose commence encore, que de l'inquiétude qu'elle sent de ne pouvoir plus avancer, au moment même qu'Apollon la joint. Cependant l'écorce couvre déja une de ses jambes, & monte à la ceinture ; l'autre qui prend racine est tendue comme dans la course, Apollon dont la taille & l'air font constrate avec la Daphné, a la crainte & le désir peints sur le visage, sa bouche est entr'ouverte ; il avance le bras pour l'arrêter, & il semble le retirer, il n'ose, il l'aime trop pour lui déplaire ; il a toutes les graces avec lesquelles on peut représen-

I iv

ter un Dieu beau, jeune & bien fait (a).
Les branches de laurier qui croiſſent
autour de l'écorce, ſont belles comme
le naturel, & finies avec ſoin ; il ne
manque à la perfection de cette ſtatue,
que ce vernis, *Patina*, que le tems ſeul
peut lui donner ; elle eſt du plus beau
marbre blanc. Cet ouvrage eſt de la
premiere jeuneſſe de Bernin.

Le cardinal Maffeo Barberini, Pape
ſous le nom d'Urbain VIII, fit le diſti-
que ſuivant pour être gravé ſur le piédeſtal de ce groupe :

Quiſquis amans ſequitur, fugitivæ gaudia
formæ,

(a) Auſone a fait ſur cette fable deux Epi-
grammes, 100 & 101.

Pone arcum Pæan, celereſque reconde ſagittas,
Non te virgo fugit, ſed tua tela timet
Invide cur properas cortex operire Puellam,
Laurea debetur Phœbo, ſi virgo necatur.

On voit le ſens de la premiere : celui de la
ſeconde eſt plus embrouillé ; il eſt difficile de
conclure de-là, qu'Apollon, après une aventure
auſſi étonnante, cueilla tranquillement une
branche de ce même laurier qu'il avoit vu naître
& ſe former, de l'objet même de ſon amour, &
s'en couronna, ainſi qu'Ovide le raconte.

Fronde manus implet , Baccas feu , carpit amaras...

Belle moralité, mais peu fuivie, fur-tout dans le pays pour lequel elle a été compofée, où l'on dit que l'on craint moins qu'ailleurs l'amertume des fruits & l'inutilité des feuilles.

David, berger, du *Bernin*, il tient la fronde, où il ajufte le caillou qu'il eft prêt à lancer contre le front de Goliath. Il regarde de côté & de bas en haut fon objet, avec une fi grande attention, que tous les mufcles de fon vifage font en contraction. Son corps eft panché & porte tout fur la jambe droite, afin de fe donner plus de facilité & de force pour tirer jufte. Cette ftatue eft extrémement légere, elle peut foutenir juf-qu'à un certain point, la comparaifon avec le Gladiateur dont j'ai parlé plus haut.

Enée, qui porte fur fes épaules fon pere Anchife, tenant dans fes mains les Dieux Penates, & le petit Iules qui le fuit à pied :

Tu genitor cape facra manu, patriofque Penates.
. . . . . . Dextræ fe parvus Iulus

I v

Implicuit , fequiturque patrem non paſſibus
æquis.
Ponè ſubit conjux. . . . .
Virg. Eneid. 2. . . . .

Le grouppe eſt beau, le corps eſt celui
d'un vieillard affaiſſé ſous le poids des
années, mais la tête eſt d'un âge tout
différent. Enée eſt trop droit, & marche trop aiſément pour porter un fardeau ſi lourd; on reconnoît à ſes traits
ſon caractère pieux & craintif. Aſcagne
eſt ſi petit, que l'on a peine à croire
qu'il puiſſe les ſuivre ; comme Créuſe,
ne paroît pas ſans doute qu'elle étoit
déja perdue. On dit ce grouppe du
Bernin, j'ai peine à le croire, quoique
le marbre ſoit travaillé avec le plus
grand ſoin , & que le deſſein ſoit dans
ſa maniere. . . une très-belle tête antique d'Auguſte , ſur un buſte moderne. . .
une grande ſtatue de Junon, dont la
draperie eſt de porphyre, & d'un travail excellent : c'étoit une idole du premier rang.

Le Seneque dans le bain ſtatue de
marbre de parangon abſolument noir.
Ce morceau antique & parfaitement
conſervé eſt d'une vérité effrayante ;

le malheureux philosophe dejà affoibli par la perte de son sang, placé entre la vie qu'il est forcé de quitter, & la mort qui s'approche à pas trop lents, & dont il vouloit accélerer le moment en prenant du poison : *Statium Annæum diu sibi amicitiæ fide & arte medicinæ probatum, orat provisum pridem venenum, quo damnati publico Atheniensium judicio exstinguerentur, prometet ; allatumque hausit frustra, frigidis jam artubus, & clauso corpore adversùs vim veneni :* C'est là l'instant où il est représenté, à peine peut-il se soutenir sur ses jambes à demi-pliées, ses cheveux sont négligés ; il a l'air farouche & égaré, ce qui peut être occasionné autant par l'horreur de son état, que par l'effet du poison qui n'agit qu'à demi ; les yeux qui sont d'albâtre blanc, placés au milieu de cette masse absolument noire, contribuent encore à lui donner le regard plus effrayant, à rendre le sort du malheureux Philosophe plus horrible, & le Tyran dont il est la victime plus détestable : le corps entier est travaillé avec le plus grand soin, c'est celui d'un vieillard extenué, dont on voit les nerfs & les veines sous la peau : c'est dans cet état qu'il entre dans un bain d'eau chaude : *Poſtremo ſtagnum calidæ aquæ introiit*, & alors la gloire de la philoſophie, le vain étalage d'une fermeté dont il avoit paru juſqu'alors fort éloigné, peut-être la vanité de ſe montrer auſſi grand que Socrate & auſſi tranquille dans ces derniers inſtans, ſemble ranimer ſes forces : *Reſpergens proximos ſervorum addita voce, libare ſe liquorem illum Jovi liberatori. . . exin Balneo illatus & vapore ejus exanimatus ſine ullo funeris ſolemni c ematur.* Tacit. An. 14. Ainſi mourut ce grand homme, que ſa réputation & ſes vertus ſembloient rendre digne du thrône aux yeux des Romains les plus raiſonnables. Las des perfidies de Tibere, des folies de Caligula, de l'imbécille capacité de Claude, & de la cruauté monſtrueuſe de Neron (a).

(a) Seneque fut mis à mort ſous prétexte qu'il avoit été complice de la conſpiration tramée par Piſon : l'idée des principaux Conſpirateurs, étoit qu'après la mort de Neron, on devoit auſſi ſe défaire de Piſon, ſur la vertu duquel on ne pouvoit pas aſſez compter, pour croire que la puiſſance abſolue ne le corromproit point ; Seneque leur paroiſſoit le ſeul, qui, après une ſi longue ſuite de malheurs, pût rétablir l'honneur de l'Empire, & celui du nom

une *Louve* antique de marbre rouge d'E-
gypte, elle eſt de grandeur naturelle ;
les deux enfans qu'elle alaite ſont trop
petits... pluſieurs *Faunes* antiques avec
des inſtrumens de muſique champêtre...
le *Centaure Chiron*, & un *Apollon* de
bronze ; le travail en eſt fini & très-
précieux... *Venus Marina*, ou Venus
courbée, tenant une coquille à la main ;
cet antique grec d'une entiere conſervation, & d'un travail précieux, eſt d'une
beauté qui ſemble parfaite ; je citerai
ici une épigramme d'Auſone, qui prouve que les vraies beautés que l'on admire dans la plupart des ſtatues antiques
& modernes, ſont plus dans l'idée que
ſe forment les bons artiſtes de la beauté
que dans la nature même, dont cependant elles ne s'écartent point, mais
qu'elles repréſentent dans toute ſa perfection. Le Poëte parle de la Venus de

---

Romain ; & ils eſperoient que les ſuffrages libres du Sénat & du peuple, concouroient à
placer ſur le trône la philoſophie & la vertu ;
c'eſt à ce projet que Juvenal fait alluſion, lorſqu'il dit :

Libera ſi dentur populo ſuffragia, quis tam
Perditus, ut dubitet Senecam præferre Neroni

Praxitele qui étoit dans le Temple de Cnide :

Fera Venus, Cnideam, quum vidit Ciprida,
    dixit :
  Vidisti nudam, me puto, Praxitele:
Non vidi, nec fas : sed ferro opus omne polimus:
  Ferrum gravidi Martis in arbitrio.
Qualem igitur domino, scierant placuisse Ci-
  theren :
  Talem fecerunt ferrea cæla deam.

Ep. 66.

Voilà le secret des grands artistes que l'on ne peut leur dérober : j'en ai dejà parlé ailleurs avec plus de détail.

La fameuse *Hermaphrodite*, statue rare & d'une entiere conservation, la plus belle de ce genre qui existe, & celle dont il paroît que l'on fait le plus de cas, car elle est enfermée dans un grand coffre de noyer, que l'on n'ouvre qu'en faveur des curieux. Elle est de grandeur naturelle, couchée sur un matelas, tournée de façon qu'elle montre le dos & les fesses qui sont celles d'une femme parfaitement bien faite ; elle a la gorge belle & bien formée, les mains & les jambes sont de la plus grande beauté, le visage est celui d'une jeune

perfonne délicate, mais qui a quelque
chofe de mâle. Les parties génitales
de l'homme font très-bien formées, &
au-deffus de la puberté ; au-deffous font
celles d'une femme, moins apparentes.
Le cavalier Bernin a fait le matelas de
marbre d'Egypte, & la ftatue y eft fi
heureufement placée, qu'elle femble y
avoir toujours été. Elle fut trouvée entiere lorfqu'on bâtiffoit l'Eglife de Notre-Dame de la Victoire. Le cardinal
Scipion Borghefe la demanda à condition de faire bâtir le portail de l'Eglife
à fes frais.

Que l'on juge par là du prix immenfe
de ces ftatues, & qui n'a pas diminué à
Rome ; & quelle doit être la fomme
totale des richeffes de ce genre que renferme une feule maifon telle que la *Villa
Borghefe*, où tout eft du plus beau
choix ? (*a*)

(*a*) Outre les ftatues dont j'ai parlé, il y a
dans ce Palais plufieurs idoles Egyptiennes,
dont la plus curieufe, eft celle du Dieu Aeluros,
ou du Dieu Chat. Cette figure finguliere, eft
d'un marbre d'Afrique de différentes couleurs,
qui repréfente affez bien la peau du Dieu :
elle a le corps d'une femme nue jufqu'à la ceinture, la gorge abfolument découverte & très-

Le palais a été bâti & le parc planté par les soins du cardinal Scipion Borghese sous le regne de Paul V son oncle : la tradition de Rome est qu'il en couta peu à ce Pape & à sa famille pour faire cet établissement somptueux & riche. Un malheureux pere de l'ancienne maison de *Cenci*, que l'on croit avoir été une branche de celle de *Frangipani*, devenu amoureux de sa fille, au point de ne pouvoir plus résister à sa passion, voulut lui faire violence. Sa femme & sa fille outrées de cette abomination, s'en vengerent en précipitant cet homme forcéné du haut de sa

---

formée, la tête de chat, avec cette espece de coëffure lissée que l'on voit aux autres idoles Egyptiennes, le modium sur la tête, & une flamme qui s'éleve du front ; cette divinité étoit regardée par les Egyptiens comme la gardienne du feu, & les Chattes faisoient chez eux l'office des Vestales, quand après leur premiere portée, on leur avoit fait une opération qui les astreignoit à une continence perpétuelle ; le reste de la figure est enveloppée d'une espece de draperie à l'Egyptienne, roide & sans plis ; elle tient à la main, le *fallus* ou *tau* d'Osiris, qui est la même marque que portent les Antonins sur leurs habits & leurs manteaux. On peut voir dans le livre II, d'Hérodote, toute l'histoire du Dieu Aeluros ou Chat.

maiſon en bas , il mourut ſur le champ.
Ses fils avoient eu part au deſſein de
leur mere & de leur ſœur. Le crime de
toute la famille devint public ; les uns
prirent la fuite & furent proſcrits , &
n'ont pas reparu ; ceux qui furent ar-
rê.és périrent dans les ſupplices , &
tous leurs biens furent confiſqués au
profit de la maiſon Borgheſe.

20. *Villa Albani* , ſituée hors de la
porte *Salara*. C'eſt la derniere bâtie de
toutes celles qui ſont aux environs de
Rome, d'un goût & d'une magnificence
qui les ſurpaſſe toutes, où les beautés
modernes ſe trouvent réunies avec les
richeſſes de l'antiquité : en 1762 on
travailloit encore à la décoration intérieure de la maiſon , & les jardins
étoient à peine commencés; mais quand
toutes ces parties feront achevées, le
ſéjour en ſera délicieux. La grande galerie ouverte qui regne le long du bâtiment , eſt ſoutenue par de belles colonnes de marbre antique & de granite
oriental du plus beau poli, & ornée de
ſtatues & de bas-reliefs : elle a de chaque côté pour perſpective deux petits
temples ou autels antiques, dans l'un
deſquels eſt la ſtatue de Rome triomphante. Le ſalon d'en haut qui eſt la

Villa Albani.

piece principale de la maifon, a un plafond peint par Meinss, peintre Saxon.
Il a pour le sujet Apollon sur le Parnaffe au milieu des Mufes, ce grand
morceau, pour le deffein, la fageffe
de la compofition, & la beauté du coloris feroit honneur aux meilleurs éleves de Raphaël. Plus on l'examine,
plus on reconnoît combien Meinss a
etudié avec profit, l'antique & les ouvrages de Raphaël qui fubfiftent à Rome ; ce tableau eft à préfent d'autant
plus agréable que toutes les figures
principales font des portraits connus.
Ce falon eft orné de bas-reliefs antiques de la plus grande perfection, les
pilaftres qui féparent les fenêtres font
revêtus de mofaïques modernes, & de
camées de la premiere grandeur. Sur
la cheminée d'une chambre voifine on
voit un Antinoüs couronné de fleurs,
qui tient une guirlande à la main, bas-
relief de grandeur naturelle, entièrement confervé, & vraiment de la plus
grande beauté... dans un autre cabinet
plufieurs petites idoles de bronze, deux
Diogenes qui demandent l'aumône dans
des attitudes différentes : ces petites
ftatues font d'artiftes Grecs, du plus
beau choix & fur-tout d'un fini qui

étonne, en ce qu'il laisse voir tout le
soin & l'adresse de l'artiste, sans rien
ôter aux graces & à l'expression de la
figure. Le très-grand vase antique de
porphyre, au fond duquel est une tête
de Meduse, & qui a servi de bassin à
quelque fontaine, est un des morceaux
les plus précieux qui existent dans ce
genre : en général tout est dans cette
maison du meilleur goût, & de la plus
grande propreté : je l'ai vue souvent &
toujours avec un nouveau plaisir, sur-
tout quand M. le cardinal Alexandre
Albani à qui elle appartenoit s'y ren-
controit ; on connoît la vivacité de
son esprit, & ses agrémens ; il se plai-
soit lui-même à faire remarquer la beauté des ornemens principaux de sa maison, non avec l'amour prevenu d'un
propriétaire, mais avec le goût d'un
vrai connoisseur, qui n'avoit rien admis
dans cette collection précieuse, qui n'en
fût digne.

Au fond du jardin vis-à-vis de la
maison, est un xiste ou galerie dans le
goût antique, ouverte en demi-cercle,
& ornée de statues, d'urnes, d'idoles
Egyptiennes, la plupart en basalte ;
on peut y remarquer la différence qui
se trouve entre les idoles taillées en

Egypte ; & celles travaillées à Rome,
après que l'on y eut élevé des temples
à Isis , Osiris & autres Dieux Egyptiens. Les premieres sont tout-à-fait
brutes & dans la forme des Momies,
les jambes jointes , les bras attachés
au corps, aucun trait n'est formé: elles
ne sont recommend bles que par leur
antiquité, & la peine qu'ont eue les
Romains de les apporter de si loin ; les
animaux Egyptiens tels que les sphinx
& les lions ne sont pas fabriqués avec
plus de soin, & les peuples, à en juger
par les monumens , n'avoient aucun
goût pour les arts. La matiere qu'ils y
employoient étoit le basalte noir, une
espece de marbre rouge obscur & quelquefois le granite : les Romains ont
suivi la forme des idoles antiques égyp-
tiennes, pour en fabriquer de nouvelles, mais ils leur ont donné plus d'expression ; les visages sont formés, les
mains & les pieds sont travaillés avec
soin, quelques-uns même de bon goût :
c'est d'après ces idoles que les peintres
ont représenté les figures vraiment
Egyptiennes, avec les cheveux tressés
qui forment cette coëffure singuliere
qui laisse les côtés de la tête & les
oreilles tout-à-fait à découvert. Ces

idoles font des mêmes matieres que les anciennes, auxquelles on a donné le poli éclatant dont leur dureté les rend fufceptibles. Ces idoles peuvent paffer pour modernes, en comparaifon des premieres, qui font brutes & de la plus haute antiquité.

La grande galerie de la Villa Albani, les deux autres qui font jointes par les côtés au corps du bâtiment principal : le xifte ou colonnade qui eft au fond du jardin ; les petits temples dont j'ai parlé, peuvent donner une idée de la maniere dont les Romains bâtiffoient à la campagne : on peut comparer cette maifon, à la defcription que Pline le jeune donne de fon *Laurentinum* (l. 11. ep. 17. On ne peut pas douter qu'ils n'euffent le goût des portiques, des colonnades, & des galeries, la quantité innombrable de colonnes antiques qui font encore aujourd'hui l'un des plus beaux ornemens des Eglifes & des palais de Rome en font la preuve. On voit encore que la plus grande partie ont été apportées d'Egypte en Italie. Il en coûtoit peu pour le tranfport ; on formoit de grands radeaux fur le Nil, au moyen defquels on les embarquoit ; & les mots feuls

Senatus populusque Romanus, ou dans
la suite l'ordre de l'Empereur affiché
sur le convoi, les mettoient en sureté.
On les amenoit de port en port, & les
magistrats de chaque endroit où elles
arrivoient, étoient obligés de les faire
transporter à leurs frais jusqu'au port
le plus voisin, & ainsi de proche en
proche jusqu'au Tibre, par lequel elles
remontoient jusqu'à Rome, au port de
Ripagrandé, dans les environs duquel
on a trouvé en fouillant quantité de
marbres d'Egypte, d'Afrique, de Sicile, & d'autres endroits, qui avoient
été abandonnés, lors de la chute de
l'Empire.

On trouvera peut-être que je suis
entré dans un détail bien prolixe sur les
statues & les tableaux de Rome. Mais
si dans les plus beaux tems de cette
ville, on a regardé ces ornemens comme une seconde population fixée & im-
mobile dans son enceinte, digne de tous
les soins des Romains & de l'admiration des étrangers ; en doit-on penser
à présent moins avantageusement ?
D'ailleurs j'ai fait en sorte de rendre
ce détail intéressant, en ne m'attachant
qu'aux ouvrages les plus distingués, à
ceux qui tiennent à l'histoire de cette

ville si célebre , qui en font partie, & qui appartiennent également à l'histoire des belles lettres & des arts.

Je n'ai rien dit de la collection immense qui est au palais Giustiniani , quoique je l'aye vue avec étonnement: elle est composée de près de quinze cents statues ou bas-reliefs antiques desquels on a donné une description en deux grands volumes in-folio , sous le titre de *Galleria Giustiniana*. Il y a dans ce palais une collection très-nombreuse de tableaux de l'école Romaine, fur-tout des éleves de Raphaël. J'ai compté dans une seule chambre vingt-fept tableaux de Vierge , qui paroissent toutes de ce tems, & dans la maniere même de Raphaël pour le coloris, le dessein , & l'expression. On peut dire que les tableaux sont entassés dans les appartemens, comme les statues dans la galerie. Mais le goût des Princes & Barons Romains, est d'en rassembler autant qu'ils peuvent , de se faire une sorte de mérite par cette richesse de convention, de la substituer à leurs descendans qui n'en jouiront pas plus qu'eux. Le seul de ces Princes qui s'en occupe, qui en jouisse , & qui en prenne réellement soin, est le cardinal Alexandre Albani,

Cette espece de luxe a été de tout tems dans le goût des Romains. Tibere le leur reprocha en plein Sénat: *Villarum infinita spatia.. æris Tabularumque infinita miracula* Tacit. an. 3. Les gouvernement changent, les siécles se succédent ; & toujours dans les mêmes pays, on trouve quelque ressemblance entre les coutumes anciennes, & les usages modernes.

Aqueducs & Fontaines à Rome.

Aqueducs &
Fontaines à
Rome.

21. LEs Aqueducs qui apportent à Rome les eaux des lacs & des sources les plus éloignées, l'abondance de ces eaux, la continuité de leurs cours, toujours égale : la décoration variée & souvent magnifique des Fontaines, sont l'ornement le plus précieux & le plus utile de cette Ville, quoique la beauté des bassins, les statues & les obélisques dont elles sont ornées, ne puisse pas entrer en comparaison, avec celle des eaux & leur quantité.

Sixte V & Paul V, en réparant ce que les ravages des Barbares, & la négligence des siécles d'ignorance avoient laissé

laiſſé périr de ſes canaux, ſe ſont rendus vraiment dignes de l'immortalité,
ils ont procuré à la Ville un bien dont
elle jouit tous les jours ; ils ont égalé par
leurs travaux, ce que l'ancienne Rome
avoit de plus beau dans ce genre ; ce
qui lui donnoit alors un avantage dont
elle jouit encore à préſent, & que n'a-
voit aucune autre ville de l'Univers. Les
citoyens de Rome, grands admirateurs
de leurs antiques, regardent à peine
leurs fontaines ; l'habitude d'en jouir,
a diminué en eux le ſentiment d'admiration & de reconnoiſſance qu'ils de-
vroient conſerver pour ceux auxquels
ils ſont redevables de cette aiſance.
Les Etrangers ſont plus ſenſibles à cette
beauté réelle de leur ville ; & quoiqu'elle ſe préſente à chaque pas ſous
différentes formes & dans un goût varié de décoration, on ne peut s'empêcher de jetter avec ſatisfaction, les
yeux ſur cette induſtrie merveilleuſe,
qui a fait couler à Rome, non des fontaines, mais des rivieres conſidérables,
que la diſtance des lieux, & les obſta-
cles des montagnes, n'ont point empêché d'y conduire.

Pendant quatre ſiécles & demi, les
Romains n'eurent d'autres eaux que celle

Tome VI. K

du Tibre, des puits, & quelques sources qui couloient des collines qu'ils habitoient. Les fontaines dont l'eau étoit d'un usage salutaire, étoient pour eux des especes de divinités, qu'ils honoroient d'un culte religieux. Ainsi Numa qui venoit jouir d'un repos délicieux dans les bosquets qui environnoient la fontaine Egérie (*a*), & qui ne vouloit

---

(*a*) La fontaine de la Nymphe Egérie est hors de la porte St Sébastien, dans le quartier dit la *Caffarella*, à plus d'un mille de la ville. A l'endroit même où commençoit la forêt Aricienne qui avoit alors vingt milles d'étendue: *Lucus erat quem medium ex opaco specu fons pænni rigabat aqua, quo quia se persæpe Numa, sine arbitris, velut ad congressum deæ inferebat ; camœnis cum lucum sacravit, quod earum sibi consilia cum conjuge sua Egeria essent...* Tit. l. I. c. 21.

Cette fontaine est encore considérable par l'abondance de ses eaux & leur salubrité. La source est au fond d'une voûte très-antique, bâtie de bon goût avec trois niches de chaque côté, & des revêtissemens en stucs, dont il reste encore des vestiges ; au dessus de la source, est une statue mutilée de marbre, qui est celle d'une femme couchée, nue jusqu'à la ceinture, de la maniere dont on représente les Nymphes des fontaines : ce qui en reste est d'un très-bon travail, & postérieur au tems auquel la voûte a été construite ; à main gauche, en entrant, est

point être troublé dans la retraite où il
refléchissoit sur la nouvelle forme qu'il
prétendoit donner à son Etat naissant,
fit croire au peuple ignorant & supersti-
tieux, que dans les conférences secret-

---

une petite piéce quarrée avec une niche au fond:
il y en avoit autant vis-à-vis, mais cette partie
est cachée presqu'entierement sous un écoulement du terrein supérieur ; tout cela prouve
que l'on a rendu quelque culte à cette fontaine, dans des tems même postérieurs à Numa,
qui avoit ordonné que les Vestales prendroient
l'eau de leurs sacrifices dans cette fontaine.
Cette grotte ou voûte est bâtie en partie sous
la montagne même à laquelle elle est adossée ;
au-dessus étoit un petit temple antique consacré
aux Muses, compagne de la Nymphe Egérie.

Ægeria est quæ præbet aquas, Dea grata,
    Camænis,
Illa Numæ conjux, consiliumque fecit...
                Ovid. Fast. III.

Il ne reste plus que quelques colonnes cannelées de marbre blanc, avec des chapitaux Co-
rinthiens, dont quatre sont infixées dans le mur
à côté de la porte d'entrée. C'est aujourd'hui
une chapelle sous le vocable de St Urbain.

    Cet endroit si célebre dès le premier tems
de Rome, est tout-à-fait abandonné : le peuple
va en foule boire de cette eau le premier Di-
manche de Mai.

             K ij

tes qu'il avoit avec la Nymphe, pro-
tectrice de ces lieux, il apprenoit mille
secrets utiles qu'il venoit ensuite révê-
ler au peuple. Sous ce prétexte, il contentoit son goût pour la retraite, &
rendoit respectables ses loix, que l'on
regardoit comme émanées de la Divinité même, sans doute encore que les
eaux avoient quelque qualité, qui faci-
litoit l'accouchement des femmes : les
Matrones Romaines, dit Festus, sacri-
fioient pendant leur grossesse à la Déesse
Egérie, peut-être le nom de cette Nymphe leur donna-t-il certe idée, & elles
crurent en conséquence, *eam opitulari*
partui egerendo.

Appius Claudius fut le premier qui
amena de l'eau à Rome de sept à huit
milles, il la tira d'une source abondante
qui étoit sur le chemin de Preneste. Cette
entreprise utile rendit sa mémoire chère
aux Romains : *Memoriæ tamen felicioris*
ad posteros nomen Appii quod aquam in
Urbem duxit,... Ti. Liv. l. 9. c. 29. ad
An. 441.

Agrippa, pendant son édilité, rétablit les fontaines & les canaux commencés par ses prédécesseurs, & multiplia les eaux de Rome, au point que

chaque quartier, chaque place, chaque rue, chaque maison même eut une fontaine pour son usage. Il y fit venir la fameuse eau vierge, la plus pure & la plus salutaire de toutes, & fit bâtir ces Aqueducs aussi beaux que solides, qui subsistent encore en grande partie, & qui servent à leur premiere destination : *Aquam quæ virginalis vocabatur propriis sumptibus in Urbem adduxit ; Augustamque nominavit, quod ita gratum fuit Augusto, ut inopiâ aliquando vini existente, quum queritaretur populus, satis provisum esse diceret ab Agrippa ne quis eorum siti periret.* Dio. Cas. l. 54. La bonté de cette eau, fait que la populace de Rome, qui peut-être est plus sobre à présent qu'elle ne l'étoit du tems d'Auguste, dit hautement que l'eau de Trévi ou de la place d'Espagne, est préférable pour la santé, au vin commun qui croît dans les territoires voisins. On peut voir dans la maison *Rufalo*, derriere l'Eglise *S. Andrea delle Fratté*, une partie considérable d'un des arcs qui portoient l'eau Vierge à la fontaine de Trévi, du tems d'Agrippa, avec l'inscription qui y fut gravée, lorsque Claude en fit rétablir les canaux, & qui est

K iij

conſervée dans ſon entier (*a*).

On retrouve donc encore dans Rome moderne, toute la magnificence que Rome ancienne a pu avoir à cet égard, & les choſes y ſont à un point d'aiſance, de beauté, de décoration, d'intelligence dans la diſtribution & d'abondance, que l'on peut dire avec Strabon, & dans la plus exacte vérité : *Quaſi flum na per Urbem aquæ ductibus fluere, atque unamquamque domum prope modum habere fiſtulas & tubos quibus aquam derivet. L. 5. Georg.*

Et non-ſeulement les endroits de la ville les plus bas ſont arroſés de cette multitude de ſources ; mais les places les plus élevées, le ſommet même des montagnes, le Capitole, le Janicule, le Quirinal, le Mont-Pincio, ont autant de fontaine à leurs ſommités, & des eaux auſſi belles que la place Navonne, celle d'Eſpagne, & tout le reſte du champ de Mars : *Qui poſſit talia ſermonibus Idoneis explicare ? Claudiam per*

(*a*) *Tit. Claudius Druſi. F. Cæſar. Auguſtus Germanicus Pont. Max. Trib. poteſt. V. Imp. XI, P. P. Coſ. deſig. IV. Aquæ ductus, aquæ Virginis diſturbatas per C. Cæſarem à fundamentis novo fecit ac reſtituit.*

tantam faftigii molem fic ad Aventini ca-
put effe perductam , ut cùm ibi ex alto
lapfa ceciderit, cacumen illud excelfum ,
quafi imam vallem irrigare videatur.
Caffiod. l. 7.

Il n'y a plus de naumachies ni de
bains publics ; mais ces eaux qui coulent
toujours, & que l'on eft obligé de laiffer
dégorger dans le Tibre , par des canaux
fouterreins , & qui fervent à y entraîner toutes les immondices des Cloa-
ques, les entretiendroient fuffifamment,
& il en couteroit très-peu pour rétablir cet ancien ufage , fi on le jugeoit
à propos. Ainfi les Aqueducs & les
fontaines de Rome , ont encore la
magnificence & l'utilité que les Poëtes
ont célebrées , lorfque Rome confervoit la plupart des embelliffemens qui
y avoient été faits dans le fiécle d'Augufte.

Quid loquar aerio, pendentes, fornice rivos,
  Qua vix imbriferas, tolleret Iris aquas ?
Hos potiùs dicam creviffe in fidera montes
  Tale Gigantæum, Græcia laudat opus.
Intercepta tuis, clauduntur flumina, muris,
  Confumunt totos, celfa lavacra lacus.

Rutilius, l. 1. itin.

K iij

La solidité des Aqueducs modernes ne le céde en rien à ceux de l'antiquité; si le goût de construction a moins d'étalage extérieur, il est plus durable, plus à l'abri des tentatives d'une main ennemie. Tous ils sont construits des matériaux les plus solides, & on ne néglige rien pour les entretenir dans cet état de solidité: *Informis autem Romanis utrumque præcipuum est, ut fabrica sit mirabilis, & aquarum salubritas singularis: quod enim illic flumina quasis constructis montibus perducantur, naturales credas alveos, soliditates Saxorum...* Cassiod. *ubi sup.*

On a évité de tirer ces canaux en ligne droite, pour ralentir la rapidité du cours de l'eau, qui en auroit à la longue détérioré les parois intérieurs, par la force du frotement continuel: ils sont tortueux, & aux angles où ils doivent être plus solides que dans le cours direct, on a pratiqué des arcs plus épais, & formés des réservoirs plus grands, au moyen desquels se fait la subdivision des eaux par les quartiers qui en sont les plus voisins: c'est ce que l'on appelle arcs, châteaux d'eau, réservoirs. Anciennement on ne pouvoit en tirer que de l'agrément du Sénat & des

Empereurs, & on achetoit ce droit une somme, qui étoit employée à l'entretien des canaux, & au payement des ouvriers chargés de la conduite des eaux & de l'entretien des fontaines.

La quantité que chacun pouvoit en avoir dans sa maison ou dans les jardins, étoit réglée par l'importance de son état, sa dependance & la grandeur de sa maison. La distribution s'en faisoit par onces ou par pouces. La plus petite quantité étoit une demi-once, & la plus grande de quatre à six.

J'ai peine à croire que les eaux, même du tems d'Agrippa qui, pendant son édilité, fit des choses admirables dans ce genre, fussent divisées avec autant de commodité & d'aisance pour le peuple, qu'elles le font à présent : partout où je suis allé à Rome, j'ai vu des fontaines dans l'intérieur des maisons ; les jardins même les plus petits, ne sont pas privés de cet avantage, qui est multiplié à tous les coins de ceux qui sont plus vastes, & dont les fontaines sont l'ornement principal ; on en peut juger par toutes celles de la Villa Medicis, qui est dans le quartier le plus élevé de Rome. Ainsi toute la ville de Rome est traversée d'une multi-

K v

tude de canaux répandus dans les quartiers, & dont aucun ne paroît en dehors.

L'entretien de ces canaux est un objet
d'une trop grande importance pour qu'il
soit négligé. La plus petite altération
est réparée sur le champ. La congréga-
tion ou chambre souveraine des eaux,
composée de plusieurs cardinaux &
prélats, a des officiers subalternes,
dont l'emploi est de veiller continuellement à ce que rien ne manque dans
cette partie : il n'est pas douteux que
cet objet ne soit très dispendieux, &
je ne sçais sur quoi les fonds de cet
entretien, sont affectés ; car je n'ai pas
ouï dire qu'il y eût un impôt particulier
pour ce fait.

On a si bien saisi l'utilité & l'agrément de ces fontaines publiques, que
dans toutes les villes & bourgs de l'E-
tat Ecclésiastique, le long même des
chemins on en trouve que l'intérêt seul
de l'humanité & la charité pour les pè-
lerins font entretenir : les paysans mêmes ne négligent aucune des sources
d'eau vive qui se rencontrent dans leurs
champs ; ils leur forment des bassins,
& des canaux de conduite qui les portent ou sur le chemin, ou le plus près

qu'il eft poffible ; on n'y voit ni colonnes, ni marbre, ni ftatues ; mais leur
induftrie toute groffiere qu'elle eft n'en
eft pas moins utile.

Rien n'eft plus magnifique que la
grande fontaine que le pape Paul V fit
conftruire au haut du Janicule près de
St Pierre *in Montorio*. Elle eft décorée
d'un grand ordre de colonnes de granite, qui foutiennent une architrave élevée au milieu de laquelle eft cette infcription : *Paulus quintus pontifex Ma-*
ximus, aquam in agro Braccianenfi, fa-
luberrimis è fonti'us collectam, veteribus
aquæ Sabbatinæ ductibus reftitutis, novif-
que ad'itis XXXV. *in Milliario duxit.*
Au-deffus dans le couronnement font
les armes de ce Pape, & par-tout le
dragon Borghefe, piece principale de
fes armes. Entre les colonnes font
cinq grandes niches en enfoncement,
de trois defquelles fortent non des fontaines mais des rivieres : dans les niches de côté, les dragons en jettent en
affez grande quantité, pour qu'on puiffe
dire d'eux :

Effero dum vitreos effundunt, guttura fontes
Naturam perdens, Bellua nos fatiat....

Ennodius Ticin. ep. 19.

K v

Ces eaux se rassemblent d'abord dans un vaste bassin revêtu & pavé de marbre, & de là s'échappent par des canaux assez considérables pour mettre en mouvement des moulins, des forges, des papeteries, & d'autres usines construites sur le penchant du Janicule, & cachées en particulier sous terre. On peut imaginer une décoration plus magnifique, mais on ne verra nulle part d'aussi belles eaux & aussi abondantes, il faut voir la *fontanone* pour en juger. Ces eaux viennent du lac de *Bracciano* autrefois *lacus Sabbatinus*, qui est à trente-cinq milles de Rome. C'est de ces fontaines principales que l'eau se divise & passe d'une montagne à l'autre, où elle va former de nouvelles sources qui la distribuent dans tout le quartier qu'elles avoisinent. Ce réservoir principal a l'avantage d'être situé dans un quartier élevé d'où on a la vue de Rome, & d'une partie de la campagne. Derriere cette fontaine est le jardin de botanique établi par Alexandre VII, où se font les leçons & les démonstrations sur cette partie de la medecine, par un des professeurs du collége de la Sapience.

Le pape Sixte V, fit rétablir & con-

ſtruire de nouveau, pour la plus grande
partie, les aqueducs qui amenoient anciennement les eaux d'un lieu dit la Co-
lonna, à plus de vingt milles de Rome,
juſque ſur le mont Viminal. Elles abou-
tiſſent au grand *fontanone*, qui eſt ſur
cette montagne, & qui a pour ornement principal un Moyſe qui frappe le
rocher, d'où l'eau ſort par trois larges
ouvertures, & ſe répand dans un grand
baſſin décoré de lions, dont deux ſont
antiques de marbre noir d'Egypte. Cette
eau va de-là ſur le Quirinal, le Capitole, & une partie du mont Pincio. La
décoration, quoique d'un aſſez grand
goût d'architecture, n'a pas la nobleſſe
du *fontanone* de Paul V, qui donne à la
ville une quantité double d'eau : c'eſt
ce que l'on appelle à Rome l'*Aqua Felice* du nom de ce Pape.

Mais la meilleure eau de Rome, la
plus agréable à boire, eſt l'*Aqua Ver-
gine*, où l'eau vierge qui ſort à la belle
fontaine de *Trevi* & à celle de la place
d'Eſpagne, qu'Agrippa fit venir de huit
milles de Rome, & dont le baſſin principal etoit à la tête du Champ de Mars,
au pied du Quirinal, au même endroit
où il eſt encore. Caſſiodore dit qu'on
l'appella *eau vierge* à cauſe de ſa limpi-

dité toujours égale, & de fa falubrité :
Ideo fic appellata creditur, quod nullis
fordibus polluatur. Nam cum aliæ, plu-
viarum nimietate, terrenâ commixtione
violentur, hæc aerem perpectus ferenum,
puriffimè labens unda mentitur. (Frontin.
lib. de Aqued.) prétend que l'on donna le nom de *Vierge* à cette eau, parce
qu'une jeune payfanne en découvrit la
fource à des foldats romains fatigués
de la foif.

Les quartiers de Rome où coule cette
eau, paffent pour ceux où l'air eft le
meilleur ; ils font affez élevés, & éloi-
gnés du Tibre : mais il eft à croire que
la bonté de cette eau contribue beaucoup à cette falubrité ; j'en ai ufé pendant mon féjour à Rome, & toujours
je l'ai éprouvée auffi faine qu'agréable
à boire. Cette eau coule dans Rome par
deux aqueducs principaux, tous deux
anciens & conftruits dès le tems d'A-
grippa, auxquels vient fe réunir celui
qui traverfe la campagne dans un efpace de huit milles, & que le pape Pie V
fit réparer ; l'un coule par le pied du
mont Pincio à la place d'Efpagne ; l'autre fe pliant à gauche, vient aboutir à
la fontaine de Trevi, qui eft au bas du
Quirinal. On s'eft contenté pendant

long-tems de jouir de l'abondance de
cette eau, qui fortoit d'un rocher feint
par de gros quartiers de pierre entaffés,
à travers lefquels l'eau couloit dans un
grand baffin qui l'entouroit, fans y
ajouter aucun autre ornement. Le pape
Clement XII fit faire le deffein de la
décoration actuelle, par *Salvi*, architecte romain, & le fit exécuter en partie. Sur un foubaffement partie brut, partie d'ordre ruftique, s'élevent quatre
grandes colonnes Corinthiennes qui
portent un attique couronné d'une baluftrade, au milieu duquel eft cette infcription :

Clemens XII. Pont. Max. *Aquam Vir-
ginem, copia & falubritate commenda-
tam, cultu magnifico ornavit.* Anno Domini M. DCC. XXXV. Pontif. VI.

Entre les colonnes dans une large
niche, eft une ftatue du Dieu des mers,
pofée fur une grande conque tirée par
deux chevaux marins, gouvernés par
des Tritons. Dans les niches de côté
font les ftatues de l'Abondance & de la
Salubrité, & au-deffus deux bas-reliefs
qui ont pour fujet l'un Agrippa, faifant
conduire l'Eau vierge à Rome, & l'autre la jeune fille qui en indique la fource
aux foldats romains. Au-deffus de l'or-

dre sont quatre statues symboliques de l'abondance & de la fertilité des terres bien arrosées ; elles sont couronnées de fruits, d'épis, de pampres & de fleurs. L'eau sort du rocher & de la conque du Dieu des mers, d'une maniere tout-à-fait pittoresque. On regrette que cette magnifique fontaine soit située dans un carrefour très-resserré, elle auroit orné avantageusement une grande place a).

___

(a) Benoît XIV fit achever le plan commencé par son Prédécesseur, & fit graver au-dessus de la corniche qui est entre l'ordre & l'attique : *Perfecit Benedictus XIV Pont. Max.* & afin que la posterité n'ignorât pas les soins qu'il s'étoit donné pour perfectionner cet ouvrage ; on posa un marbre au-dessus de la porte du grand réservoir qui est à côté du rocher, sur lequel on lit :

Benedictus XIV, P. O. M. rivosaquæ Virginis, compluribus locis manantes, quique in usu esse desierant, in Urbem reduxit. Aquæductus vetustate collapsos restauravit. Fistulas, tubulos, castella, lacus, purgato fonte, restituta forma, ingenti liberalitate, in ampliorem formam redegit. Anno sal. M. D CC. XLIV. *Pont. IV.*

Tout lui paroissoit fait à ce sujet ; cependant en 1762, cette fontaine étoit couverte d'échafauds, sans doute pour y ajouter quelques nouveaux ouvrages, & mettre en conséquence le nom & les armes de Clément XIII à côté de celui de ses Prédecesseurs.

Ce sont les trois sources principales des eaux de Rome, qui sont subdivisées par une multitude innombrable de fontaines publiques & particulieres.

C'est avec raison que l'on regarde à Rome la décoration de la fontaine qui est au milieu de la place Navonne, comme un des plus beaux ouvrages de ce genre, qui existe : elle est formée par un grand rocher percé de quatre côtés, sur lequel sont placés dans des attitudes différentes, les statues des quatre plus grands Fleuves de l'univers. Le Danube en Europe de taille colossale, eu égard à la longueur de son cours, & à toutes les grandes rivieres navigables qui lui portent le tribut de leurs eaux ; le Gange en Asie qui tient une rame ; le Nil en Egypte qui a la tête couverte ; & la Plata en Amérique, figuré par un Indien couronné de plumes : un cheval, un lion, & quelques autres animaux plus grands que le naturel, sortent des antres ouverts dans ce rocher ; les fleuves versent de l'eau en abondance de leurs urnes, après avoir tourné au tour du bassin : elle paroît se précipiter dans les antres du rocher, sous lequel elle passe dans de nouveaux canaux, pour aller se montrer ailleurs fous une nouvelle forme : fur la pointe du rocher s'éleve un obelifque d'Egypte de plus de cinquante pieds de hauteur.

La maniere dont eft exécuté cet ornement eft vraiment noble, & traitée dans toute la perfection dont elle étoit fufceptible : elle répond à l'idée fublime qu'a dû avoir le Bernin, en donnant le deffein de cette fuperbe fontaine. J'ai dejà parlé des deux grandes fontaines de la place St Pierre. Celle de la place Barberin, du milieu de laquelle un Triton lance de l'eau de fa trompe à une très-grande hauteur... de la place d'Efpagne appellée la *Barcaccia,* de la forme de fon baffin qui repréfente une grande barque de mer fculptée en marbre... de la place Mathei dans laquelle quatre figures de bronze appuyées fur des dauphins, foutiennent un baffin de granite, duquel s'éleve une groffe gerbe d'eau, & quantité d'autres très-élégamment décorées ; ne laiffent rien à regretter de la magnificence de celles dont les hiftoriens Romains affurent qu'Agrippa avoit enrichi & orné la ville.

Il y a quelques fources d'eaux medicinales aux environs de Rome, peu connues, parce que les médecins de ce pays n'ont pas affez d'induftrie pour les mettre en réputation. A deux milles environ de la porte du Peuple entre le nord & le levant, on trouve la fource de l'*aqua acetofa*, recouverte d'un grand arc & décorée de quelques marbres que le pape Alexandre VII y a fait placer. Cette eau eft acidule & m'a paru très-légère ; malgré fon acide elle a quelque chofe de favoneux & de doux au goût, mais fur-tout au tact. Elle eft regardée à Rome comme un purgatif naturel & très-falutaire. Tous les ans à la fin du mois de Juillet, pendant le mois d'Août & au commencement de Septembre, il y a grand concours pour en boire : les gens de tout état fe rendent au foleil levant à cette fontaine, font remplir de flacons & boivent en fe promenant au foleil & à découvert, parce qu'il faut être en mouvement & avoir très-chaud pendant que les eaux paffent : on en boit jufqu'à ce qu'elles fortent du corps prefque auffi limpides qu'elles y entrent ; ainfi la dofe de ce purgatif, qui devient très-violent, n'eft point fixée. Il y a des jours où on voit jufqu'à cinq ou fix cent perfonnes en même tems, qui boivent ou qui cédent à l'effet de la purgation en plein air, & le long des prés qui avoisinent cette fontaine : comme chacun est dans le même cas, & obligé aux mêmes besoins, la pudeur & le décence n'empêchent personne de se satisfaire ; les femmes du peuple se dispersent autant qu'elles peuvent, autour des plantations de roseaux qui sont dans les environs : ceux qui ont des maisons de campagnes voisines, s'y tiennent, & y sont plus à leur aise. Il faut sur - tout éviter l'ombre, quelque chaleur que l'on éprouve, car si on prenoit le moindre frais pendant l'opération de ces eaux, on courroit risque d'être saisi de la fiévre que l'on regarde comme très - dangereuse , & souvent mortelle dans ces circonstances. La purgation affoiblit au point que les hommes les plus vigoureux se trouvent hors d'état de marcher après avoir bû la dose , & l'avoir rendue ; aussi il y a des voitures de toute espece que des personnes charitables payent pour reconduire ceux qui ne pourroient pas s'en procurer à leurs frais : on m'a assuré que cette eau n'étoit vraiment active que dans la saison des grandes chaleurs; j'en ai bu une fois en hyver, sans que je me sois aperçu d'aucun effet extraordinaire.

OBSERVATIONS

Sur Rome Antique, & quelques-
uns de ses monumens.

22. ON ne retrouve plus dans Rome actuelle aucuns vestiges de sa premiere fondation par Romulus, elle étoit alors de forme quarrée, & ne renfermoit que le mont Palatin & le Capitole. le centre de sa population devoit être dans le petit espace qu'occupe le *Campo Vaccino*, aujourd'hui tout-à-fait habité. Le fondateur de la monarchie la plus brillante n'eut pas alors des idées plus vastes. Son regne de trente-six ans & les petites conquêtes qu'il fit dans son voisinage, ne lui donnerent pas à prévoir que l'enceinte qu'il avoit tracée à sa ville nouvelle, ne dût pas suffire à loger tous ses habitans : les Rois ses successeurs, y joignirent successivement, les autres collines ou montagnes qui formerent ensemble l'ancien emplacement de Rome, & qui la firent appeller *Urbes Septicollis*. Ancus Marcius, força quelques Latins qu'il avoit

Rome Antique, Champ de Mars.

````
````

due à l'enceinte de la ville, que lorſque tout le ſyſtême de l'ancien gouvernement eut été perdu, que les Romains
n'en avoient plus que le nom, & que
leur puiſſance ſubſiſtoit plus par la ſolidité de ſa maſſe, & ſon ancienne réputation, que par ſes forces réelles. Les
monumens dont les ruines ſubſiſtent encore, & qui ne pouvoient être bâtis,
que hors de l'enceinte des villes, fixent
encore invariablement les bornes de
Rome triomphante.

Mais les fauxbourgs étoient ſi conſi-
derables & ſi étendus, que ſi on vouloit
juger de Rome par l'eſpace qu'ils occupoient, on ne le ſçauroit plus, ni où elle fi-
niſſoit ; la Voie Flaminienne, étoit gar-
nie d'habitations depuis l'éxtremité du
Champ de Mars, aujourdhui la porte
du Peuple (a) juſqu'a Otricoli, qui eſt à

(a) L'Obéliſque, qui avoit ſon couronnement & ſon piédeſtal a environ 110 pieds de
hauteur, les deux portiques d'Egliſe dans le
goût antique, la belle fontaine, & les trois
grandes rues que l'on voit dans preſque toute
leur longueur, forment en entrant par cette
porte qui eſt la plus fréquentée de toutes, une
décoration & une perſpective dont la nobleſſe
étonne, & annoncent la ville de la maniere la
plus avantageuſe ; il faut convenir que l'obéliſ-

quarante milles de Rome ; de l'autre co-
té, la population n'étoit point interrom-
pue de la Ville jufqu'au port d'Oftie ;
Neron, au rapport de Suetone, eut le
deffein de faire une enceinte de murs qui
enfermeroit toute la plaine qui étoit en-

---

que contribue beaucoup à donner cette idée ;
on voit les veftiges de quelques peintures à frefque qui ont été faites autrefois au tour de la
place du Peuple ; mais cet ornement n'a jamais
pu être que mefquin. Si on n'eût entouré cette
place d'un ordre d'architecture régulier, & en
même tems orné, on eût rendu l'entrée de Rome
vraiment magnifique. On peut encore exécuter
ce projet, & il femble qu'il foit de l'intérêt
des Romains de donner à leur ville tout l'éclat
qu'elle peut recevoir des beaux arts, pour lui
conferver par ce moyen la prééminence. Il en
couteroit moins que l'on ne penfe pour mettre
dans cette place & dans beaucoup d'autres, qui
n'ont ni régularité ni ornemens une partie de
ces magnifiques antiques que l'on conferve en
magafin, & former de nouvelles places à l'imitation de celles dont les Céfar, les Nerva & les
Trajan, avoient décoré l'intérieur de la ville, &
qui autant par le goût dont elles étoient conftruites que par les chefs-d'œuvres que l'on y
avoit reffemblés, en faifoient les ornemens les
plus précieux ; on a le plus beau modele dans
la place St. Pierre, & fans entreprendre rien
d'auffi difpendieux, on pourroit faire encore
de très-belles chofes.

tre

tre Rome & Oftie, projet qu'il n'éxe-
cuta point ; c'eft dans cet efpace que l'on
trouvoit les millions d'habitants, dont
les Commentateurs modernes ont encore exageré le nombre ; au refte l'infpec-
tion du pays, ne donne pas même lieu
de conjecturer la vérité de ce que les Hiftoriens panégiriftes de Rome ont écrit
à ce fujet.

Le champ de Mars où eft aujourd'hui
la grande population de Rome, & qui
s'étendoit du pied du quirinal & du capitole, entre le mont *Pincio* & le Tibre,
jufqu'à la porte du peuple, étoit uniquement deftiné aux affemblées du peuple,
& à plufieurs monumens de la magnificence Romaine dont quelques uns fubfiftent encore, ou dans leur entier, ou
dans un état à fe faire remarquer ; on y
voyoit des temples, des galeries ou
lieux d'affemblées, des cirques, des
théâtres. C'eft-là qu'étoit le *Circus Ago-
nifticus*, aujourd'hui la place Navonne.
Le panteon d'Agrippa, le tombeau
d'Augufte, quelques bains publics ; le
fameux Obélifque qui fervoit de méri-
dien, dont j'ai déja parlé, & dont les
débris, font à-peu-près dans l'endroit où
il étoit élevé. La *Via Flaminia* qui alloit aboutir à la porte de ce nom, fi-

tuée entre le Capitole & le Quirinal,
décoré dans toute sa longueur, qui étoit
la même que celle de la rue du Cours,
de deux rangs de statues & quelques arcs
de triomphe qui sont absolument détruits. La colonne Antonine, & la Basilique ou temple dédié à Marc-Aurele,
Antonin étoient dans l'endroit qu'occupe aujourd'hui la place Colonne. Pos-
térieurement Trajan fit orner, au pied
même du Quirinal, près la porte *Fla-*
minia, la magnifique place appellée de
son nom, *Forum Trajani*, qui fut le monument le plus riche & le plus superbe
qu'ait jamais fait exécuter la magnificence Romaine, & dont il ne reste
plus que la belle colonne Trajane, qui
a résisté aux efforts même que la barbarie fit pour la détruire.

Toute cette partie de Rome qui n'é-
toit destinée qu'aux assemblées & aux
promenades du peuple, & qui n'avoit
d'autres édifices que ceux qui pouvoient
la décorer, est aujourd'hui la seule qui
soit véritablement peuplée ; car excepté
les environs du Capitole, quelques parties du Quirinal & du Viminal ; le reste
des sept collines ou montagnes, n'est
plus occupé que par des ruines, des
vignes ou jardins, & quelques Eglises

& maisons religieuses répandues çà &
là. Le mont Pincio ou *collis hortulor. m*
a quelques rues dont la construction est
moderne. La partie qui est au-delà du
Tibre excepté le janicule, doit sa population au séjour que les Papes ont fait
au Vatican ; de sorte que l'on peut dire
que la premiere Rome, la Rome des sept
montagnes, ne subsiste plus que dans ses
ruines, où on va la rechercher avec
une curiosité que l'on a peine à satisfaire.

Car que voit-on dans le *Forum Ro-*
manum aujourd'hui *Campo Vacc no* ?
Quelques restes confusement épars des
anciens édifices dont il a été décoré ;
de grandes voûtes dont on a fait des
greniers à foin, sont tout ce qui reste
du magnifique palais des Empereurs. La
fameuse maison dorée de Néron, fut
détruite pour faire place à de nouveaux
édifices, qui ne subsistent plus que dans
leurs ruines, tout-à-fait dégradées. L'ancienne Rome a été exposée à tant de révolutions, que le sol même sur laquelle
elle a été construite, n'est plus recon-
noissable. Les inondations, les pluyes,
les ravages causés par le fer & le feu
en ont tellement changé la face, que
le sommet des collines a insensiblement

comblé les valées, au point que l'on trouve actuellement le pavé des anciennes rues, à plus de quarante pieds sous terre, & quelquefois même des petits temples & des maisons entieres, qui subsistent recouvertes bien au-dessus de leur comble, par un amas de terre & d'autres matieres rapportées de toute espece.

Il est aisé de concevoir comment la Rome *Septicollis* a pu être culbutée à ce point, il ne faut qu'examiner sa position, & se représenter les ravages des incendies, les efforts des barbares, les changemens même que la suite des siécles & l'injure des tems peuvent avoir causés dans ce terrein, pour n'en être pas étonné. Il seroit plus difficile d'imaginer comment la plaine qu'occupoit le champ de Mars entre les collines & le Tibre, a pu être comblée également; mais les mêmes causes y ont agi avec autant de fureur, auxquelles on doit joindre encore les fréquentes inondations du Tibre, qui ont exhaussé tout ce terrein de plus de vingt-cinq pieds au-dessus de son ancien niveau, à en juger par la hauteur des matieres qui recouvroient l'Obélisque que l'on a retrouvé derriere St Laurent, *in Lucina*,

On ne peut pas affigner la date pré-
cife du tems auquel les Romains quit-
terent leurs collines pour former de nouveaux établiffemens dans le champs de
Mars, & y porter le centre de la population, du mouvement & des affaires
de Rome. Une ancienne infcription (a)
femble le fixer au commencement du
cinquieme fiécle de l'ére Chrétienne,
lorfque les empereurs Arcadius & Honorius, firent rétablir les murs de la
ville, & débarraffer les ruines dont elle
étoit comblée en quelque forte, fur-
tout après les défaftres qui y avoit cau-
fés l'invafion d'Alaric. Il paroît que
ce fut alors que Rome fut rebâtie dans
le champ de Mars, & que l'on aban-
donna les collines trop embarraffées de
ruines, & dans un état de délabrement
qui fit entrevoir plus de facilité à bâtir

(a) *S. P. Q. R. Imp. Cæf. D. D. N. N. in-*
victiffimis Principibus Honorio & Arcadio vic-
toribus & triumphatoribus femper Auguftis, ob
inftoratos urbis æternæ muros portas ac Turres,
egeftis immenfis ruderibus ex fuggeftione V. C.
& inluftris militis, & magiftri utriufque mili-
tiæ Stilichonis ad perpetuitatem nominis eorum
fimulachra conftituit curante Fl. Macrobio Lon-
giniano V. C. præfecto urbi.

en quelque sorte une nouvelle ville, qu'à réparer l'ancienne. C'est ce que semble indiquer Claudien. (*De 6. Honor. Conf.*

Addebant pulchrum nova mœnia vultum,
Audito, perfecta recens, rumore getarum,
Profecitque opifex decori timor, & vice mira
Quàm pax intulerat, bello discussa Senectus.
Erexit subitas turres.......

Rome s'éleva de nouveau, & s'étendit sans changer de place, parce qu'elle tint toujours à l'ancienne, ainsi elle conserva le titre de Ville éternelle, que Jupiter lui-même lui accorde dans Virgile : que les Poëtes qui l'ont suivi, & même les Historiens des derniers tems de l'Empire, lui ont donné *a*). On voit donc comment & pourquoi Rome est descendue de la mon-

---

(*a*)   *Imperium sine fine dedi...*
                     Æneid. 1.

Ignota æternæ ne sint tibi tempora Romæ,
             Auf. Præf. ad fast.

Sæviens per Urbem æternam urebat cuncta Bellona.
             Ammian. Marcel. I. 28.

tagne dans la plaine. Les sept collines
sur lesquelles elle fut autrefois construite, étant, comme je l'ai déja dit,
si mal peuplées, qu'elles ne présentent
presque par-tout que des terreins immenses, plantés de bosquets, de vignes
ou de jardins, au milieu desquels sont de
loin en loin, quelques Eglises ou maisons
religieuses. C'est ce qui est arrivé à plusieurs autres villes d'Italie moins célèbres que Rome, mais d'une très-grande ancienneté ; leur premiere construction se fit sur les hauteurs, & peu-à-peu
l'incommodité de ces situations les a
fait abandonner. Naples, Capoue, quoiqu'elles conservent leur ancien nom, ne
sont plus dans les mêmes places qu'elles
ont occupées.

Inutilement on chercheroit dans ces
nouvelles constructions quelques-uns de
ces édifices remarquables par leur magnificence & leur goût, tels que ceux
que l'on avoit élevés dans les derniers
siécles de la République, & sous le regne
des premiers Empereurs. Les arts qui,
dès le tems de Constantin, avoient tant
perdu de leur perfection, n'en conser-
voient alors aucuns restes; on ne songeoit
qu'à se loger & à se garantir des injures
de l'air & de l'intemperie des saisons.

Semblables à ces animaux vénimeux, dont le souffle mortel desséche & fait périr les fleurs & les plantes, les Goths, dès qu'ils eurent paru en Italie, anéantirent en quelques sorte les beaux arts. De cette quantité prodigieuse de monumens superbes qui décorent le champ de Mars, on ne conserva que ceux qui étoient d'une structure assez solide pour servir de défense à la Ville : on ne pensoit plus à son embellissement ; la fureur détruisit les autres, où une barbare économie en employa les matériaux aux plus vils usages, & ceux qui subsistent encore doivent leur existence à leur solidité qui l'a emporté sur les efforts que l'on fit pour les détruire.

Panthéon & bains d'Agrippa.

23. Le Panthéon d'Agrippa, est de tous les monumens de l'antiquité payenne, le mieux conservé qui soit à Rome, & le plus beau dans son genre. On sçait que la solidité de sa construction, l'a rendu vainqueur des effors réiterés des Barbares, qui tenterent inutilement à diverses reprises de le détruire. Il est de forme ronde, aussi large que haut ; son diamétre est de 154 pieds : il n'est éclairé que par un œil de bœuf, qui est au comble, & qui a environ 24 pieds d'ouverture.

L'opinion commune, eſt qu'Agrippa, gendre d'Auguſte, le fit conſtruire (a), & le dédia à Jupiter vengeur,
en mémoire de la célèbre victoire d'Actium. Les premieres idoles qui y furent
placées, furent celles de Mars & de
Venus regardés comme protecteurs de
la ville de Rome, & de la maiſon Julia; les autres ſtatues des Dieux & des
Héros qui y furent placées enſuite, parmi leſquelles étoient celles de Céſar &
de Cléopatre, lui firent donner le nom
de Panthéon, plutôt que la grandeur &
la forme de ſa voûte qui repréſente la

(a) *Agrippa autem eodem tempore, propriis*
ſumptibus Urbem exornavit, nam & porticum
neptu ni propter victorias navales extruxit, &
Argo nautarum pictura decoravit, & ſudato-
rium laconicum fecit, Lacedemonicum autem
vocavit id genus Balnei, quoniam hi tum nu-
dari corpora & inungi oleo præcipue videban-
tur... Pantheum quoque perfecit Aggrippa;
id ſic dicitur fortaſſis, quod in ſimulachris Mar-
tis & Veneris, multas Deum imagines acciperet;
ut vero mihi videtur, inde id nominis habet,
quod forma convexa faſtigiatum, cœli ſimilitu-
dinem oſtenderet. Voluit Agrippa in eo Auguſti
quoque ſtatuam collocare, nomenque operis ei
adſcribere; neutrum autem eo accipiente in Pan-
theo ipſo Cæſaris ſuperioris ſtatuam, ſuam &
Auguſti in veſtibulo poſuit... Dion Caſ. l. **53.**

convexité du ciel vifible, ainfi que Dion Caffius le prétend.

L'artifte qui décora l'intérieur de ce Temple étoit un Athenien nommé Diogene ; il paroît être le premier qui ait employé des cariatides au lieu de colonnes qui fubfiftent encore, & font d'un très-bel effet... *Agrippæ Pantheum decoravit Diogenes Athenienfis, & cariatides in columnis Templi ejus, probantur inter pauca operum* Plin. l. 36.)

Le veftibule foutenu par feize colonnes de granite qui ont cinq à fix pieds de diamétre, eft dans les proportions les plus nobles ; il a cent pieds de longueur fur foixante de profondeur. On lit fur l'architrave extérieure.

M. Agrippa L. F. Cof. tertium fecit.

La porte eft quarrée, grande, d'une très-belle forme, & mérite une attention particuliere. Les pieds droits font chacun d'un feul morceau de marbre d'Afrique, de même que l'architrave qui les couronne. Dans les deux grandes niches qui font à côté étoient les ftatues d'Augufte & d'Aggrippa, qui devoient avoir dix pieds de haut. La porte eft de cuivre jaune, d'un travail antique, & ne paroît pas avoir été faite

pour l'endroit où elle eſt, car elle eſt
mal unie aux pieds droits. Ce défaut
& celui de correſpondance entre les
corniches du veſtibule & celles du corps
de l'édifice, donnent lieu de conjecturer qu'Agrippa n'avoit fait qu'orner le
Temple ; cependant les auteurs contemporains le lui attribuent : d'ailleurs
ce portique eſt appuyé contre un corps
avancé qui a été conſtruit après la Rotonde. Ne peut-il pas encore avoir été
reſtauré du tems de Septime Severe,
au commencement du troiſieme ſiécle,
ainſi que l'apprend l'inſcription join-
te (a) à celle qui fait mention d'A-
grippa.

On ſçait encore que l'Empereur Conſtant II, fils de Conſtantin III, dit le
Jeune, vint à Rome en 663, en enlever tout ce qui lui parut le plus précieux, & entr'autres effets la couver-
ture du Panthéon, qui étoit en plaques

(a) Impt Cæſ. L. Septimius Severus. pius.
pertinax. Arabic. Adiabenic. Parthic. Pont.
Max. Trib. pot. XI. Coſ. III, P. P. procos. &
Imp. Cæſ. M. Aurelius Antoninus. pius. felix.
Aug. Trib. poteſt. V. coſ. procos. Pantheum.
vetuſtate corruptum. cum. omni. cultu. reſtitue-
runt.

L vj

de cuivre doré; les dégrés de ce Temple qui étoient de bronze, & peut-être l'ancienne porte.

Le Pape Boniface IV l'an 608 ou 9, avoit obtenu de l'Empereur Phocas qu'il convertiroit le Panthéon en une Eglife qu'il dédia à Ste Marie des Martyrs : *Ejectis prius gentium fimulachris, purgatoque templo*, dit Platine en commençant la vie de ce Pape ; ce qui femble annoncer qu'il y avoit encore quelques flatues, que l'ignorance de ce fiécle, & une piété aveugle détruifirent fans doute : de-là eft venue la fête de tous les Saints, qui commença dèflors d'être célébrée à Rome le premier Novembre.

Les ornemens modernes qui font dans ce Temple occupent peu l'attention ; mais on ne fe laffe point d'admirer la magnificence de fa ftructure, & fur-tout la legereté de fa voûte, & fa folidité. Il feroit à fouhaiter que la fameufe Coupole de St Pierre à qui celle du Panthéon a fervi de modéle fut traitée dans le même goût, elle chargeroit beaucoup moins les arcs fur lefquels elle eft appuyée, & ne feroit pas auffi fatiguée de fon propre poids, qu'elle paroît l'être. Dans la voûte du Panthéon qui eft travaillée par compartimens égaux, tous les ornemens sont évidés de façon que la Coupole est déchargée au moins des trois cinquiemes de son propre poids sans avoir rien perdu de sa solidité. Le Pape Benoît XIV a fait blanchir ces ornemens & leur a ôté une partie de leur mérite aux yeux des connoisseurs, en ce qu'il leur a donné l'air des stucs modernes.

Il y avoit tant de bronze mêlé à la construction de ce Temple, que des seules solives qui soutenoient le toît du vestibule & qu'Urbain VIII fit enlever, il y eut beaucoup plus de matiere qu'il n'en fallut pour le grand pavillon élevé sur l'autel de St Pierre, & fondre plusieurs canons qui sont au château saint Ange, & aux armes de ce Pape.

Le pape Clement XI fit placer en 1711, sur la fontaine de la place de la Rotonde, le petit obélisque Egyptien que l'on y voit.

Pusieurs artistes célébres ont dans cette Eglise des monumens érigés à leur mémoire : on y voit ceux de Raphaël (a),

_____

(a) Raphaël avoit été enterré dans cette Eglise, ainsi qu'il l'avoit ordonné par son testament, & sa mémoire, quoique très-célèbre à Rome,

de Jean da Udine, & de Perrin del Vaga ſes diſciples ; d'Annibal Carrache, de Taddeo Zucherri, & du ſculpteur Flaminius Vacca.

Derriere le Panthéon ſont quelques ruines d'un petit Temple qui fut jadis conſacré au Dieu du bon événement, (*bonus eventus*) on le repréſentoit ſous la figure d'un pauvre tenant une taſſe d'une main, & de l'autre un pavot & un épi : je fais exprès cette remar-

---

n'avoit pendant près de cent cinquante ans, engagé perſonne à lui ériger un Mauſolée, lorſque Carle Maratte, qui ſe faiſoit gloire de reconnoître ce grand homme pour ſon maître, fit faire ſon buſte en marbre d'après le portrait qui eſt dans le tableau de la philoſophie au Vatican, & fit graver au bas l'Épitaphe qui avoit été compoſée par le Bembe.

Raphaeli. Sanctio Jo. F. urbina. pictori. eminentiſſimo. veterumque. æmulo. cujus. ſpiranteis. prope. imagines. ſi. comtemplere. naturæ. atque. artis. fœdus. facile. inſpexeris. Julii. II. & Leonis. X. Pontif. Max. picturæ. & Architect. operibus. gloriam. auxit. V. A. XXXVII. integer. integros. quo. die. natus. eſt. eo. eſſe. deſtit. VIII. id. April. M. D. XX.

Ille hic eſt Raphael, timuit, quo ſoſpite, vinci

Rerum magna parens, & moriente, mori.

que, elle servira à faire entendre le sujet de quelques excellens bas-reliefs & petites statues d'un travail fini, que l'on voit à la Villa Medicis, & à celle du cardinal Alexandre Albani, & que l'on dit représenter Diogene, ou Belisaire, & qui sont bien plus sûrement des statues du bon événement faites dans le meilleur tems des arts : *Ab Euphranore ita factum erat, ut dextera pateram, sinistra spicam ac papaver teneret.* (Plin. hist. l. 35. Pline dit au même endroit que Praxitele avoit fait la statue de ce Dieu pour être placée au Capitole : c'est sans doute d'après ce modele que les artistes Grecs & Romains, firent ces copies excellentes que l'on ne peut trop admirer.

Il ne reste rien de ce portique de Neptune, que Dion dit qu'Agrippa avoit fait construire, & qui devoit être situé près des murs de la ville, entre la fontaine de Trevi & le Quirinal : on voit dans une ruë qui conduit du Panthéon à la Place Navonne, quelques restes des bains d'Agrippa ; mais où il est impossible de rien reconnoître de leur ancienne destination, sur-tout de ces étuves artificielles, ou bains à la Lacédémonienne dont parle Dion Cassius ; on voit par leurs ruines qui s'élevent à travers les bâtimens modernes que l'on a construits deſſus, qu'ils étoient très-vaſtes, & même accompagnés de jardins, qu'Agrippa légua en mourant au peuple Romain. *Moriens Agrippa, populo, hortos & balneum à ſe denominatum, legavit.* Dioniſ. Hal. l. 53. Parmi les ſtatues qui décoroient ces bains étoit celle d'un jeune homme qui ſe déshabilloit, faite par Liſippe, d'un ſi beau travail que Tibere la fit enlever pour la placer dans ſon palais; mais les plaintes & les cris du peuple furent ſi vifs à cette occaſion, que l'Empereur fut en quelque façon contraint de faire rapporter la ſtatue dans l'endroit d'où elle avoit été enlevée.

Tombeau d'Auguſte.

24. Le monument le plus apparent de tout ce quartier étoit le tombeau d'Auguſte, dont il reſte ſi peu de choſe entre l'Egliſe de St Charles *al corſó* & le Tibre. Suetone en indique la ſituation & le tems auquel il fut conſtruit, & nous apprend avec quel reſpect on traitoit les reſtes des Empereurs morts. *Reliquias legerunt primores equeſtris ordinis, tunicati & diſcincti, pedibuſque nudis, ac in Mauſoleo condiderunt. Id opus inter Flaminiam viam, ripamque Ti-*

beris sexto suo consulatu exstruxerat ;
circumjectasque silvas & ambulationes in
usum populi jam tunc publicarat. Suet.
in D. Aug. l. 2. c. 100.

L'usage le plus ancien étoit de placer les tombeaux des hommes puissans
ou sur les montagnes, ou dans leur
épaisseur même ; le corps de la montagne leur servant de mausolée : (*a*) on
éleva ensuite sur ces tombeaux des piramides, des colonnes, ou des bâtimens qui égaloient la hauteur même
des montagnes, & qui étoient encore
plus remarquables.

Et Regum cineres exstructo monte quiescant.
Lucan. l. 8.

Le tombeau dont je parle, construit
par le Maître de l'Univers, dans le
tems de sa plus grande puissance, eut
sans doute toute la magnificence dont
un pareil monument étoit susceptible.

Sur un grand socle ou soubassement

(*a*) *Apud majores enim potentes aut sub*
montibus, aut in montibus sepeliebantur, indè
tractum est ut super cadavera aut piramides
fierent, aut ingentes colomnæ collocarentur....
Isid. l. 15 Etimol.

de cette efpece de conftruction que les
Romains appelloit *Opus reticulatum*,
s'élevoient trois ordres d'architecture
les uns au-deffus des autres, qui décoroient autant d'enceintes de circonfé-
rences inégales, qui compofoient enfemble une piramide de forme ronde, terminée par une coupole fur laquelle étoit
placée la ftatue de bronze d'Augufte.
Entre les pilaftres qui foutenoient les
corniches qui diftinguoient les différens
ordres, étoient pratiquées des niches où
étoient des ftatues des Dieux & des
Héros. Cet édifice, dit Strabon, étoit
bâti de pierres blanches, & ombragé
d'arbres toujours verds jufqu'à fon comble, le centre étoit occupé par un grand
falon que l'on compare à l'intérieur de
la Rotonde, ou Panthéon : tout l'édifice avoit deux cent cinquante coudées
de hauteur (*a*).

(*a*) *Commemoratione digniſſimum quod Mau-
ſoleum appellant... Lapide niveo, & perpetuæ
viriditatis arboribus coopertum, in ſummum
uſque verticem, ad fluminis ripam exageratum:
in ſummo autem poſitum eſt Cæſaris Auguſti ſimu-
chrum ex ære fabricatum, ſub aggere ipſo ſunt
ejus loculi & cognatorum & neceſſarioum...
A Tergo vero Mauſolei lucus eſt, mirifica*

Le plan inférieur, le premier ordre & une partie du second qui subsistent encore, dépouillés de tous leurs ornemens extérieurs, & garnis de quelques plantations de vignes, d'orangers & d'autres arbustes, donnent une idée de la maniere dont les Cyprès étoient disposés au tour de ce monument. Ce qu'il y a de mieux conservé, ce sont les différentes voûtes où on déposoit les urnes cineraires des Empereurs & des Princes de leurs maisons. Elles ont eu quelques peintures qui sont absolument effacées; ce que l'on y remarque encore, c'est la beauté & la solidité de l'enduit, qui est aussi brillant & aussi frais

---

continens ambulacra, in medio autem campi spatio sui busti exstat ambitus, & hic ipse niveo perfectus lapide, ferreos in circuitu cancellos habens, & plantatas interius præse ferens populos. Strabo l. v. Georg... Il semble qu'Auguste, en faisant planter ce petit bois, eut en vue son Apothéose, & désira que son tombeau devînt un jour un temple... On peut remarquer encore que de toute antiquité, le peuplier d'Italie a été en usage pour la décoration des promenades & des plantations que l'on a faites autour des Edifices les plus remarquables. Cet arbre croît plus promptement, & est plus beau qu'aucun autre.

que lorfqu'il fortit des mains de l'ouvrier. Mais combien les chofes changent! Ces mêmes caveaux où ont été
mifes en dépôt les cendres d'Augufte,
de Livie, de Germanicus, de tout ce
que l'empire Romain a jamais eu de plus
grand, fervent à préfent à retirer du
charbon, les fumiers & les engrais que
l'on met dans le jardin qui occupe le
centre de cet édifice.

On ne doute pas que le premier qui
y fut enterré, ne foit ce Marcellus fils
d'Octavie, dont parle Virgile dans un
ftyle fi noble & fi touchant à la fin du
fixieme livre de l'Enéide ; ce Prince fi
aimable qui ne devoit paroître fur la
terre que pour fe faire regretter, & que
les Dieux jaloux de la gloire qu'il auroit
répandue fur le nom Romain, enleve-
rent au printems de fon âge. Il indique
en même tems la pofition du tombeau
d'Augufte.

Oftendent terris, hunc tantum Fata, neque
  ultra
Effe finent. Nimium vobis, Romana propago
Vifa potens, fuperi, propria hæc fi dona
  fuiffent:
Quantos, ille virum, magnam Mavortis ad
  Urbem,

Campus aget gemitus! vel quæ Tiberine videbis
Funera, cum tumulum præter labere recentem.

Il y a grande apparence encore qu'il
fervit à toute la famille de cet Empereur, & de ceux qui le fuivirent ; l'on
prétend même qu'Adrien ne fit élever le
nouveau Maufolée, qui étoit vis-à-vis
d'Augufte, de l'autre côté du Tibre,
que lorfqu'il fut à-peu-près rempli
d'Urnes cinéraires.

Augufte & Livie y virent placer avant
eux les plus chers de leurs defcendants
& les Princes les plus illuftres de la famille regnante. Il fembloit que depuis
la conftruction de ce maufolée, les Parques s'empreffaffent de le remplir ; c'eft
ce que prétend Albinovanus dans l'Elé-
gie qu'il adreffa dans ce tems à Livie.

Claudite jam Parcæ, nimium referata fepulchra,
Claudite, plus jufto jam domus ifta patet.

Ce monument n'avoit qu'une porte
ouverte vis-à-vis du champ de Mars,
à un côté de laquelle étoient placés deux
obelifques, dont l'un eft élevé derriere
Ste. Marie Majeure. Il étoit accompagné d'un petit bois orné de ftatues,
& qui fervoit de promenade publique.

Quelques inscriptions sépulchrales trouvées dans les environs, donnent lieu de conjecturer que les affranchis de la maison d'Auguste faisoient déposer leurs urnes cinéraires autour de ce monument. J'ai vu dans le pavé actuel du porche de la maison, qui tient au tombeau d'Auguste, des morceaux des marbres les plus précieux, tels que le verd & le jaune antique, employés avec les cailloux & les pierres les plus communes ; tout parle encore de la magnificence de l'ancienne Rome & de ses malheurs. Un peu plus haut étoit le bucher d'Auguste, le massif sur lequel portoit la charpente que l'on élévoit dans ces occasions étoit de pierre blanche ; il paroît qu'il étoit entouré d'une enceinte de pilastres & de grilles de fer : la description qu'en a donnée Strabon, & que j'ai rapportée plus haut est tout ce qu'il en reste.

Cirque, colonnes, monumens antiques. 25. L'ancien cirque agomistique aujourd'hui place Navonne, (a) n'a plus

---

(a) Dans un Carrefour voisin de cette place, est une statue tronquée ou torse d'un Soldat grec, dont le visage est absolument mutilé, placé sur un piédestal élevé, autour de laquelle on affiche des avis & des placards, comme dans

aucuns veſtiges des monumens qui décoroient un lieu deſtiné aux ſpectacles
publics : on peut ſur l'étendue actuelle
de cette place, qui eſt la même que celle
de l'ancien cirque agoniſtique, ſe faire
une idée des courſes qui s'y faiſoient,
& de l'adreſſe de ceux qui conduiſoient
les chars, pour paſſer le plus près qu'il

---

les autre Carrefours. Le nom de *Paſquin* qui a été
donné à cette ſtatue, étoit celui d'un tailleur,
homme plaiſant & cauſtique, frondeur d'habitude & grand nouvelliſte, chez lequel s'aſſem-
bloient tous les gens de ce même caractère ; ſa
boutique étoit dans ce Carrefour, & la ſtatue
que l'on trouva en bâtiſſant dans cet endroit,
conſerva ſon nom ; dans le Campo Vaccino,
étoit une ſtatue de Fleuve, à laquelle on avoit
donné le nom de *Marforio* : c'eſt autour de ces
deux ſtatues, que l'on affichoit quantité de
placards ſatyriques, qui ſe répondoient reciпро-
quement. L'un faiſoit les queſtions, l'autre répondoit ; cet uſage qui a duré aſſez long-tems,
ne ſubſiſte plus : Maforio a été tranſporté au
Capitole, & *Paſquin* ne ſert plus qu'à donner
ſon nom au quartier où il eſt placé. Les dialogues de ces deux hardis ſatyriques, ſont inter-
rompus ; mais la ſatyre n'a pas ceſſé pour cela :
on affiche les placards à la porte de ceux même
que l'on veut attaquer ; & on diſtribue les écrits
licentieux, de maniere à les faire connoître plus
aiſément encore, que lorſque Paſquin ou Marforio étoient chargés de ce ſoin.

étoit possible des bornes plantées à chaque extrémité de la carriere, sans les toucher ; genre de gloire alors si flatteur qu'il élevoit les maîtres de la terre au rang des Dieux.

> *Metaque fervidis*
> *Evitata rotis ; palmaque nobilis*
> *Terrarum dominos evehit ad Deos.*
> Hor. Od. 1. l. 1.

Il n'y reste plus rien d'antique que les anciennes voutes (*fornices*) que l'on voit au-dessous de l'Eglise de Ste Agnes, qui se trouvoient dans le voisinage & sur les bords de tous les lieux d'assemblées publiques, tels que les cirques ; c'est peut-être dans ces voûtes que Messaline

> *Excepit blanda intrantes atque æra poposcit.*
> Juv. 5. 6.

La colonne Antonine qui est au milieu de la place à laquelle elle donne le nom ; les colonnes de marbre cannelées d'ordre corinthien qui subsistent, & que l'on croit avoir fait partie des galeries qui entourroient le temple ou basilique élevée à Antonin le Pieux ; étoient un des ornemens les plus distingués du champ champs de Mars, & d'une grande magnificence à en juger par ce qui eft échappé à la fureur des barbares. Les colonnes canellées font jointes au grand bâtiment de la douane de terre, & l'un des premiers monumens de Rome antique, que tous les étrangers font forcés de voir en arrivant.

La grande colonne reftaurée en 1589, ainfi que l'apprennent les infcriptions qui font à la bafe, (a) paroît avoir fouffert du tonnerre ou de quelque incendie; elle eft décorée de bas reliefs qui l'entourent dans toute fa hauteur en ligne fpirale, & qui ont pour fujet les événemens les plus fameux des guerres que les Romains eurent à foutenir fous le regne de ce Prince, & fur-tout fous celui de Marc-Aurele fon fucceffeur, qui la dédia à M. Antonin le

_____

(a) M. Aurelius. Imp. Armenis. Parthis. Germanifque. bello. maximo. devictis. triumphalem. hanc. columnam. rebus. geftis. infignem. Imp. Antonino. pio. patri. dedicavit... Sur la face oppofée:

Sixtus. V. Pont. Max. Columnam. hanc. Cochlidem. Imp. Antonino. dicatam. Mifere. Laceram. Ruinofamque. primæ. formæ. reftituit. A. M. D. LXXXIX. Pont. IV.

Pieux : on y voit entr'autres sujets, le miracle si connu de la légion fulminante , que Julius Capitolinus attribue en termes exprès à la dévotion de M. Aurele. *Fulmen de cælo precibus suis, contra hostium machinamentum Marcus extorsit, suis pluviâ impetrata, cum siti laborarent.* A en juger à l'œil , il n'y a personne qui ne pense que la colonne Trajane est beaucoup plus haute que l'Antonine ; cependant tous ceux qui en ont écrit , s'accordent à dire que celle-ci est d'une plus grande élévation, ce qui vient sans doute de ce qu'elle est placée sur un piedestal de plus de 40 pieds de hauteur, & dans une grande place , trop éloignée des objets avec lesquels on pourroit la comparer pour juger de sa hauteur : le travail des bas-reliefs est dans le même goût que celui de la colonne Trajane , mais il m'a paru moins parfait & d'un style fort inférieur ; tout ici ne semble qu'une imitation du premier artiste qui, dans l'ordonnance générale de la machine & l'expression , a toujours l'air original. Elle portoit autrefois la statue de bronze de M. Aurele Antonin , qui a été remplacée par celle de St Paul. Je parlerai incessamment de la vraie colonne Antonine,

Au-deſſus de cette place au levant, eſt la petite élevation appellée *Monte Citorio*, & autrefois *Mons Citatorum*, ou parce que c'eſt de-là que la trompette ſonnoit pour avertir le peuple aſſemblé en comice, de venir donner ſes ſuffrages, ou bien parce que ceux qui les avoient donnés, ſe retiroient de ce côté pour laiſſer la place libre à ceux qui devoient leur ſuccéder. Au pied de cette colline, étoient différentes enceintes ou galeries dans leſquels les Tribus entroient, pour donner chacune dans leur ordre leurs ſuffrages : on l'appelloit encore *Mons Acceptorius*, par la même raiſon que je viens de rapporter. D'autres penſent que le terme de *Citatorius* vient de ce que c'étoit dans cet endroit même que devoient comparoître ceux qui étoient appellés en Juſtice. En ce dernier cas, cette hauteur ſerviroit encore à ſa première deſtination, puiſque c'eſt-là qu'eſt la *Curia Innocentiana*, ou le palais de la Sénéchauſſée ou Bailliage de Rome, & des différens Tribunaux, qui, réunis, compoſent la chambre Apoſtolique dont j'ai parlé plus haut.

Vis-à-vis de ce Palais, eſt un ancien monument tiré du jardin de la maiſon

de la Miſſion qui eſt ſur cette montagne,
& reſtauré ſous le pontificat de Benoît
XIV, C'eſt un piédeſtal de marbre de
plus de douze pieds de haut, qui portoit une colonne érigée à Antonin le
Pieux, ſur laquelle étoit probablement
ſa ſtatue, ainſi que l'apprend l'inſcription antique , qu'on lit encore ſur une
des faces du piédeſtal : *Divo. Antonino.
Auguſto. pio. Antoninus. Auguſtus. &
Verus. Auguſtus. filii.* Les bas-reliefs de
ce piédeſtal ſont d'autant plus curieux,
qu'ils ſont la preuve la plus exacte de
ces jeux funébres ou tournois qui ſe faiſoient autour du bucher des Empereurs,
avant que l'on n'y mit le feu. Aux deux
côtés ſont repréſentés pluſieurs gens ar-
més à pied & à cheval, qui forment
entr'eux la marche triomphale , qui pré-
cédoit le combat , & celui ſans doute
que Julius Capitolinus indique, lorſqu'il
dit : *Marcus & Verus Imperatores, Antonino pio patri, munus gladiatorium ex-
hibuerunt.* Cet uſage étoit fort ancien
à Rome , on le faiſoit remonter même
au premier ſiécle de la République aux
funerailles du conſul Junius Brutus.

Tres primas Thracum pugnas, tribus ordine ſellis,
Juniadæ patri , inferias miſerę ſepulto.

Auſ. Griph. Tern. num. ed. XI.

Mais ce qu'il y a de plus curieux dans ce bas-relief, est la partie qui repréfente l'apothéofe d'Antonin ; dont le travail est de bonne maniere, & encore affez bien confervé ; dans le milieu est un Génie aîlé, Symbole de l'éternité, qui foutient de la main gauche un globe étoilé, entouré du cercle du Zodiaque & d'un ferpent : de la droite il tient une grande draperie, que le mouvement de l'air enfle & pouffe en avant. Il a fur fes épaules l'empereur Antonin & fa femme Faustine ; au-deffus de leur tête des aigles femblent s'élever & prendre leur vol. Au-deffous est la figure de Rome guerriere & triomphante qui paroît dans l'affliction, elle montre de la main droite l'enlevement de l'Empereur, qui en fait le fujet : la gauche est appuyée fur un bouclier, fur lequel est gravée la Louve qui alaite les deux jumeaux. Ce piédeftal est appuyé fur une bafe folide, & il en auroit peu coûté pour placer deffus la colonne que l'on a tirée dans ce fiécle du jardin des Prêtres de la Miffion, & qui paroît y avoir anciennement été placée. A en juger par l'infcription que j'ai citée plus haut. Cette colonne actuellement couchée dans la petite rue qui fépare le palais de Montecitorio de la maison de la Mission, est de granite ou marbre rouge d'Egypte ; le fust a environ quarante-six pieds de longueur, le diametre est de cinq à six pieds, quelques parties paroissent avoir été exposées à l'action du feu ; mais on la restaureroit à peu de frais, & elle augmenteroit les ornemens de Rome, sur-tout de la place de Montecitorio, qui est absolument nue, & où le grand piédestal dont j'ai parlé semble attendre quelque monument. Une statue de la Justice qui remplaceroit celle d'Antonin, annonceroit la destination du palais devant lequel elle seroit élevée ; mais on a peu fait dans ce siécle pour l'embellissement de Rome ; on s'est contenté de tirer de terre cette colonne & de l'abandonner ensuite, de même que le magnifique obélisque solaire du Champ de Mars ; ces deux monumens se seroient mieux conservés dans les ruines dont ils étoient couverts, qu'exposés comme il le sont à toutes les injures de l'air & à une humidité presque continuelle (*a*).

(*a*) J'aurois déja dû rapporter l'inscription qui fut gravée à la base de cet Obélisque, lorsqu'Auguste le fit élever ; elle ne laisse aucun lieu de douter de sa premiere destination.

26. Entre le Quirinal & le Capitole;
dans l'enceinte de la ville, l'empereur
Trajan avoit fait décorer la place là
plus magnifique que Rome ait jamais
eu, au milieu de laquelle il avoit ordonné que l'on érigeât cette colonne
magnifique, qui subsiste encore, qu'il
ne vit jamais, & qui lui fut dédiée par
le peuple & le Sénat (*a*), lorsqu'il étoit
occupé à la guerre contre les Parthes,
pendant laquelle il mourut à Seleucie
en Syrie. Dion Cassius (1. 68.) nous
apprend qu'il l'avoit destinée, tant à sa

---

*Cæsar. Divi. Jul. F. Augustus. Pont. Max.
Imp. XII. Cos. XI. Trib. Pot. XIV. Ægypto.
in. potestatem. Populi. Rom. redactâ. soli. do-
num. dedit.*

Un Littérateur moderne qui a donné des observations nouvelles sur l'Italie & les Italiens,
parlant de cet obélisque, qu'il dit avoir souvent
admiré, & de l'inscription que j'ai rapportée,
n'en cite que ces deux mots, *Aigupto captâ*,
qui ni sont ni l'un ni l'autre. On a peine à la lire
dans l'état où elle est actuellement, plusieurs
lettres étant effacées; mais comme elles sont très-
grandes, il est aisé de substituer ce qui y manque, & de lire enfin l'inscription. Ce mot *Aigupto*, ne paroît placé que pour donner un air
d'importance à une érudition très-commune.

(*a*) On lit à la base cette inscription qui y

M iv

sépulture , qu'à prouver à la postérité,
ce qu'il lui en avoit coûté de peines &
de soins, seulement pour applanir le sol
de la porte : *Columnam maximam collocavit , partim sepeliendi sui causa , partim ut opus quod ipse circà forum fece-
rat , posteris ostenderet , nam eum locum
montosum quanta est altitudo columnæ,
perfodit , forumque eo pacto complanavit.*

Cette colonne y compris son couronnement & son piédestal , a environ cent
cinquante pieds de hauteur. Le fust est
formé de vingt-trois blocs de marbre
blanc , tous de quatre pieds , & environ quatre pouces d'épaisseur, posés à
plomb les uns sur les autres , & qui ont
tous la largeur de la colonne ; c'est
dans l'épaisseur de ces blocs que l'on a
taillé l'escalier à limaçon de 184 marches jusqu'au chapiteau de la colonne,

fut gravée lors de la dédicace de la colonne...

Senatus. Populusque. Romanus.
Imp. Cæsari. Divi. Nervæ. F. Nerva.
Trajano. Aug. Germ. Dacico. Pontif.
Max. Trib. Pan. XVII. Imp. VI. Cos. VI. P. P.
ad declarandum. quantæ. Altitudinis.
mons. & locus. tantis. operibus. sit. egestus.

qui est terminée par un petit dôme sur
lequel la statue est placée. Le dehors
est orné de bas-reliefs disposés sur un
cordon qui tourne en ligne spirale autour de la colonne , & qui paroissent
suivre la direction de l'escalier , qui est
éclairé par plusieurs petites fenêtres ou
ouvertures quarrées, ménagées de façon
qu'elles n'emportent rien de l'ordre du
dessein. Ces bas-reliefs ont pour sujet
les deux expéditions de Trajan contre
les Daces : on y voit des siéges , des
marches d'armées , des batailles , des
camps , des passages de rivieres : on y remarquera sur-tout deux faits de ce tems,
trop singuliers pour n'en être pas frap-
pés ; l'un la fureur des femmes Daces,
qui dépouillent elles-mêmes les prisonniers romains , & les brûlent à petit feu
avec des torches : l'autre des soldats
romains , qui, surpris dans une Ville
ennemie, & ne pouvant pas éviter la
captivité, mettent le feu à la ville, &
courent ensuite à une mort volontaire;
ce qui est représenté par la coupe em-
poisonnée qu'ils se présentent récipro-
quement , & qu'ils boivent avec la plus
grande fermeté : les uns sont déja
morts, les autres mourants , & ceux qui

M v

font fermes fur leurs pieds , paroiffent
envier leur fort.

Ce magnifique monument a été travaillé piece à piece, mais avec beaucoup d'intelligence ; car tout s'y rapporte fi bien , qu'il femble que l'on ait
commencé par pofer les blocs les uns
fur les autres , & qu'enfuite on ait
creufé l'efcalier, & fculpté les bas-reliefs du dehors. Malgré les injures qu'il
a fouffertes du tems , il conferve encore l'apparence la plus noble. Le marbre en eft d'un gris obfcur ; les figures
ont par-tout environ deux pieds de proportion , celles du deffus un peu plus
hautes que celles du bas, ce qui fait
qu'on les voit toutes également bien.
Le relief qui a peu de faillie en bas en
acquiert à mefure que l'ouvrage s'éleve,
& de cette maniere il eft vu par-tout
dans la même proportion. Le travail
en eft extrêmement bon , les airs de
tête nobles , fans avoir rien de recher-
ché ni de ce fini précieux , que l'on remarque dans beaucoup de ftatues & de
bas-reliefs antiques Grecs. Ici les artiftes femblent avoir travaillé en hiftoriens , qui avoient à mettre fous les yeux
de la poftérité, les actions d'un des plus

grands princes qui ait jamais porté le
sceptre. Leur style est noble & grand,
il va d'une marche égale & pompeuse,
& ne s'arrête pas à des graces de détail, à une fleur d'expression que la majesté de l'histoire semble négliger. On
dit qu'il y a plus de deux milles cinq
cens figures dans cette composition ;
elles paroissent toutes de la même main,
ce qui vient probablement de ce que
l'on a suivi exactement le dessein du
premier artiste qui avoit la direction de
tout l'ouvrage. C'étoit le célébre Apollodore de Damas, qui jouissoit alors
d'une réputation brillante, & de la faveur de Trajan. Un jour qu'il étoit
question de quelque partie de la décoration du *Forum Trajani* (*a*) sur laquelle

---

(*a*) Cette place de Trajan a été l'un des plus
magnifiques édifices, des plus riches & des plus
nobles qui aient jamais été faits ; il est probable
qu'elle étoit entourée des quatre côtés d'une
colonnade à-peu-près dans le goût de celle de la
place du Vatican ; au milieu de chaque face étoit
un grand arc terminé par une coupole élevée ;
toute cette colonnade étoit d'ordre de Corinthien & de beau marbre de Grece, chaque colonne étoit d'une seule piéce ; & à en juger
par quelque morceau que l'on en a trouvé,
elles devoient avoir trente-quatre pieds de hau-

M vj

Adrien voulut donner son avis, sans qu'on lui demandât : Mêlez-vous, lui dit Apollodore, de peindre vos citrouilles, genre d'occupation auquel s'amusoit ce

---

teur ; c'est d'un de ces arcs que l'on a tiré les principaux bas-reliefs, qui sont à celui de Constantin. Cette colonnade formoit des galeries couvertes, enrichies des statues les plus précieuses, & de celles de tous les hommes illustres, que l'on y plaçoit par ordre de l'Empereur & du Sénat : la statue de Claudien, y fut mise dans le quatrieme siécle, sous l'empire d'Arcadius & d'Honorius. Pausanias en donne une idée (l. 5.) *Forum Romanum & reliquo ornatu insigné, & Maxime ære ex ornato lacunari. Inter cætera vero ejus fori insignia, teretibus insistunt scamillis statuæ duæ. ex electro una, Augusti Cæsaris, Altera ex ebore Nicomedis Bithiniæ regis.* Des statues de matieres aussi précieuses ne pouvoient pas rester à découvert. Pausanias ajoute que l'ambre dont étoit la statue d'Auguste, ne se trouve que très-rarement dans les sables du Pô, & que ceux qui avoient découvert un morceau aussi précieux, avoient raison d'en faire le plus grand cas.

Aulugelle, qui n'en parle qu'en passant, donne la plus grande idée de sa magnificence; l'or, selon lui, y brilloit de toutes parts, même à l'extérieur : *In fastigiis fori Trajani simulachra sunt sita circum undique inaurata, equorum atque signorum militarium : subscriptumque est ex manubiis.* (l. 13. c. 23.) Ce fut des trésors immenses qu'il rapporta à Rome après avoir

jeune prince ; qui ne pardonna jamais
à l'artiste la hardieſſe de ſa réponſe , &
le reproche tacite qu'il lui faiſoit de ſon
peu de goût ; auſſi après la mort de

ſubjugué les Daces, qu'il tira les fonds néceſ-
ſaires pour toutes les conſtructions nouvelles, qui
ſurpaſſerent tout ce que Rome avoit eu juſqu'a-
lors de plus magnifique & de plus brillant ; les
choſes en étoient au point que les Souverains les
plus puiſſants, après avoir vû ce monument de
la grandeur & de la magnificence de Trajan ,
n'oſoient pas même former le projet de rien entreprendre de pareil ; c'eſt le ſentiment qu'Ammian Marcellin (l. 16.) donne à l'Empereur
Conſtant : *Verum cum ad Trajani forum veniſſet
(Conſtantius) ſingularem ſub omni Cælo ſtructu-
ram , ut opinamur , & jam numinum aſſenſione
mirabilem , hærebat attonitus : per giganteos
contextus, circumferens mentem , nec relatu affa-
biles , nec rurſus mortalibus appetendos...* Il
paroît par tout ce recit , que cette place étoit
le chef-d'œuvre du goût & de la puiſſance, que
les matieres les plus riches & les plus précieuſes
y étoient ſi abondantes , qu'il n'étoit pas même
poſſible d'eſperer d'en raſſembler autant ; auſſi
l'Empereur borna ſes prétentions à dire qu'il pourroit au moins avoir un cheval ſemblable à celui
qui portoit la ſtatue de Trajan : *Trajani equum
ſolum... imitari ſe velle dicebat & poſſe.* Ce fut
à cette occaſion qu'Hormiſda , Prince du ſang
royal de Perſe, qui s'étoit attaché au ſervice
de Conſtant , lui répondit qu'il devoit commencer par faire conſtruire une écurie ſem-

Trajan, il commença par l'éloigner de Rome, & voyant que l'exil où il l'avoit envoyé, ne diminuoit rien de sa franchise & de sa fermeté, il le fit périr sous des prétextes imaginaires.

Cette colonne est actuellement située au milieu d'une petite place qui a dû faire le centre du *Forum Trajani*. Le piedestal & la base étoient entiérement

---

blable à celle qu'il avoit sous les yeux, & qu'ensuite il seroit tems de penser à avoir le cheval, supposé que la chose fût possible : *Respondit (Hormisda) gestu gentili, ante Imperator stabulum tale condi jube si vales : equus quem fabricare disponis ita late succedat ut iste quem videmus.* On demandoit à ce Persan, ce qu'il pensoit de Rome ; ce qui m'en a plu, dit-il, c'est que j'y ai appris que l'on y mourroit comme ailleurs : *Id tantum sibi placuisse quod didicisset ibi quoque homines mori.*

Aulugelle, dans l'endroit que j'ai cité plus haut, nous apprend que les Consuls y tenoient d'ordinaire leur tribunal. C'étoit-là encore qu'ils accordoient la liberté aux Esclaves, dans le tems des Saturnales.

Ad Ulpia poscunt
Te fora, donabis quos libertate quirites ;
Perge, pater patriæ felix, atque omine fausto
Captivos vincture novos, absolve vetustos.
Siden. Apollin.

cachés sous les ruines des édifices renverſés dans les environs. Sixte V les fit enlever en 1588, & conſtruire une petite cour entourrée d'une baluſtrade dans laquelle on deſcend pour entrer dans la colonne & monter juſqu'au haut; ce trou eſt ſi profond qu'à peu de diſtance la colonne ne paroît avoir point de baſe, & ſortir immédiatement de terre. L'eſcalier eſt entiérement conſervé, & facile à monter : on a du haut de la colonne la vue ſur une grande partie de Rome, & ſur la campagne le long de la voie Flaminienne.

Elle eſt terminée aujourd'hui par une ſtatue coloſſale de St Pierre, qui remplace celle de Trajan. Ses cendres apportées de Seleucie à Rome, furent placées, ſelon quelques auteurs, dans le globe qu'il tenoit de la main gauche; ſelon d'autres elles furent dépoſées dans une urne à la baſe même de la colonne : quoi qu'il en ſoit on ne peut pas douter qu'elles n'ayent été placées dans cet endroit. *Trajani oſſa in ipſius columna ſepulta fuerunt*, dit Dion Caſſius, (l. 69.) Et Eutrope aſſure en termes formels qu'il fut le ſeul des Empereur enterré dans la ville.

Au ſortir de cette place, au commencement d'une petite rue qui monte au Capitole, on voit à main gauche une des plus anciennes inscriptions qui existent à Rome, gravée en trés-grands caractères sur la pierre, & conçue en ces termes : *C. publicio. l. f. Bibulo. Trib. pleb. honoris, virtutisque causa. S. C. populique. jussu. locus. monumento. quo. ipse posterique ejus. inferrentur. publice. datus. est.* Il y a deux sentimens sur cette inscription, l'un que ce fut dans cet endroit même que le tombeau de Bibulus & de sa famille fut placé ; l'autre qu'elle veut seulement dire que le Sénat & le peuple assignerent à Bibulus, en considération de ses services, un lieu distingué pour sa sépulture, dedans ou dehors de Rome, ce qui n'est point indiqué. Ce sentiment qui est celui du *Nardini*, me paroît le plus probable. Ce C. P. Bibulus dont parle Tite-Live, livre 27, étoit tribun du peuple l'an de Rome 543, fort zélé pour ses droits, & ennemi déclaré de la noblesse, des consuls & de tous les généraux de ce tems, à la négligence & à l'incapacité desquels il attribuoit le long séjour d'Annibal en Italie, & les progrès qu'il y avoit fait.

Tombeau d'Adrien.

27. Avant que de quitter le champ

de Mars & ce qui l'environne, je reviens au bord du Tibre, pour dire un mot du tombeau d'Adrien. *Moles Adriani*, aujourd'hui le château St Ange.

Ce monument, quand il subsistoit dans son entier, étoit l'un des plus remarquables de Rome ; l'Empereur Adrien qui l'avoit fait construire, & que l'on sçait avoir aimé & protégé les arts, qu'il porta à un haut point de splendeur à Rome, n'épargna rien pour le rendre plus magnifique que celui d'Auguste, vis-à-vis duquel il l'avoit fait placer de l'autre côté du Tibre, assez près pour qu'on peut les comparer ensemble, n'y ayant alors aucun bâtiment intermédiaire qui empêchât la vue de l'un à l'autre.

Sur un large socle de marbre parien, s'élevoit une grande tour ronde à trois étages différens, décorés de magnifiques colonnes de granite & de porphyre, que l'on croit avoir été transportées depuis à St Paul hors des murs, & en d'autres édifices publics de Rome. Sous les galeries avancées qui formoient ces divers ordres de colonnes étoient une multitude de statues & de bas-reliefs des meilleurs artistes de ce tems ; ce monument étoit terminé par une coupole au-dessus de laquelle étoit la grande pomme de pin de bronze que l'on voit encore dans le petit jardin du Belvedere au Vatican.

Procope qui en parle (*a*) en donne les dimensions générales, & dit qu'il étoit situé hors de la porte Aurelienne, à un jet de pierre des murs de la ville: on y voyoit, dit-il, des statues d'hommes & de chevaux de marbre parien, d'un ouvrage admirable. On joignit cet édifice aux fortifications de la ville par deux murailles qui venoient aboutir au Tibre. Sa construction étoit si solide

---

(*a*) *Hadriani Imperatoris monumentum est extrà portam Aureliam, abestque ab ambitu mænium quasi ad lapidis jactum. Spectaculum egregium, opus enim est ex lapide pario, & lapides inter se spectant ex adversum positi, nihil aliud intus habentes. Latera ejus quatuor sunt æqualia, latitudinem ad jactum lapidis habent singula, longitudinem & altitudinem supra murum Urbis, & supra statuæ ex lapide pario hominum & equorum stupendæ. Hoc monumentum veteres ut videtur, duabus substructionibus ab ambitu murorum ad ipsum pertinentibus struxerunt, ut esset Urbi pars muri. Videtur enim esse turris alta ante portam Aureliam pro munimento & propugnaculo posita. Ibi igitur erat propugnaculum sufficiens...* Proc. de Bell. Goth. l. I.

& si forte, qu'indépendamment de sa beauté, il servoit d'une défense suffisante à la ville de ce côté. *Ibi igitur erat propugnaculum sufficiens.*

Les Grecs & les Goths quand ils furent maîtres de Rome ne l'employerent pas à un autre usage ; & c'est dans ce tems de trouble & de désordre, que tous ses ornemens les plus précieux furent brisés par ceux qui y étoient assiégés, qui les lançoient par morceaux sur les assaillans. La solidité seule des colonnes, & l'impossibilité de les rompre, les sauva de ce désastre commun, & les conserva dans leur entier.

On fait remonter l'origine du nom de château St Ange, que porte aujourd'hui ce monument, à l'an 593. St Gregoire le Grand vit au haut de la tour un Ange qui lui annonçoit la cessation de la peste qui ravageoit la ville, lorsque pour obtenir cette grace du Ciel, il faisoit des supplications publiques, à la tête du clergé & du peuple.

Ce château ou tombeau, quelque délabré qu'il fût, étoit d'une construction si solide, que dans le neuvieme & le dixieme siécle, il servit de retraite à la plûpart des petits Tirans qui s'eleverent à Rome ; ce qui détermina le pape

Boniface VIII à s'en emparer, à le faire
fortifier, & à y tenir toujours une garnison. Alexandre VI & Pie IV y ajou-
tèrent de nouveaux ouvrages, & Urbain
VIII le mit dans l'état où il est aujour-
d'hui. Le corps principal de cette forteresse, formé par l'ancien tombeau
d'Adrien, est entourré de quatre bastions royaux, revêtus d'un large fossé
plein d'eau & de terres-pleins qui les défendent à l'extérieur du côté de la campagne. Ces fortifications sont garnies
d'une belle artillerie. Il y a une garnison
nombreuse pour la place, où le service
militaire se fait avec exactitude. C'est-là
où le trésor de l'Eglise, formé par Sixte
V, & peu augmenté depuis, est en dépôt, de même que les meubles & les
ornemens les plus précieux du souverain pontificat ; les bulles, manuscrits,
& papiers les plus intéressans pour la
Cour de Rome. On y tient aussi des
prisonniers d'Etat. Dans la grande sale
qui occupe le centre de l'ancien monument, sont des peintures à fresque de
Jules Romain, Perrin del Vaga, &
autres éleves de Raphaël, & quelques
antiques, parmi lesquels on pourra remarquer un buste d'Antonin le Pieux,
d'un très-beau travail, & une statue de

Rome triomphante, que l'on pourroit prendre pour une Pallas. L'arfenal eft peu confidérable, on y montre quelques armes défendues ou dangereufes, fur lefquelles on ne manque pas de faire des hiftoires prodigieufes. J'y ai vu une armure complette d'acier poli & cifelé, pofé par plaques roulantes fur un fonds de velours cramoifi. Dans les prés qui font le long du Tibre, on voit quelques veftiges du cirque d'Adrien, qui joignoit fon tombeau.

28. Le Théâtre de Marcellus commencé par Céfar, & achevé par Augufte pour immortalifer la mémoire de Marcellus fon neveu, dont il lui donna le nom ; eft fitué entre le Capitole & le Tibre, prefque vis-à-vis l'ifle de St Barthelemi. Vitruve en parle comme du plus magnifique édifice de ce genre qui fut alors à Rome ; & Publius Victor affure qu'il pouvoit contenir trente mille fpectateurs. C'eft un de ces édifices publics conftruits & perfectionnés fous le regne d'Augufte, & que ce prince fit paffer à la poftérité fous le nom des perfonnages de fa famille, auxquels il étoit le plus attaché. *Quædam opera fub nomine alieno, nepotum fcilicet & uxoris, fororifque fecit. Porticus liviæ* &

(marginal note:) Théâtre de Marcellus & autres antiques.

octaviæ Theatrum que Marcelli. Suet. in
Aug. l. 2. c. 29. Il en fit célébrer la
dédicace avec autant de folemnité que
de magnificence ; il rétablit à cette occafion les anciens poëmes dramatiques.
Vetera quoque Acroamata revocaverat,
dans lefquels les princes de fa maifon
firent les principaux rôles. *Theatrum
Marcelli Auguftus dedicavit, ludif ue
ejus rei gratia factis, Trojam, inter alios
patricios pueros, nepos Augufti Caïus lu-
fit.* Six cens bêtes féroces venues d'A-
frique furent tuées dans les combats :
Feræ Africanæ fexcentæ occifæ (Dio.
l. 54.) On remarque encore que l'on
vit pour la premiere fois à Rome, dans
ces jeux, un Tigre apprivoifé.

L'ordre ruftique & les voûtes du premier plan, de même que le fecond plan
avec fa colonnade, fubfiftent encore
dans leur entier. Il eft vrai que l'on ne
peut plus juger qu'avec peine de l'effet
de cette décoration extérieure, parce
que l'intervalle des colonnes a été mu-
ré & percé de petites fenêtres pour
éclairer les logemens qui y ont été
conftruits dans les fiécles poftérieurs ;
probablement lorfqu'il y avoit une forte
d'anarchie dominante à Rome, ce monument parut très-propre à faire une

place de fûreté, & il y a apparence que
les *Savelli* s'en emparerent alors. Tout
le vuide intérieur de ce théâtre, a été
comblé de terres apportées, pour faire
les cours & les terraffes du palais Savelli, qui a été bâti fur le théâtre même; de forte qu'à préfent on y monte
comme fur une montagne. Près de là
étoit un arc de triomphe ou portique
élevé par Augufte, fous le nom de fa
fœur Octavie; il en refte encore quelques arcades foutenues par des colonnes de marbre d'ordre corinthien, qui
ont l'apparence la plus noble.

En fuivant ce quartier, & tournant
au *Forum Romanum* ou Campo Vaccino, par les bords du Tibre, on rencontre l'ancien arc de Janus, que l'on
croit être le *Janus Septimianus* bâti par
Severe : il y avoit à Rome plufieurs de
ces arcs ou portiques que l'on appelloit
Jani. Ils étoient ordinairement dans le
goût de celui-ci, ouverts des quatre côtés par de grandes arcades égales, &
ils fervoient de loges ou de lieux d'affemblées aux marchands, & fur-tout
aux banquiers qui faifoient travailler
leur argent fur la place. *De quœrenda,
de collocanda pecunia, etiam de utenda,
commodius à quibufdam viris ad medium*

janum sedentibus, quam ab ullis philo-
sophis, ulla in schola disputatur. (Cic.
Off. 2.) Il y en avoit plusieurs de ce
genre à Rome, celui-ci est le plus remarquable & le mieux conservé ; il est
isolé de toutes parts, construit de très-
gros quartiers de marbre. Chaque portique est accompagné à l'extérieur de
quatre niches où ont été autrefois des
statues. Ce monument, ainsi que tous
ceux d'une construction solide, qui dans
leur origine furent destinés à l'embellissement de la ville & à son utilité, de-
vinrent dans des tems orageux le point
d'appuy du désordre & de la confusion ;
les constructions de brique qui sont au-
dessus de cette arc, étoient appellées
dans le treizieme siécle la tour de *Cen-
cio Frangipani*, baron Romain très-
puissant, qui, au moyen de cette espece
de forteresse, dominoit dans tout ce
quartier.

Cet arc n'a jamais eu d'autre destination que celle que j'ai indiquée ; on voit
très-bien qu'il n'a pas servi au culte religieux, comment y retrouveroit - on
l'origine des noms plaisans que l'antiquité avoit donnée à Janus ?

Nomina

Nomina ridebis, modo namque patulcius idem
Et modo sacrifico, clusius ore vocor.
Scilicet alterno, voluit rudis illa vetustas,
Nomine diversas, significare vices.

Ovid. Fast. i.

A côté est un autre petit Arc que les orfévres & les marchands de betail du *Forum Boarium*, qui commençoit à cet endroit firent élever, & dédierent à Septime Severe & à sa famille. Il est entierement conservé; les bas-reliefs dont il est décoré sont d'un très-bon goût; on y voit d'un côté cet Empereur, & sa femme *Julia Pia*, de l'autre Antonin Caracalla : Geta y étoit aussi représenté, mais après qu'il eût été assassiné, Caracalla fit enlever sa figure & son nom de tous les monumens où il se trouvoit; l'Autel, les instrumens des sacrifices, les victimaires sont d'un beau travail; la face principale est ornée de quelques étendards & enseignes militaires.

Il faut encore voir dans ce voisinage les restes de la *Cloaca Maxima*, qui étoit comptée avec raison, de même que quantité d'autres égoûts, parmi les choses admirables de la ville; la voûte dont

Tome VI.   N

l'ouverture du côté du Tibre, eſt de grands quartiers de pierre, d'une ſolidité à toute épreuve, & aſſez large pour que l'on pût y entrer & aller par-tout en bateau, pour viſiter s'il n'y avoit point de réparations à faire, ou s'il ne s'y formoit pas des engorgemens ; il y coule encore un ruiſſeau d'eau vive qui entraîne toutes les immondices dans le fleuve ; les bords de ce fleuve étoient l'ancien port de Rome ; celui ou Enée aborda, on y voit encore une partie des revêtiſſemens faits par Tarquin l'Ancien, que l'on appelloit *Pulchrum Littus.*

Les Banquiers, les Orfévres, & les Libraires avoient leurs établiſſemens principaux dans cette région de la ville, dont une partie étoit appellée *Velabrum,* l'autre *Argiletum* ; c'étoit-là où ſe débitoient les productions des Poëtes & des autres Auteurs, qui les rendoient publiques.

Argiletanas mavis habitare Tabernas
Cùm tibi parve liber, ſcrinia noſtra vacent?
Neſcis, heu, neſcis, Dominæ faſtidia Romæ
Crede mihi, nimium Martia turba ſapit.

. . . .

Ætherias laſcive cupis, volitare per auras,
I, fuge, ſed poteras tutior eſſe domi.

Mart. l. 1. Ep. 4.

Je fais une mention particuliere de tout ce quartier autrefois ſi peuplé & où ſe faiſoit le plus grand mouvement de Rome ancienne, & preſque tout ſon commerce, pour qu'on le compare avec ſon état actuel de ſolitude & de dépopulation. Il ſemble que ce terrein abandonné, n'attende qu'une plus longue ſuite d'années, & un abandon continué, pour retourner à ſon premier état, à celui où il étoit lorſque Janus & Saturne vinrent s'y établir.

Hæc nemora indigenæ Fauni, Nimphæque tenebant.

Genſque virum truncis & duro robore nata,
Queis neque mos, neque cultus erat; nec jungere tauros,
Aut componere opes norant, aut parcere parto.

Virg. Eneid. 8.

C'eſt l'idée que ſemble faire revivre l'état actuel des choſes, & cette multitude de ruines qui occupent le *Forum Boarium*, & ce quartier où tout le commerce intérieur & extérieur de Rome ſe faiſoit, où virgile feint avec raiſon que la flotte d'Enée vint aborder en remontant le Tibre; car c'étoit là que débarquoient, tout ce qui venoit à Rome par la mer & le fleuve.

N ij

29. Le *Forum Romanum* si fréquen-
té, décoré des plus superbes édifices,
n'a plus que quelques restes de constructions, confusement répandues, qui
dans leur état de ruine, annoncent encore son ancienne magnificence ; il s'é-
tendoit dans le vallon qui est entre le
Palatin & le Capitole, de l'arc de Septime Severe jusqu'à celui de Tite. La
Voye Sacrée le traversoit dans toute
sa longueur. On voit quelques vestiges
du Temple de la Paix & de celui de la
Concorde, de ceux du Soleil & de la
Lune, de Jupiter *Feretrius* ou *Siator* ;
on montre la place où étoit le lac de
Curtius absolument comblé ; mais plus
ces édifices ont eu de magnificence,
plus on s'apperçoit de l'effet du tems
sur eux & des injures des barbares ; ils
perdent même tous les jours quelque
chose de leur existence par des dégradations nouvelles ; & si l'on ne pren-
noit à présent quelque soin pour conserver ce qui en reste, bientôt on n'en
retrouveroit plus aucun vestige. Le nom
même qu'a aujourd'hui cette place autrefois si célébre, & que l'on ne connoît plus que sous le nom de *Campo
Vaccino*, semble nous la représenter
dans le même état où elle étoit lorsqu'Enée abordant au pied de l'Aventin,

fut reçu par Evandre, Roi ou Cultiva-
teur de ce pays.

> Ad tecta subibant
> Pauperis Evandri, passimque armenta videbant
> Romanoque foro & lautis mugire carinis.

Virg. ibid.

Cependant ce pays dans sa pauvreté
même étoit déja illustre par les grands
hommes qui y avoient passé ; le nom
célébre de ses anciens habitans faisoit
dejà une partie de son mérite. Evandre
dit à Enée de ne pas faire attention au
peu d'apparence des bâtimens, à la
médiocrité de leur construction, qu'Hercule même ne les avoit pas dédaignés.

> Ut ventum ad sedes : hæc inquit, limina victor
> Alcides subiit hæc illum regia cæpit.
> Aude Hospes contemnere opes, & te quoque
>   dignum
> Finge Deo : rebusque veni non asper egenis.

Virg. ibid.

C'est encore cette même idée qui
rend toute cette partie de Rome en ruine, la plus curieuse, & celle que l'on
voit avec le plus d'empressement. On
peut dire, là étoient les palais des Scipions, des César, de Pompée, d'Auguste. C'est là que passoient ces Triom-

N iij

phateurs qui ammenoient à Rome le luxe & les richeffes de tout l'univers; on y trouve dans les arcs de Tite, de Septime & de Conftantin, les monu- mens des victoires les plus célébres.

Au pied du Capitole font trois gran- des colonnes avec leurs chapiteaux, leurs architraves, & couronnement d'ordre corinthien; elles font les reftes d'un Temple bâti à Jupiter Stateur, brûlé fous l'empire de Neron, & que l'on n'a jamais rétabli; les veftiges de ce Temple que l'on remarquoit encore dans le feizieme fiécle, prouvent qu'il avoit eu deux aîles, & un double rang de colonnes à l'extérieur. J'ai vu des gens à Rome qui prétendoient que ces colonnes étoient les reftes d'une galerie conftruite du tems de Néron, pour paf- fer du palais des Empereurs au Capi- tole, mais leur pofition même eft con- tre ce fentiment.

Un peu plus bas en avançant davan- tage fur le *Campo Vaccino*, font les reftes du temple de la concorde, dont le veftibule fubfifte encore dans fon entier: il eft compofé de fix colonnes de gra- nite oriental d'ordre Ionique, qui por- tent un fronton d'un très-bon goût. Il y a diverfes opinions fur le tems au quel ce temple très-fameux à Rome fut bâti ; Plutarque dit qu'il fut l'ouvrage de Camille, lorsqu'il eut rétabli la paix entre les Patriciens & le Peuple. Appien prétend qu'après le meurtre des Gracques, le conful Opimius fit élever un temple à la concorde dans le *Forum Romanum,* en vertu d'un décret du Sénat : ce qui irrita beaucoup le peuple, & on trouva écrit sur le frontifpice, *Vecors facinus concordiæ fanum fecit.* St Auguftin qui l'avoit vu dans un état fans doute mieux confervé qu'il n'eft à préfent, a dit : *Ædem concordiæ, teftem ædis & fupplicii Gracchorum.* Dans la fuite des tems, les Empereurs ayant ajouté de nouveaux ornemens à ce temple, la Flatterie écrivit qu'ils en étoient les Fondateurs. Ainfi Suetone dit de Tibere : *Dedicafti ædem concordiæ,* & Ovide parlant des victoires remportés fur les Germains, dit :

Inde triumphatæ, libafti munera gentis,

Templaque fecifti quam colis ipfe deæ.

Faft. I.

Le Sénat s'affembloit fouvent dans le temple pour les affaires les plus intéreffantes de la République, & il paroît qu'il n'y avoit que ceux qui étoient en

N iv

magiftrature, & les plus anciens des Sénateurs qui y entraffent alors : *Ubi magiftratus cum Senioribus deliberabant.* Sorte d'affemblée que l'on pourroit comparer au tribunal de Venife, appellé le *Collége.* C'eft-là où les complices de Catilina furent jugés ; c'eft-là où l'on prononçoit fur la deftinée des Rois. Les Chevaliers Romains affis fur les dégrés du Veftibule, veilloient à la fûreté & à la tranquillité des Magiftrats affemblés dans l'intérieur du temple, & les plus puiffans rois de l'Afie fe croyoient honorés d'avoir une place parmi eux.

Que de grandes idées rappellent ces monumens antiques, mais ce ne font plus que des idées, plus éloignées de nous encore, que les tems d'Hercule ne l'étoient du fiécle d'Evandre & d'Enée : on voit que tous ces monumens étoient dignes de la puiffance & de la richeffe des Romains ; mais plus ils ont été magnifiques, plus ils prouvent fenfiblement, qu'enfin le tems détruit tout.

Ce Temple de la concorde étoit décoré à l'intérieur & à l'extérieur dés plus belles ftatues ; très-anciennement il avoit au comble le fimulachre de la victoire qui fut renverfé par la foudre l'an de R. 552. *In æde concordiæ, victoria*

quæ in culmine erat fulmine icta, decuſ-
ſaque ad victorias quæ in antefixis erant
adhæſit. Tit. Liv. l. 26.

De quelque côté que l'on ſe tourne
dans cette partie de Rome, on retrouve
quelques veſtiges de ſon ancienne ſplen-
deur, qui annoncent combien ce quartier a dû être ſuperbe : *Quacumque ingre-*
dimur in aliquam hiſtoriam veſtigium po-
nimus. Cic. l. 5. *de fin.* Et c'eſt ce qui
fait que quoiqu'inhabité & fort triſte, il
eſt toujours peuplé d'amateurs & de curieux, qui trouvent dans ſes ruines mille
ſujets de s'inſtruire d'une maniere ſolide
& intéreſſante.

30. Vis-à-vis du Clivus Capitolinus
ou chemin par lequel les triomphateurs
montoient au Capitole, au ſortir de la
voie ſacrée ; eſt l'arc triomphal de Septime Severe conſtruit au commencement
du troiſieme ſiécle de l'ère Chrétienne.
Il fut élevé par l'ordre du Sénat & du
peuple qui le dédierent à cet Empereur,
& aux Princes ſes fils, après ſes deux
expéditions contre les Parthes, heureuſement terminées (*a*).

Arc de Se-
vere & autres
monumens.

_____

(*a*) *Imp. Cæſ. Lucio. Septimio. M. fil. Severo.*
pio. pertinaci. Aug. patri. patriæ. Parthico.
Arabico. & Parthico. Adiabenico. Pontif. Ma-

N v

Les bas-reliefs qui repréfentoient les traits principaux de la guerre contre les Parthes, & les victoires de Severe fur Pefcennius Niger, & Claudius Albinus fes compétiteurs à l'Empire, font fort dégradés; ce qui refte de plus entier font les grandes victoires aîlées, qui font à la naiffance des arcs, & les huit belles colonnes cannelées d'ordre Corinthien, qui font aux deux faces principales; elles ont encore leurs chapitaux. Les bafes font couvertes en partie par les

---

ximo. Trib. poteft. XI. Imp. IX. Coff. III. procos. & Imp. Cæf. M. Aurelio. L. F. Antonino, Aug. pio. felici. Trib, poteft. VI. cof. procos. P. P. optimis. fortiffimifque. principibus. ob. Rempublicam. reftitutam. Imperiumque. populi. Romani. propagatum. infignibus. virtutibus. eorum. domi. forifque. S. P. Q. R.

Telle eft l'infcription qu'on lit aux deux faces de cet Arc, comme le nom de Geta ne s'y trouve point, on a penfé qu'il n'avoit été érigé que lorfqu'Antonin Caracalla regna feul après avoir affaffiné fon frere. Mais on prétend qu'à la place de ces mots: *Optimis fortiffimifque principibus*, qu'on lit dans l'infcription; on lifoit d'abord *& P. Septimio Getæ, nobiliffimo Cæfari;* ce que Caracalla fit effacer: les lettres qui forment les trois mots: *Optimis fortiffimifque principibus*, ont quelque différence dans la forme, & le marbre paroît avoir été creufé dans cet endroit, pour y faire le changement dont j'ai parlé.

accroiſſemens du terrein, de même que les paſſages ſous les arcs de côté. Malgré ces dégradations, ce monument eſt encore de la plus belle forme, & on voit qu'il tient au meilleur goût d'architecture. Il eſt en entier de marbre, & il étoit autrefois couronné par un char triomphal, attelé de ſix chevaux de front, où étoient placées les ſtatues de l'Empereur & de ſes deux fils Caracalla & Geta. Le char étoit accompagné de quatre ſoldats Romains, deux à pied & deux à cheval ; on peut encore monter ſur la plate forme de cet arc par un eſcalier qui eſt pratiqué dans l'épaiſſeur même d'un des petits arcs de côté.

De ce même côté au pied du Capitole, ſont les reſtes des premieres priſons bâties à Rome par le roi Tullus, & qui furent long-tems les ſeules.

Felices proavorum Atavos, felicia dicas
Sæcula quæ quondam ſub regibus atque tribunis,
Viderunt uno contentam carcere Romam.

Juv. S. 6.

On appelle encore aujourdhui l'antique édifice ſouterrein qui eſt au-deſſous de la petite Egliſe de St Joſeph, *Carcere Tulliano* ou *Mamertino*. On a fait une Chapelle dans l'endroit même où la

N vj

tradition est que les Apôtres St Pierre &
St Paul furent enfermés avant que d'ê-
tre conduits au dernier supplice. On y
descend par un petit escalier de pierre,
étroit & obscur : de cette Chapelle on
pénètre dans un cachot plus profond
encore, dans lequel est une petite fontaine qui sortit miraculeusement de terre, lorsque St Pierre voulut baptiser les
SS. Martyrs, Processe & Martinien;
c'est probablement dans cette prison que
l'on jettoit les Princes malheureux destinés à la mort, après avoir orné de leur
présence, le triomphe des vainqueurs
Romains (a).

_____

(a) C'est dans cette prison même qu'une fille
Romaine, du peuple, donna très-anciennement
le spectacle le plus touchant de l'amour filial,
porté à son comble. Exemple d'autant plus admirable, qu'il fit absoudre la mere du crime ca-
pital pour lequel elle avoit été condamnée par le
Préteur, & que la mémoire en fut conservée
comme du trait le plus frappant de la vertu Romaine : *Nulla enim acerbitate fortunæ nullis sor-*
dibus, pretium charæ pietatis evilescit. Le garde
de la prison, dit Valere Maxime, touché de
compassion sur le sort malheureux de cette femme, ne la fit pas étrangler tout de suite, comme il en avoit l'ordre ; il permit même à sa
fille de la venir voir, après avoir pris toute les
précautions pour qu'elle ne lui apportât aucun

L'Eglife de St Laurent *in Miranda*, eſt bâtie ſur les ruines même du temple d'Antonin & de la premiere Fauſtine, que Marc-Aurele fit élever & dédier à leur honneur ; ainſi que le porte l'inſcription. *D. Antonino. & D. Fauſtinæ.*

---

aliment : étonné de ce que cette femme ſe ſoutenoit ſans prendre de nourriture, il voulut voir ce qui ſe paſſoit entre la mere & la fille ; mais quel fut ſon étonnement quand il vit la fille nourrir la mere de ſon propre lait. Il raconta cette merveille au Triumvir & au Préteur, qui ſolliciterent eux-mêmes la grace de cette femme qui lui fut accordée. *Quo non penetrat aut quid non ex cogitat pietas... quid tam inauditum quam matrem natæ uberibus alitam. Putaret aliquis hoc contra rerum naturam factum, niſi diligere parentes prima naturæ lex eſſet.* Val. Max. l. v. c. iv.

Mais comme les Peintres repréſentent ordinairement une fille alaitant ſon pere dans la priſon ; ils ne ſe trompent pas pour cela, ſur la vérité du fait ; mais ils imitent encore les peintres Grecs qui les premiers ont fait paſſer à la poſtérité le ſouvenir de la charité de *Péro* pour ſon pere *Cimon*, que je crois l'un & l'autre Athéniens ; Cimon à un âge déja avancé, avoit été condamné à mourir de faim en priſon, & ſa fille le nourrit par le même ſtratageme. *Hærent ac ſtupent hominum oculi, cum hujus facti pictam imaginem videret, caſuſque antiqui conditionem, præſentis ſpectaculi admiratione repovant. Id ibid.*

ex S. C... qu'on lit fur la frife du portique dont il refte en pied, dix grandes colonnes de marbre d'ordre Corinthien,
qui fervent de veftibule à cette Eglife.

La forme extérieure du petit temple
de Romulus, qui eft dans ce voifinage,
prouve fa grande ancienneté ; on fait
remonter fa conftruction au cinquieme
fiécle de la République, après la défaite totale des Samnites. C'eft-là que le
Sénat s'affembloit pour les affaires les
plus fécrettes, & les plus importantes. Il
fubfifte encore dans fon entier, & fert
de veftibule à l'ancienne Eglife de St
Côme & St Damien, qui fut agrandie
& réparée par le Pape Adrien I, qui
vivoit à la fin du huitieme fiécle, lequel
y fit placer les portes de cuivre que l'on
y voit encore, de même que les colonnes antiques de porphire qui l'accompagnent, & faire les mofaïques qui font
au fond du chœur. C'eft dans ce Temple que l'on a trouvé l'ancien plan de
Rome gravé fur marbre, que l'on voit
au Capitole.

Temple de la paix. Arc de Tite. 31. Les trois arcs qui reftent du temple de la Paix, bâti par Vefpafien après
qu'il eût triomphé de la Judée, ne pourroient pas donner une idée de fa magnificence, fi l'on n'en trouvoit pas les

defcriptions les plus circonftanciées, dans les auteurs contemporains ; c'étoit le plus fuperbe édifice de ce genre , & le plus vafte qu'il y eût alors dans l'univers. Il étoit partagé en trois nefs ou galeries parallèles, féparées par huit grands pilaftres, contre chacun defquels étoient élevées de grandes colonnes cannelées de marbre blanc. La feule qui refte eft celle que le pape Paul V, a fait élever dans la place de Ste Marie Majeure. La longueur de ce Temple étoit de trois cents pieds, & fa largeur de deux cents. Le portique que lon ne connoît plus que par les médailles de Vefpafien, étoit foutenu par fix colonnes de marbre d'ordre Ionique : il étoit couvert & revêtu à l'extérieur de grandes tables de bronze doré. Non-feulement l'Empereur y avoit fait mettre en dépôt toutes les richeffes qu'il avoit apportées de la Syrie, mais encore les dépouilles les plus précieufes du Temple de Jérufalem. Les citoyens les plus riches y avoient placé leurs tréfors, comme dans un lieu de fûreré, fous la protection & la garantie de la paix, de l'Empereur & du Sénat. Il étoit décoré des ftatues les plus parfaites, & des tableaux des peintres les plus célébres

de l'antiquité. J'ai déja parlé de la ftatue du Nil qui eft au palais du Vatican.
C'eft là qu'étoit le chef-d'œuvre de Pro-
togene, le tableau tant vanté d'Yalife
fameux chaffeur & fondateur de Rho-
des, où ce peintre ne pouvant pas repréfenter à fon gré un chien haletant
& la gueule pleine d'écume, jetta de
dépit contre le tableau, l'éponge dont
il nétoyoit fes pinceaux, & réuffit par
un heureux hazard à repréfenter de la
maniere la plus vraie un effet de la nature, & qu'il travailloit depuis long-
tems à rendre avec cette vérité à laquelle
il défefpéroit d'arriver. Ce Temple
avoit encore une Bibliothéque publique
dont parle Aulugelle (l. 6. c. 21.) les
profeffeurs des arts libéraux s'y affem-
bloient pour y faire des leçons publiques.

Cet édifice fi magnifique & fi précieux par fes ornemens & la quantité
de richeffes qu'il renfermoit, bâti avec
une folidité & un foin, dont on peut
juger par les trois arcs d'une des galeries collatérales qui fubfiftent encore,
ne dura pas plus d'un fiécle; il périt
par un incendie qui embrafa tout ce
quartier, & détruifit, entr'autres édifices remarquables, le Temple de Vefta.

Hérodien qui parle de cet accident (*a*) qui fut auſſi funeſte pour le public que pour grand nombre de particuliers, fort riches auparavant, mais qu'il réduiſit à une pauvreté extrême ; dit qu'on ne ſçavoit alors à quoi en attribuer la cauſe ; il ne fut precédé d'aucun orage, on avoit ſentit ſeulement quelques ſécouſſes légeres de tremblement de terre, qui, au rapport de cet hiſtorien, firent ſortir des entrailles de la terre un feu ſecret lequel en ſe développant, réduiſit en cendres ce magnifique édifice & tout ce qui l'environnoit, avec tant

---

(*a*) *Maximum autem nefas, cum in præſens dolorem attulit, tum infuturum peſſimo augurio, univerſos conterruit. Nam cum neque imbres ulli, neque nubes, tantumque exiguus terræ motus anteceſſiſſet ; ſeu noǎurni caſu fulminis, ſive igni aliquo, in ipſo terrarum motu velut extrito, totum de improviſo pacis Templum, conſumptum incendio eſt, quod unum ſcilicet opus cunǎorum tota Urbe maximum fuit atque pulcherrimum : idem Templorum omnium opulentiſſimum egregieque munitum, multoque ornatum auro & argento, quippe univerſi ſuas illic divitias quaſi in Theſaurum congerebant : ideoque per noǎem debacchatus ignis, multos ex opulentis egenos reddidit ; qua propter communem quidem jaǎuram publice omnes, ſuam autem quiſque privatim deplorabant. Herod. l. 1.*

d'impétuosité & de promptitude, que l'on ne put rien en retirer, & que les ruisseaux de métaux fondus couloient dans la voie sacrée avec l'eau que l'on jettoit inutilement pour éteindre les flammes. On voit encore au palais Farnése l'inscription qui fut placée au frontispice de ce Temple, lors de sa dédicace. *Paci. Æternæ.* — *Domus* — *Imp. Vespasiani.* — *Cæsaris. Aug.* — *liberorumque. ejus.* — *sacrum.* —

L'Arc de Tite est le plus ancien monument de cette espece, qui subsiste à Rome, il termine le *Forum Romanum* de ce côté & lui sert de porte. Les bas-reliefs dont il est décoré sont d'un excellent travail ; d'un côté on voit ce Prince dans le char triomphal attelé de quatre chevaux de front, précédé des Licteurs & accompagné du Sénat & de l'armée ; derriere le Héros est une Victoire debout qui tient d'une main une palme de Judée, & de l'autre une couronne qu'elle lui met sur la tête ; Rome triomphante assise sur le devant du char, tient les rênes des chevaux qu'elle conduit. Ce grand bas-reliefs est de la plus belle exécution, d'une précision & d'une finesse admirable de dessein, les chevaux sur-tout, sont rendus avec la vérité de la nature même. De l'autre côté font les dépouilles du Temple de Jérufalem, le chandelier à fept branches, les trompettes du Jubilé, la table des pains de propofition, une efpece de coffre quarré que l'on prend mal-à-propos pour l'arche d'alliance, dont les Juifs n'étoient plus en poffeffion depuis plufieurs fiécles. Cet arc étoit accompagné de chaque côté de deux colonnes de marbre d'ordre Corinthien, qui foutenoient une frife chargée de quelques bas-reliefs ; mais toute cette décoration extérieure a été fort mutilée. Au deffus de l'architrave du côté du collifée on lit cette infcription :

S. P. Q. R.

Divo Tito. Divi. Vefpafiani. F.

Vefpafiano Augufto.

La qualification de *Divus* donnée à Tite, fait croire que ce monument ne fut achevé qu'après fa mort. (*a*)

En le confidérant on fe rappelle néceffairement le fouvenir du triomphe le plus magnifique dont les Romains ayent

---

(*a*) Une infcription trouvée en démoliffant l'ancienne Eglife de St Pierre au Vatican, fem-

jamais eu le spectacle. *Vespasianus &*
Titus imperatores, magnificum agentes
de judæis triumphum, urbem ingressi
sunt, pulchrum & ignotum antea cunctis
mortalibus, inter trecentos viginti trium-
phos, quia conditione urbis usque ad id
tempus acti erant, hoc spectaculum fuit.
Paul. Orof. l. 7. c. 9. Les richesses immenses que la conquête de la Judée fit
passer à Rome, la gloire d'avoir subjugué une nation qui s'étoit défendue
avec tant de constance & d'opiniatreté
contre toute la puissance Romaine,
rendirent cette pompe si magnifique par
elle-même, & plus intéressante encore
pour la gloire du nom Romain.

Les Juifs toujours affligés de la des-
truction de Jérusalem & de son Temple, persuadés que l'avénement du Mes-
sie qu'ils attendent, les rétablira en corps

---

ble fixer le tems auquel cet arc fut érigé, sous
le regne de Trajan.

D. *Tito.*
D. *Vespasiani F. Augusto.*
Imp. *Cæs. D. Nervæ F. V. Trajanus.*
Germanicus. dacicus. Pont. Max. Trib. pot. cos.
P. P.

de nation dans ce lieu même qui répa-
roîtra dans toute fa fplendeur, n'ont
pû s'accoutumer à paffer fous cet arc,
qui eft la preuve la plus affligeante & la
plus fenfible, du malheur le plus terrible qu'ils croyent avoir éprouvé. Ils ont
acheté du gouvernement la permiffion
de s'ouvrir un petit paffage à côté de
l'arc de Tite, dont ils fe fervent quand
ils font obligés d'aller du côté du Collifée, & de toute cette partie de Rome
qui n'eft prefque plus occupée que par
des ruines (a).

(a) Le Suedois, auteur des nouveaux Mémoires fur l'Italie, & qui trouve quelque chofe
d'auffi rare que fublime dans l'affliction des Juifs,
dit que le paffage dont j'ai parlé, fert pour la
communication du quartier des Juifs, avec le
Forum Romanum ou *Campo Vaccino*, s'il eût
eu le plan de Rome fous les yeux, il eût vu que
le *Ghetto* ou *Seraglio degli ébrei*, fitué entre le
Pont Sixte & l'ifle du Tibre, eft plus haut que le
Campo Vaccino, dont les Juifs font moins éloi-
gnés que de l'arc de Tite, près duquel ils ne
peuvent paffer pour aller de leurs habitations
dans cette partie de Rome. Il n'eft pas exact
quand il parle de cette nation. Il dit à l'article
de Venife, Tom. 2. pag. 43 » Les Juifs font
» obligés de porter leurs morts *al' Lido*, pour
» y être enterrés en terre ferme. Revenants u■

La Voye Sacrée, le long de laquelle
étoient presque tous les monumens célèbres dont je viens de parler : *Quâ sacra quotquot mensibus feruntur in arcem,
& perquam augures, ex arce profecti so-
lent in augurare*..... traversoit le *Forum Romanum*, & alloit ensuite de l'arc
de Tite se terminer à la place qui précéde le collisée, ou l'amphithéâtre de
Vespasien : Elle conserve toujours son
ancien nom, & même quelque chose
de sa premiere considération, sur-tout
aux yeux des voyageurs curieux.

Le fameux palais de Neron appellé
Domus aurea, dont Suetone donne une
description très-détaillée, occupoit une
partie de l'emplacement du Forum Ro-

» jour de ce Lido, où nous allions quelquefois
» prendre les bains, nous rencontrames un con-
» voi Juif «. Il est bon que le noble Suedois se
rappelle, que le *Lido* est l'extrémité la plus
orientale des Lagunes du côté de la pleine mer.
Il auroit dû apprendre à Venise que la *Venezia
maritima s'estende par Lunghezza da grado à
Capo d'Argine, è per Larghezza tra il conti-
nente ed ilidi* : Ainsi le *Lido* où est effectivement
le cimétiere des Juifs, est la partie des Lagunes
la plus éloignée de la terre ferme. Il s'en faut
beaucoup que ses observations, quoiqu'écrites
d'un style avantageux, soient exactes.

manum, le mont Palatin, l'espace qui
est de là au mont Celius, & une partie
de l'esquilin ; il ne se crut logé conve-
nablement, que lorsqu'il se fut emparé
de toute cette partie du territoire de
Rome, qu'il destina à son seul usage. De
toutes ses folies, la plus à charge & la
plus dommageable étoit celle de bâtir.
Non alia re damnosior quam in ædifican-
do, domum à palatio ad esquilias usque
fecit, quam primo transitoriam ; mox
incendio absumptam restitutamque, au-
ream nominavit, de cujus spatio at-
que cultu suffecerit hoc retulisse. Vesti-
bulum ejus fuit in quo colossus centum
viginti pedum staret ejus effigie. Tan-
ta laxitas ut porticus triplices milliarias
haberet : item stagnum maris instar cir-
cumseptum ædificiis, ad urbium speciem.
Rura in super arvis atque vinetis, &
pascuis silvisque, varia cum multitudine
omnis generis pecudum ac ferarum. In
cœteris partibus cuncta auro lita, distin-
cta gemmis, unionumque conchis erant.
Cœnationes laqueatæ, tabulis eburneis
versatilibus, ut flores fistulis & unguenta
desuper spargerentur, præcipua cœna-
tionem rotunda, quæ perpetuo diebus ac
noctibus vice mundi circumageretur. Ba-
lineæ marinis & Albulis fluentes aquis ;

ejus modi domum cum absolutam dedica-
ret, hactenus comprobavit, ut se diceret
quasi hominem tandem habitare cœpisse.
Suet. in Nerone. Cette description donne l'idée du palais le plus magnifique qui
ait jamais été construit; les colonnes, les
bronzes & les marbres que l'on conjecture y avoir été employés, la confirment,
tant ils conservent encore de beauté.
Ce grand édifice qui sans doute avoit
souffert pendant les guerres civiles, qui
s'éleverent immédiatement après la
mort de Neron, fut absolument détruit
par Vespasien, lequel suivant l'expression
de Martial, rendit Rome à elle-même,
& restitua au peuple ce qu'un maître in-
juste avoit usurpé pour sa satisfaction
particuliere. C'est devant ce palais qu'é-
toit ce colosse de cent vingt pieds de
hauteur, le plus grand dont on ait entendu parler, que Neron s'étoit dédié
à lui-même. Vespasien sans le détruire
en changea la destination, il le fit placer devant l'amphithéâtre, après en
avoir fait enlever la tête qui ressembloit
à Neron, & mettre en sa place celle
du Soleil entourrée des rayons de vingt-
deux pieds de longueur. C'est des matériaux de ce palais que furent construits le Temple de la Paix, les Thermes

més de Tite & l'Amphithéâtre (*a*).

Dans l'enceinte de ce palais étoit un petit temple dédié *Fortunæ Seïæ*, bâti dès le tems des premiers Rois de Rome. Néron le fit reconstruire d'une pierre spéculaire ou transparente, trouvée en Cappadoce, que Pline appelle *Lapis phengites*, le peu de connoissance

---

(*a*) *Hic ubi sidereus propius videt astra co-*
    lossus ,

  Et crescunt media ; pegmata celsa via ;
Invidiosa feri radiabant atria Regis ,
  Unaque jam tota , stabat in Urbe domus.
Hic ubi conspicui , venerabilis Amphitheatri ,
  Erigitur moles , stagna Neronis erant.
Hic ubi miramur , velocia munera Thermas ,
  Abstulerat miseris tecta superbus Ager.
Claudia diffusas ubi porticus explicat umbras ,
  Ultima pars aulæ , deficientis erat.
Reddita Roma sibi est , & sunt te præside Cæsar ,
  Deliciæ populi , quæ fuerant Domini.

            Martial. Ep. 2. l. Spect.

On retrouve encore les vestiges des principaux monumens dont parle Martial dans ces vers adressés à Vespasien, le *Porticus Claudia* ne subsiste plus, & je crois que l'on en a employé les marbres & les colonnes dans les Eglises voisines,

que l'on a eu long-tems des pierres &
des marbres, a fait croire que le récit
de cet auteur étoit fabuleux ; mais quand
on a vu les colonnes d'albâtre tranfparent qui font à la bibliothéque du Vatican & à la galerie de Florence : les vi-
tres de l'Eglife *San Miniato* à Florence
qui font de même matiere que quelques
albâtres de Sicile : on ne peut plus douter de la vérité de ce récit ; fi l'on avoit
de cette pierre en affez grande quantité, il ne feroit pas difficile d'en faire
un édifice tout-à-fait tranfparent, la
pierre étant par elle-même affez folide
pour être employée dans toute efpece
de conftruction. *Quare etiam foribus
opertis, interdiu claritas ibi divina erat,
haud alio quam fpecularium modo, tan-
quam inclufa luce, non tranfmiffâ.* Plin.
Hift. Nat. l. 37. Il n'eft pas douteux
qu'un temple bâti de cette efpece de
pierre, fermé de tous côtés, & rece-
vant également & dans toutes fes parties une lumiere douce, avoit quelque
chofe de plus majeftueux & de plus capable d'infpirer du refpect, que tout ce
que nous connoiffons dans ce genre ; la
fplendeur de la divinité même que l'on
y adoroit fembloit l'éclairer.

Amphithéâ-
tre.

32. A cet édifice immenfe fuccéda

le superbe Amphithéâtre que Vespasien fit construire après qu'il eût triomphé de la Judée, pour remplir le projet qu'Auguste en avoit formé. *Amphitheatrum urbe media ut destinasse compererat Augustum.* Suet. Construction dont la magnificence l'emportoit sur les pyramides d'Egypte, le temple d'Ephèse, & les autres merveilles du monde (*a*).

Il est certain que ses ruines même dans l'état où elles sont, donnent la plus grande idée de la puissance qui le fit construire. Douze mille Juifs amenés esclaves à Rome, y travaillerent sans relâche, & acheverent cet ouvrage immense en moins d'une année, à ce que l'on prétend.

(*a*) *Barbara pyramidum sileat miracula,*
    Memphis,
Assiduus jactet nec Babylona labor.
Nec Triviæ templo Molles laudentur honores,
    Dissimuletque Deum cornibus ara frequens:
Aere nec vacuo pendentia Mausolea.
    Laudibus immodicis, cares in astra ferant;
Omnis Cæsareo labor cedat Amphitheatro,
    Unum pro eunctis, fama loquatur opus.
          Mart. Ep. 1. L. Spect.

Les quatre ordres, dorique, ionique,
corinthien & composite, furent employés
dans la décoration de l'enceinte extérieure, qui avoit autant de rang de colonnes, entre lesquelles étoient placées
une multitude de statues, dont il ne
reste plus que les niches & les piédes-
taux; on voit que l'on avoit pris toutes les précautions pour assurer à cet
ouvrage une durée éternelle. Les différens ordres étoient disposés de façon
que le premier avoit plus de saillie que
le second, & ainsi des autres : les pierres
étoient unies entr'elles par de gros
cloux de bronze dont les têtes étoient
faites en rose, il n'en reste plus aucun;
& les Barbares, pour les enlever, ont
fort détérioré la construction sans cependant la déformer. Tout au dessus,
dans la frise qui termine le quatrieme
ordre, sont de petites fenêtres quarrées
près les unes des autres, au-dessous
desquels étoient des cylindres de bronze
auxquels étoient attachées les cordes
qui soutenoient les toiles employées à
couvrir l'Amphithéâtre, quand il etoit
besoin.

Quant à l'intérieur il est absolument
dégradé, il ne reste plus rien ni du
thrône de l'Empereur, ni des balcons

où se plaçoient la famille Royale & les princes étrangers ; on peut juger de la maniere dont les degrés étoient dispo- sés autour, par les ruines de la ma- connerie sur laquelle ils étoient placés. Il y avoit trois rangs de corridors dou- bles les uns au-dessus des autres ; il en reste encore un côté tout entier aussi solide que s'il venoit d'être construit, les deux rangs d'arcades qui ferment cha- que corridor, ont chacun quinze pieds de largeur, & sont de pierre blanche de Tivoli ; le pavé est de grandes briques recouvertes d'un mastic qui a la solidité du marbre. Le rang d'en bas est actuel- lement employé en partie à faire du salpêtre, & il est rempli de terre & du fumier ; les souterrains qui servoient à enfermer les bêtes féroces, sont pres- que entiérement comblés. On entroit dans ce vaste édifice par quatre gran- des portes qui avoient quatorze pieds huit pouces de largeur, sur une hauteur proportionnée ; il y avoit autant de grands escaliers pour monter aux corri- dors, dont le mieux conservé est à pei- ne praticable.

On assure que cet amphithéâtre con- tenoit quatre-vingt-sept mille specta- teurs assis, & vingt mille débout, qu

se plaçoient aux différentes ouvertures.
Il a dans œuvre 550 pieds de longueur,
470 de largeur, & 160 de hauteur ; on
peut en donner les dimensions exactes
parce que l'enceinte en est exactement
conservée, de même que la partie du
côté du nord, dont le revêtissement extérieur subsiste dans toute sa hauteur.
Les proportions de cet édifice étoient
si belles & si justes, qu'il n'a rien de
gigantesque à la vue ; pour bien juger
de son étendue, il faut monter sur ses
ruines les plus élevées qui sont par-tout
recouvertes de buissons & de belles
plantes, & y marcher avec précaution
à cause des inégalités & des ouvertures
que l'on a faites dans les voûtes supé-
rieures, lorsqu'on a enlevé les pierres
des dégrez de l'amphithéâtre. On ne
peut pas s'empêcher d'être pénétré de
la plus vive indignation, contre les
Erostrates modernes, qui en pleine
paix, pour satisfaire une vanité mal entendue, on détruit exprès le plus superbe ouvrage de la puissance Romaine, & ont enlevé à cette ville son plus
bel ornement qui subsisteroit encore.

Il s'étoit conservé dans son entier
jusqu'au commencement du sixieme siécle que Théodoric, Roi des Goths, fit

enlever tout ce qui y reſtoit de bronzes & d'autres ornemens, ſans toucher
à la fabrique ; dans les ſiécles de trouble & de confuſion, lorſqu'il s'élevoit
à chaque inſtant des tyrans dans Rome, on vit les Savelli, les Frangipani, les Urſins, & autres perſonnages
puiſſans s'emparer des monumens antiques, & les dégrader pour en faire de
places de ſûreté ; on ne reſpecta pas
même les tombeaux, mais aucun d'eux
n'oſa s'établir dans l'amphithéâtre, ſoit
que le peuple ne le permit pas, ſoit que
cette place leur parut trop conſidérable
& difficile à garder. Le pape Paul II,
Pierre Barbo Vénitien, prince d'une
magnificence mal entendue, ennemi
déclaré des ſciences & des arts, prit
dans l'amphithéâtre même toutes les
pierres dont eſt bâti le palais de ſaint
Marc ou de Veniſe, maſſe énorme &
d'un mauvais goût. Le cardinal Riari
en tira enſuite tous les matériaux néceſ-
ſaires pour conſtruire le palais de la
chancellerie ; enfin le cardinal Farnèſe,
à force de ſollicitations & d'inſtances,
obtint du pape Paul III ſon oncle,
qu'il y prendroit quelques pierres pour
la conſtruction du palais Farnèſe ; il
n'uſa pas de cette permiſſion modére-

O iv

ment, il fit détruire à force d'hommes
& d'argent une grande partie de l'enceinte extérieure, qui forme aujourd'hui le palais Farnèfe, fur-tout fa magnifique corniche, & fes galeries.

Depuis ce tems cet édifice totalement dégradé étoit à l'abandon, on
ne le regardoit que comme une carriere
dont on avoit tiré toutes les pierres
utiles; peut-être projettoit-on de détruire le refte de l'enceinte, lorfque
Clement X touché de voir l'arêne de
cet amphithéâtre arrofée du fang de
tant de martyrs, proftituée aux ufages
les plus vils, & fouvent même criminels, fit réparer les portes qu'il ordonna que l'on tint fermées pendant la
nuit, fit conftruire autour de l'arêne
de petits autels découverts, en mémoire des myfteres de la paffion, & un
plus grand au milieu, fous l'invocation
de tous les martyrs, & établit un Hermite réfidant dans l'amphithéâtre même, qui a les clefs des portes, & le
foin qu'il ne s'y paffe rien d'indécent,
& de maintenir une certaine propreté
dans ce vafte efpace. Benoît XIV fit
réparer en 1750 l'ouvrage de Clement
X, y ajoûra de nouveaux ornemens,
& accorda même des indulgences à

ceux qui iroient faire leurs prieres à ces autels qu'il nomme *Via crucis.*

Dans la place de l'amphithéâtre on voit encore les restes de la fontaine abondante, qui fournissoit de l'eau pour le rafraîchissement du peuple, & que l'on appelle *Meta sudante.*

33. Un peu plus loin du même côté est l'arc de Constantin, qui fut érigé par le Sénat & le peuple, après la grande victoire qu'il remporta sur le tyran Maxence à *Ponte Molle.* L'architecture est d'ordre corinthien, d'une grande & belle exécution. Il a à chaque face quatre colonnes cannellées de jaune antique, qui soutiennent un grand architrave avec des pilastres avancés contre lesquels sont appuyées des statues. Toute la partie supérieure des bas-reliefs, & les médaillons qui sont entre les colonnes, représentent les expéditions, les guerres & les victoires de Trajan ; & il est très probable que cet arc est un des quatre qui étoient autrefois au *Forum Trajanum,* & que l'on n'a fait que transporter où on le voit à présent. On reconnoît dans toutes ces sculptures le même goût de dessein & le même génie que dans la colonne Trajane, l'art étoit alors à sa perfection ; mais toute

Arc de Constantin.
Thermes de Tite.

O v

la partie inférieure faite dans le tems
de Constantin, ressemble aux autres ouvrages de son siécle, pendant lequel les
arts commencerent à tomber dans cet
état de barbarie d'où on a eu tant de
peine à les tirer. Ce monument solide a
résisté jusqu'à présent aux injures de l'air
& du tems, mais non pas aux entreprises de ceux qui ont tenté de le dé-
pouiller de ses ornemens les plus précieux. Le cardinal Léopold de Médicis
fit enlever dans le dernier siécle les têtes des statues qui étoient au-dessus des
colonnes, pour les transporter à la galerie de Florence; les papes Clement
XII & Benoît XIV, l'ont fait restau-
rer & rétablir dans son premier état;
car ces monumens quelque solides qu'ils
soient ont besoin de quelques réparations,
tions, sans quoi ils se dégraderoient insensiblement (a).

(a) Aux deux faces de l'Arc de Constantin
on lit l'inscription suivante.

*Imp. Caf. Fl. Constantino. Maximo. P. F.
Augusto. S. P. Q. R.*

*Quod. instinctu divinitatis. mentis. magnitu-
dine. cum. exercitu. suo. tam. de. Tyranno.
quam. de. omni. ejus. factione. uno. tempore.*

Damnosa quid non imminuit dies.

Horat.

Derriere l'Eglise St. Pierre in Vincoli, sur la partie de l'esquilin qui regarde le collisée, sont les thermes ou
bains de Titus & de Trajan. Ce qui en
reste est d'une si grande solidité, qu'il
y a toute apparence qu'il durera encore
long-tems. La décoration extérieure
d'architecture & tous les revêtissemens
de marbre ont été enlevés. On voit seulement que les dedans ont été construits
dans la grande manière de ce tems-là
qui étoit excellente & très-noble ; c'est
la même fabrique que celle du Panthéon, du temple de la Paix, du collisée, & des autres grands édifices de
ce siécle. A voir la solidité avec laquelle

---

justis. Rempublicam. ultus. est. Armis. Arcum.
triumphis insignem. dicavit.

Au-dessus des Arcs de côté sur la frise on lit
Votis X, *Votis* XX, qui expriment les Vœux
publics que le peuple Romain faisoit de dix ans
en dix ans pour la conservation des Empereurs,
usage établi sous Auguste, & qui duroit encore
du tems de Constantin. Les mots *Sic* X, *Sic* XX,
qui sont de l'autre côté, ont la même significa-
tion.

O vj

ils étoient bâtis, on est étonné que les
barbares ayent eu assez de tems, de
patience, & même de fureur pour les
ruiner ; ce n'est qu'avec la plus grande
peine que l'on parvient encore à sépa-
rer les briques du mortier qui les unis-
soit. Il est vrai que la pouzzolane que
l'on trouve dans les environs de Rome, est si parfaite pour les constructions, & que les briques que l'on employoit anciennement étoient si bien
cuites, que ces deux matieres unies par
la chaux vive, formoient un massif aussi
solide, qu'un bloc de marbre.

La plupart de ces ruines paroissent
être les restes d'un grand palais que
Vespasien & Titus firent bâtir dans cet
endroit même, on y voit encore quelques restes de peintures absolument effacées, & des Arabesque d'un très-bon
goût de dessein, tous ces appartemens
étoit alors voûtés à leur comble, &
& étoient partagés dans leur hauteur
par des planchers ou plafonds que l'on
pouvoit changer ou enlever sans rien en-
dommager au reste de la construction ;
on les appuyoit sur des corniches sail-
lantes dont plusieurs restent encore,
sur-tout dans le palais d'Adrien à Tivoli. Il regne au-dessous une longue suite

de voûtes souterraines dans lesquels ils est difficile de pénétrer, la plupart étant recouvertes d'une assez grande épaisseur de terrein cultivé, sont très-humides, & l'eau qui filtre à travers, les détruira insensiblement.

Les sept sales ou neuf grandes voûtes parallèles qui sont dans ce voisinage, étoient un vaste réservoir d'eau pour les bains de Titus & de Trajan : elles sont bien conservées ; différentes portes communiquoient des unes dans les autres, disposées de façon que de l'une on voyoit ce qui se passoit dans les autres. Les murs sont recouverts d'une espece de tartre qui y est fortement attaché, jusqu'à la hauteur où l'eau s'élevoit. Ces sales isolées de tout autre bâtiment, étoient terminées par une terrasse pavée d'une mosaïque formée de petites pierres de diverses couleurs, d'environ six lignes de surface & de deux pouces de longueur, toutes d'un même échantillon, ainsi que l'on en peut juger par quelques parties qui restent à découvert, car la plus grande partie de cette terrasse a été chargée de terre, & on y cultive quelques légumes. Ce qui m'a paru singulier, c'est que ces réservoirs d'eau avoient au-dessous d'eux d'autres voûtes de même grandeur, & disposées dans le même ordre; étoit-ce pour y enfermer les esclaves pendant la nuit? Il n'est pas aisé d'en déterminer l'usage.

On ne se lasse point d'admirer la solidité de ces bâtimens antiques : ce qui est à l'abri des injures immédiates de l'air, semble sortir des mains de l'ouvrier. Les Barbares les ont fort détériorés ; je ne peux cependant pas me persuader que ce soient eux qui les aient mis dans l'état où ils sont ; je ne doute presque pas que les Moines qui se sont établis par succession de tems dans le voisinage de ces monumens, la plupart inhabités, ne les aient détruits, tant par zèle de Religion, que par l'avantage qu'ils trouvoient à en employer les matériaux à la construction de leurs Eglises & de leurs Monasteres. Il y a grande apparence que les vingt colonnes cannellées de marbre parien, qui soutiennent l'ancienne Eglise de St Pierre *Invincoli*, qui sont toutes de même forme, ont été employées à la décoration de ces grands édifices, & en ont été enlevées, de même que les vingt-quatre qui sont à l'Eglise voisine de St Martin & St Silvestre aux Monts. Cet usage fut

autorifé par les premiers Empereurs
Chrétiens, qui crurent expier les crimes de Rome payenne, en employant
aux Temples du vrai Dieu, les ornemens les plus précieux qui avoient fervi
au culte des idoles.

En confidérant fur-tout la multitude
des ruines qui font à Rome ou dans fes
environs, & prefque toutes dans le voifinage de quelque Eglife ou Monaftere
confidérables; cette conjecture acquiert
beaucoup de vraifemblance; d'autant
plus que la défenfe de toucher aux monumens antiques, eft fort moderne, &
que l'on reconnoît dans la plupart des
conftructions des tems poftérieurs, les
mêmes matériaux qui ont fervi aux anciens Romains, & qui n'ont encore rien
perdu de leur folidité, quoiqu'ils ne
foient employés que par morceaux, &
unis à d'autres qui font d'une qualité
bien inférieure.

34. A l'extrémité du Quirinal & du
Viminal, font les reftes magnifiques des
bains de Dioclétien, dans le milieu defquels on a fait l'Eglife de la Chartreufe,
où Ste Marie des Anges, l'une des plus
belles de Rome, & de la forme la plus
noble. Le célèbre Michel-Ange trouva
dans la fabrique antique, en y chan-

Thermes de
Dioclétien.

geant très-peu de chose, de l'espace
pour former une croix grecque, qui a
cent soixante pas de longueur & de
largeur ; jusqu'à ce tems cet édifice qui
est à présent si beau, étoit resté à l'a-
bandon : on s'étoit contenté d'en enlever les colonnes, les marbres & tous les
ornemens, sans ouvrir les yeux sur la
majesté de ses proportions, & sur l'u-
sage que l'on en pouvoit faire ; il n'y
est resté que huit colonnes de granite
rouge d'Egypte, si hautes & si grosses
que leur pesanteur énorme & leur solidité, a forcé de les laisser en place, elles
soutiennent la corniche qui porte la
grande voûte du milieu, & pour rendre
l'ordre plus noble & plus riche, on y a
joint huit autres colonnes de briques
revêtues de stucs auxquels on a donné
la couleur du granite.

Les originaux de plusieurs tableaux
exécutés en mosaïque à St Pierre, &
que le pape Benoît XIV a fait placer
en cette Eglise, en sont un des principaux ornemens... le martyre de St Sébastien, grande composition du *Dominiquin*, pleine de poësie & d'expression ;
on ne peut rien voir de plus noble &
de plus intéressant que la figure du Saint
que l'on attache à un arbre, avec cette

inscription attachée au-deſſus, *Sebaſtia-*
nus Chriſtianus : quelques-uns de ſes Ar-
chers ſe préparent à le martyriſer, pendant que le Saint regarde au Ciel, où
il voit le Sauveur dans une gloire d'Anges qui lui prépare ſa couronne... la
préſentation de la Ste Vierge au Temple, par le *Romanelli*... le baptême de
J. C. par *Carles Maratte*... St Pierre &
St André qui convainquent Ananie &
Saphire de menſonge, par *Roncalli*,
beau de deſſein & de compoſition ; mais
fort noir, parce qu'il eſt peint ſur ar-
doiſe ou lavagna.... St Baſile qui, dit
une Meſſe ſolemnelle dans le rit Grec,
par *Subleiras*... St Pierre qui guérit le
boiteux à la porte du Temple, par François *Mancini*... deux grands tableaux
du *Treviſani*, dont l'un a pour ſujet St
Jérôme, qui paroît donner une Regle
à des Hermites, l'autre une Vierge dans
une gloire, un Patriarche Grec, & pluſieurs Solitaires.

Les Mauſolées du célèbre *Carlo Ma-*
ratta & de *Salvator Roſa*, peintre de
Rome & poëte diſtingué, ſont au deux
côtés de la porte d'entrée. On voit dans
cette même Egliſe une ligne méridienne
tracée par M. Bianchini. Le grand Cloî-
tre qui eſt derriere l'Egliſe, eſt appuyé

fur une colonnade plus élégante que folide, exécutée fur les deffeins de Michel-Ange.

Rien à mon gré n'eft plus capable de
donner une idée de la magnificence avec
laquelle on bâtiffoit alors, que les proportions de cette Eglife. Les empereurs
Dioclétien & Maximien, employerent
plus de quarante mille Chrétiens à la
conftruction de ces thermes, dont plus
des trois quarts perirent de fatigue, de
mifere, des mauvais traitemens & de
peu de nourriture qu'on leur donnoit;
ces bains occupoient non feulement le
fol fur lequel eft bâtie cette Eglife,
mais tous les jardins de la chartreufe,
les greniers publics qui y font contigus,
la grande place qui eft au-devant, l'E-
glife de St Bernard qui eft antique en
partie, & qui fervoit dans ce tems de
fourneau pour échauffer l'eau de ces
bains. Il eft vrai que fous ce nom de
thermes étoient compris les lieux deftinés à différens exercices de gimnafti-
que, auxquels on élevoit alors la jeuneffe Romaine. La bibliothéque Ul-
pienne qui étoit au *Forum Trajani* y
avoit été tranfportée (*a*).

_____

(*a*) Olimpiodorus parlant de ces bains publics,

25. A l'extrémité du Mont Quirinal, du côté du nord eft le cirque de Sallufte, que cet illuftre Romain fit conftruire pour y célébrer les jeux annuels à l'honneur d'Apollon ; quand les inondations du Tibre empêchoient qu'on ne les fit dans le lieu qui leur étoit deftiné fur le bord du fleuve ; il y refte encore une partie des fabriques anciennes, conftruites en arc pour foutenir les terres de la montagne, & fur lefquelles étoient les loges des fpectateurs. Au

---

dit que ceux d'Antonin Caracalla, avoient mille fix cent fiéges de marbre poli. J'ai parlé ailleurs de leur forme, il ajoute au fujet des Thermes de Dioclétien : *Diocletianæ autem, bis tantum, fcilicet ter mille ducentas, ut totid m homines fimul lavari potuerint: folia autem hujufmodi, ita magnifice extructa erant, ut in eis fas effet federe, natare, ftare.* La grandeur de ces places ou fiége féparés, êft fans doute ce qui a fait dire que trois mille deux cens perfonnes pouvoient s'y baigner en même tems fans fe voir.

Il y avoit encore des étuves, des jeux de paume, des fales où les maîtres de Rhétorique & de Philofophie faifoient des leçons publiques, des galeries fous lefquels les Athletes luttoient, des promenoirs découverts plantés de platanes, des portiques fous lefquels on pouvoit marcher, des écoles de cavalerie, & plufieurs autres lieux d'exercice.

midi font plufieurs grandes voûtes fous lefquels fe rangeoient les chars qui de- voient courir pour le prix ; ces chars étoient conduits dans les premiers tems par des cochers qui étoient efclaves, ou de la plus vile populace ; comme ils étoient fort applaudis quand ils avoient affez d'adreffe pour éviter la borne plan- tée au milieu du cirque, autour de laquelle ils devoient tourner fept fois, le plus promptement & le plus près qu'il étoit poffible, & par ce moyen achever leurs courfes & gagner le prix ; les plus illuf- tres Romains & les Empereurs eux-mê- mes voulurent jouir de ces applaudiffe- mens & les mériter, en faifant briller leur adreffe à conduire les chars. Ce même emplacement dans lequel voloit autre- fois cette pouffiere olimpique dont parle Horace, eft occupé par des jardins potagers. Au fond de ce cirque, qui fai- foit partie des fameux jardins de Sal- lufte, du même côté où font les gran- des voûtes dont je viens de parler, eft un temple confacré à Vénus *Affiftrix* ; il eft entiérement confervé, & d'une forme très-élégante. Autour font diffé- rentes niches dans lefquelles ont été fans doute placées des ftatues ; celle du fond, deftinée probablement à la

ftatue de la Déeſſe principale, étoit
très-grande & ornée de ſtucs dont il
reſte encore des veſtiges. Il y a apparence que la ſtatue de Vénus, qui eſt
dans la cour du Belvedere au Vatican,
a été dans le temple ; une inſcription
trouvée auprès ne permet pas de douter
ſon ancienne deſtination.

M. Aurelius pacorus. M. Cocceius Stratocles
Ædituï veneris, hortorum Salluſtianorum
Baſem cum pavimento marmorato deanæ,

D. D.

Les urnes cinéraires que l'on a trouvées dans ce quartier, prouvent qu'il
étoit hors de la ville, avant la nouvelle
enceinte faite par Aurelien. Pline dit
expreſſément que l'on avoit enterré dans
les jardins de Salluſte deux Géans nom-
més l'un *Puſio*, l'autre *Secondilla*, de
la taille de dix pieds trois pouces.

Il paroît que le temple dont je viens
de parler avoit été entiérement récou-
vert de terres, & c'eſt en travaillant à
ces jardins qu'on l'a retrouvé. Il n'eſt
découvert que d'un côté, & encore
chargé par le deſſus de terrein cultivé,
ce qui accélerera ſa ruine totale, car
il eſt très-humide, & la voûte paroît
ſe ſoutenir à peine. Sa conſtruction eſt

de petites briques quarrées de deux pouces de furface, telles qu'on les employoit dans *l'opus reticulatum.*

Dans le voifinage de ces jardins près
de la porte *Salara*, eft une très-ancienne
conftruction que l'on appelle *tempio
fcelerato* : il étoit fitué dans le champ
appellé *Sceleratus*, où on enterroit vives les Veftales qui avoient violé la
chafteté perpétuelle qu'elles devoient
garder *Duæ Veftales eo anno* (536.) *Opi-
mia atque Floronia, ftupri compertæ,
& altera ut mos eft ad portam collinam
necata fuerat, altera fibimet ipfa mortem
confciverat.* Tit. l. 22 : 57. Ce malheur
quand il arrivoit étoit l'un de ceux qui
effrayoient plus la ville. L'appareil de
ce fupplice, felon la defcription qu'en
donne Denys d'Halicarnaffe, étoit d'u-
ne folemnité lugubre & effrayante ; la
coupable attachée fur un brancard,
couverte de façon qu'elle ne pouvoit ni
voir ni entendre, étoit portée par la
ville accompagnée de tout le peuple
qui gardoit un morne filence, aucun
autre fpectacle ne répandoit une affliction auffi générale. On la conduifoit
ainfi au champ fcélérat, dans lequel
étoit un fépulchre fouterrain, où il y
avoit un petit lit, une lampe allumée,

quelque provisions de bouche , & un
vaisseau de terre cuite dans lequel il y
avoit de l'eau, de l'huile & du lait mêlés ensemble ; on détachoit la Vestale
de dessus le brancard, on la découvroit,
& le chef des prêtres, après avoir fait
quelques prieres les mains levées au
ciel, lui ôtoit son voile, & la plaçoit
sur l'échelle qui devoit lui servir à descendre dans sa derniere demeure; il se
retiroit ensuite avec les autres prêtres.
Dès que la Vestale étoit descendue dans
le souterrain on enlevoit l'échelle, &
on combloit l'entrée de la sépulture de
façon qu'il ne parut pas même au dehors que la terre eût été remuée en cet
endroit ; ce châtiment étoit si affreux,
& en même tems il étoit si difficile de
s'y soustraire, que souvent celles qui
avoient eu le malheur de céder à leurs
passions, prévenoient leur supplice par
une mort volontaire. Les peines qu'on
leur infligeoit lorsqu'elles manquoient
aux devoirs de leur état, étoient en
proportion avec la grande considération
dont elles jouissoient, tant qu'elles y
étoient fideles.

C'est dans ce même quartier , joignant
les jardins de Salluste, qu'étoit le cirque de Flore, fameuse courtisane Ro-

maine, de la famille des Fabius Metellus, qui amaſſa des biens immenſes
qu'elle laiſſa à la Republique, à condition que l'on établiroit des jeux publics
à ſon honneur, & qui ſeroient conformes
à l'état dans lequel elle avoit vécu, &
que l'on bâtiroit exprès un cirque qui
porteroit ſon nom; l'Etat exécuta fi-
délement les clauſes de ſon teſtament;
on vit ſans étonnement célébrer des
jeux nouveaux : *In quibus meretrices*
nudatis corporibus per vàrias artes luden-
di diſcurrunt, & armis certant gladia-
toriis atque pugnant. Les Romains cher-
cherent dans la ſuite à annoblir cette
inſtitution, en faiſant paſſer cette Flora
pour la Déeſſe des fleurs & des fruits,
qu'ils honoroient par des jeux libres à
la vérité, mais qui étoient le ſymbole
de la fécondité de la terre dans ſes
productions variées. Dans ces jeux qui,
comme les autres, étoient ſous la protection des Magiſtrats de Police, les
Ediles répandoient ſur le peuple des
grains de toute eſpece, qu'il ramaſſoit
avec beaucoup d'empreſſement

> *Cicer ingere large,*
> *Rixanti populo, noſtra ut Floralia poſſint*
> *Aprici meminiſſe ſenes....*

> Perſ. S. V.

Plus

Plus cette diſtribution étoit abondante, plus le peuple étoit ſatisfait, & les Magiſtrats croyoient réparer l'indécence de ces jeux, en appaiſant la terre par ſes propres richeſſes dont on la couvroit.

Les femmes publiques ne paroiſſoient pas d'abord nues à ces jeux ; c'étoit le peuple qui exigeoit d'elles qu'elles ſe deshabillaſſent pour faire leurs exercices. Un jour que le ſévere Porcius-Caton vint en qualité de cenſeur, à ces jeux auquel préſidoit l'édile Meſſius ; le peuple n'oſa jamais demander que les femmes paruſſent nues, toute l'Aſſemblée étoit dans le ſilence, & Caton en ayant ſçu la cauſe ſe retira ; le peuple honora ſa complaiſance de ſes applaudiſſemens, & revint tout de ſuite à un ſpectacle dont la préſence d'un ſeul homme, & le reſpect qu'il avoit pour lui, l'auroit privé (Val. Max. l. 2. c. 10.), ce qui a fait dire à Martial que Caton ne s'étoit montré à ces jeux que pour avoir la gloire de s'en retirer, & pour n'être pas ſpectateur de leur licence effrenée.

Noſſes Jocoſæ dulce, cum ſacrum Floræ,
Feſtoſque luſus ; & licentiam vulgi:

Cur in theatrum, Cato severe, venisti?
An ideo tantum veneras, ut exires...

Ep. 3. l. 1.

Cet usage étoit si bien établi, qu'il
eût paru ridicule que les Actri-
ces de ces jeux, & de ces combats
licentieux, eussent conservé quelque
chose de la décence extérieure des Romaines :

Quis Floralia vestit, & Stolatum
Permittit meretricibus pudorem ?

Ibid. Ep. 36.

On imaginera bien que l'on ne faisoit
pas paroître dans l'Arène de ce cirque
des Tigres ou des Lions ; mais des Liè-
vres, des Lapins & autres animaux foibles & timides :

Imbelles Lepores, floralis præmia campi.

Dont la résistance devoit être proportionnée à la force des Athlétes qui
étoient chargées de les mettre à mort.
Ces jeux lascifs se célebroient dans le
mois de Mai (*a*), dans ce cirque qui

(*a*) Ou plutôt à la fin d'Avril & au commencement de Mai, suivant l'époque que leur fixe
Ovide,

n'avoit guères plus de cent pas de longueur.

Le cirque de Caracalla dont on voit
les reste au-delà de la porte de St Sé-

Incipis Aprili, transis in tempora Maii
Alter te fugiens, cum venit alter habet.

Ce Poëte ingénieux, dit qu'il avoit cherché
pourquoi il regnoit une si grande licence dans ces
jeux, & il en trouve la cause dans la facilité de
la Déesse même, à l'honneur de qui on les célebroit, qui lui apparoît, & lui rend raison de
tout ce qui s'y passe.

Quærere conabar, quare lascivia major
  His foret in ludis, liberiorque jocus,
Sed mihi succurrit numen non esse severum,
  Aptaque deliciis munera ferre deam...

. . . .

Cur tibi pro libicis clauduntur Rete leænis,
  Imbelles capreæ, sollicitusque lepus?
Non sibi respondit, Silvas cessisse sed hortos,
  Arvaque pugnaci, non adeunda feræ.

Fast. 5.

Les femmes Romaines ne s'en tinrent pas
toujours à ces exercices lascifs, mais tranquilles
& sans danger pour elles; on les vit descendre
dans l'Arêne, faire le metier de Gladiateurs,
combattre entr'elles ou contre les animaux les
plus féroces.

P ij

bastien, est encore assez bien conservé pour donner une idée juste de la maniere dont ces sortes de lieux destinés aux exercices publics étoient construits. C'étoit

---

Cum tener uxorem ducat spado, Mævia thuscum
Figat aprum & nudâ teneat venabula mammâ.

Juv. Sat. I.

Le Satyrique met avec raison ces excès au rang des désordres les plus crians de la ville la plus corrompue ; mais il eut beau crier, les choses furent encore long-tems sur le même ton, les Empereurs eux-mêmes voulurent que les femmes combattissent dans les jeux les plus solemnels, dans ceux qu'ils faisoient célebrer pour la conservation de l'Empire : *Ludis quos pro æternitate Imperii susceptos, appellari maximos voluit, ex utroque ordine & sexu, ludicras partes sustinuerunt.* Suet. *in Nerone.* Des femmes accoutumées à se donner ainsi en spectacle, avoient un mépris déclaré pour toutes les bienséances de leur sexe, auquel elles sembloient renoncer.

Quem præstare potest mulier galeata pudorem?
Quæ fugit à sexu, vires amat : hæc tamen ipsa
Vir nollet fieri.... S. 6.

Seneque en donne la raison, & parle aussi librement de ces désordres que Juvenal : *Deinde sub persona cum diu trita frons est, transitur ad ganeam... n. quæs.* l. 7. Une femme même tua un lion dans des jeux que donnoit Domitien;

un très - grand quarré long qui avoit quatre portes tournées aux quatre points cardinaux. Celle du côté de l'Orient subsiste encore ; on voit dans le milieu un reste de ligne de maçonnerie élevée, aux extrémités de laquelle étoient placées les bornes sur lesquels tournoient les chars ; au milieu étoit l'Obélisque qui décore actuellement la grande fontaine de la place Navonne, & qui n'en a été enlevé que dans le dernier siécle, par les ordres du pape Innocent X ; entre les bornes & l'obélisque, étoient les Autels où se faisoient les sacrifices qui précédoient les jeux & les combats publics. L'enceinte du côté du Nord est assez entiere, pour que l'on y remarque la maniere dont on cachoit dans la maçonnerie de grands pots de terre cuite

---

fait que Martial met au-dessus de la défaite du lion Néméen par Hercule.

Nobile & Herculeum fama canebat opus,
Prisca fides taceat, nam post tua munera Cæsar
Hæc jam feminea, vidimus acta manu.

Cet usage dura jusqu'au tems de l'Empereur Severe, qui défendit par un Edit exprès, que les femmes se mêlassent avec les Gladiateurs pour combattre dans les jeux publics du Cirque.

qui formoient des échos artificiels, qui redoubloient en quelque forte les applaudiffemens des fpectateurs, en multipliant les voix ; il y en avoit fans doute autant au-deffus de la galerie qui étoit vis-à-vis. Au fond du cirque, au couchant, étoient les balcons où fe plaçoient les Princes & le Sénat pour jouir du fpectacle. De ce même côté, font les veftiges de trois ou quatre grandes tours de briques, bâties dans la ligne même de l'enceinte, qui, fans doute, étoient de ces tours que les Grands de l'Etat tenoient en fief du Prince, & tranfmettoient à leurs defcendants, comme faifant partie de leur fucceffion, & defquelles ils avoient droit de voir les jeux du cirque ; faveur diftinguée, & qui étoit la marque du plus grand crédit. On lit dans Caffiodore, ép. 42. l. 4. que Theodoric ordonne que l'on reftitue à Marcianus & Maximus jeunes Patriciens, la tour dont avoit joui leur pere, qu'ils avoient perdu fort jeunes, & dont on s'étoit emparé pendant leur minorité : *Hac crudeli furreptione captatâ, turrem circi, atque locum Amphitheatri, illuftris recordationis patris eorum, deteftabili ambitu à veftris fuggerunt fafcibus expetitum.*

À côté de ce Cirque, au midi, est un autre édifice quarré moins grand, entouré de portiques dont on voit quelques vestiges ; les uns prétendent que c'étoit une halle où on vendoit différentes marchandises, les autres que c'étoit l'endroit où s'habilloient & se deshabilloient ceux qui devoient ou combattre, ou donner quelqu'autre spectacle dans le cirque.

36. Au Nord, on voit les vestiges les plus respectables de l'antiquité Romaine, des deux Temples que M. Marcellus fit élever à l'honneur & à la vertu, l'an de Rome 544. Ce Consul, après avoir subjugué la Sicile & pris Siracuse, voulut élever un Temple seul à ces deux divinités protectrices de ses armes ; mais la superstition Romaine l'en empêcha : *Dedicatio ejus à pontificibus impediebatur ; quod negabant unam cellam amplius quam uni Deo rite dedicari ; quia si de Cœlo tacta, aut prodigii aliquid in ea factum esset, difficilis procuratio foret : quod utri Deo divina res fieret, sciri non posset.* Tit. Liv. l. 27, c. 25. Cette difficulté n'arrêta pas le Consul dans son projet, il avoit rapporté de son expédition d'assez riches dépouilles, pour fournir à la dépense de deux Temples ; mais il les disposa de

Temple de l'honneur & de la vertu. Autres monumens.

P iv

façon, qu'on ne pouvoit entrer dans le Temple de l'honneur, que par celui de la vertu ; idée auffi fage qu'elle eft noble, & vraiment digne des plus beaux tems de Rome. Il n'eft pas étonnant qu'un peuple de foldats, conduit par des Héros animés de ces fentimens, ait fait la conquête de l'Univers.

De l'autre côté au midi eft le temple du Dieu Ridicule, (*Rediculus Deus*) bâti dans le tems de la feconde guerre punique, lorfqu'Annibal ayant formé le deffein d'affiéger Rome, vint camper à trois mille de la ville ; fon deffein paroiffoit de faire fes attaques entre le Teveron & le Tibre ; il examina longtems cette partie à la tête d'un détachement de Cavalerie, & fe retira enfin fans rien entreprendre au-delà. *Adiis injecto metu receffit*, dit Feftus Pompeïus. On peut voir l'ordre de la marche & de fes approches dans Tite-Live l. 26. Ce fut par la porte *Capena*, aujourd'hui de St Sebaftien, que le conful Fulvius Flaccus fit entrer dans Rome une partie de fon armée, laiffant le refte campé dans le voifinage pour obferver les mouvemens de l'ennemi, & empêcher qu'il ne s'empara des poftes avantageux qui joignoient les murailles (a). A un demi mille environ au-delà du cirque de Caracalla, toujours en suivant la voye Appiènne, on trouve le tombeau de Cecilia Metella, femme de Crassus, & fille de Quintus Metellus Creticus. Ce monument étoit le plus superbe de ce genre qu'on eût bâti jusqu'alors, & paroît avoir servi de modele à ceux même que les Empereurs firent élever depuis. Sur un grand socle quarré revêtu de pierre de Tivoli & de marbre, s'élevoit une grosse tour ronde revêtue des mêmes pierres, terminée par une corniche saillante & une frise ornée de massacres de bœufs, & de guirlandes de ciprès ; ornement qui a fait donner depuis le nom de *Capo di bove* à ce tombeau ; au-dessus étoit une

---

(a) Je n'ai rien dit du grand cirque qui étoit situé dans la valée Martia, entre les monts Palatin & Aventin ; quoique ses galeries fussent assez vastes pour contenir cent cinquante mille spectateurs, qu'il fût entouré de constructions solides, & de belle architecture, décoré d'obélisques, de statues & d'ornemens précieux ; il n'en reste plus que la place, occupée par des jardins, dont les cultivateurs dégradent tous les jours ce qui subsistoit de l'ancienne enceinte ; ainsi il faut s'en tenir aux descriptions qu'en ont laissées les Auteurs du tems.

colonnade à pans du milieu de laquelle
fortoit une coupole qui terminoit l'é-
difice. Le revêtiffement du focle a été
entierement enlevé, dans le dernier fiécle & employé en partie à la premiere
décoration de la fontaine de Trévi, fous
le pontificat d'Urbain VIII. La tour,
la corniche & la frife paroiffent encore
dans leur entier ; il ne refte plus rien
du tout du couronnement : ce qui eft
curieux à voir, c'eft la folidité de la
conftruction intérieure ; on n'avoit laiffé
au-dedans que l'efpace à-peu-près qu'il
falloit pour y placer l'urne cinéraire,
les murs ayant à l'intérieur environ 22
pieds d'épaiffeur : fous le pontificat de
Paul III, on fouilla dans ce monument
& on y trouva la grande urne cinéraire
cannelée de marbre de Paros, que l'on
voit encore dans la cour du palais Far-
nefe. On lit cette infcription au-deffous
de la frife.

Cæciliæ. Q. Cretici. F. Metellæ. Craffi.

Joignant ce tombeau, dans le tem^s
des guerres civiles des petits tyrans d^e
Rome, on avoit élevé un château fortifié qui dominoit fur toute la campagne
voifine, & qui communiquoit par un
ravelin au tombeau de Metella qui en

étoit comme la forteresse ; on prétend qu'il avoit été construit dans le tems des grands démêlés des *Colonnes* avec les *Ursins*, & que le parti dominant en étoit ordinairement le maître. Il passa ensuite aux *Gaëtani*, auxquels il appartenoit, lorsque Sixte V le fit détruire, regardant ces petites places fortifiées aux environs de Rome, comme la retraite de la violence & des brigandages, qui, jusqu'à son regne, s'étoient exercés impunément.

Tout ce côté des environs de Rome étoit rempli d'une multitude de monumens, dont on voit les vestiges épars par la campagne, mais entiérement dégradés ; il n'en reste plus que les massifs de brique, autour desquels on élevoit des revêtissemens de pierres de tailles ou de marbres, que l'on n'a pas négligé d'enlever, pour les employer à d'autres constructions.

En 1485 on détruisit un de ces tombeaux antiques qui étoit près de la voye Appienne, à quatre ou cinq milles de la ville, pour en employer les matériaux dans une ferme voisine ; quand on fut arrivé au fond, on trouva une grande urne de marbre toute entiere, dans laquelle étoit le corps d'une jeune

femme embaumée de parfums précieux
qui conſervoient encore toute leur odeur.
Elle avoit une eſpece de diademe d'or
ſur la tête, des cheveux blonds accompagnoient ſon front & ſes tempes. Ses
joues étoient colorées & pleines comme
s'y elle eût été vivante & en ſanté. Ses
yeux, & ſa bouche, à demi-ouver-
te, on pouvoit tirer un peu ſa langue
qui ſe remettoit auſſi-tôt dans ſon état
naturel; les ongles de ſes mains &
de ſes pieds blancs & frais, ſes
bras, ſes jambes, & tout ſon corps
étoient ſouples & palpables; on apporta l'urne & le corps au palais des Conſervateurs, où l'air cauſa une altération
totale dans les couleurs du viſage &
des mains, qui noircirent; mais les
chairs ne perdirent pour cela rien de
leur ſoupleſſe, & ne ſe deſſécherent point.
Cette curioſité ſinguliere, & juſqu'alors
inouie, fut expoſée pendant long-tems
à la curioſité du peuple qui y vint en
grande foule; les traits & la taille de
ce cadavre ſi bien conſervé, étoient
d'une jeune perſonne d'environ treize
ans, & de la plus grande beauté; à en
juger par la richeſſe de ſa parure, la
quantité d'or & de pierreries qui étoient
dans ſon tombeau, ce devoit être une

princeſſe des Goths, morte dans le cinquieme ou le ſixieme ſiecle. On ne ſçait
ce qui détermina le pape Innocent VIII
à faire enlever ce corps pendant la
nuit, & à le ſouſtraire à la curioſité
du public; il fut tranſporté hors de la
porte *Pinciana*, & caché ou enterré
ſecrettement dans un endroit abſolument ignoré. Les mémoires du tems
où ce corps fut trouvé, ne conviennent
point de la matiere des parfums dont
il étoit embaumé, qui devoient être
d'une qualité admirable. Il paroît par
ce qu'ils en rapportent, que c'étoit une
mixtion, d'oliban, d'aloë hépatique,
& de thérébentine, qui avoient conſervé juſqu'alors une odeur très-forte.
Ce fait curieux eſt tiré du Journal du P.
de Montfaucon.

Le tombeau de C. Ceſtius en forme
de pyramide, haute d'environ 110 pieds
& large à ſa baſe de 90 dans toutes
ſes faces, eſt conſervé dans ſon entier,
au moins on le voit tel qu'il a été conſtruit, depuis que le pape Alexandre VII
le fit reſtaurer dans le dernier ſiécle; il
eſt poſé ſur un grand ſocle de pierre
travertine qui paroît hors de terre à la
hauteur d'environ deux pieds, tout le monument eſt revêtu au-dehors de grandes

tables de marbres blanc, à 70 pieds environ de hauteur : on lit cette inscription :

C. Cestius. L. F. Pob. epulo.
Pr. Tr. Pl. VII. vir epulonum.

Plus bas est la suite de cette inscription ;

Opus. absolutum. ex. testamento. diebus.
CCC. XXX.
Arbitratu, Ponti. P. F. Cla. Melæ, Heredis,
& Poti. L.

Un peu au-dessus de la porte d'entrée,

Instauratum. An. Domini. M. DC. LXIII.

C'est la date à laquelle on le fit réparer, & enlever les terres qui couvroient le socle, & quelque chose de la pyramide. On trouva alors les deux colonnes qui sont élevées aux deux angles ; sa position actuelle dans la ligne même des murs construits sous le regne d'Aurelien, prouve que ce tombeau étoit hors de la ville, dans une espace vague qu'une inscription moderne placée à côté de la porte St Paul, qualifie de prez ou pasquiers communs du peuple.

La masse intérieure du bâtiment est de brique, le milieu est occupé par une

voûte dont les murs ont de tous côtés
plus de 24 pieds d'épaiſſeur , a en juger
par la partie que l'on traverſe avant que
d'arriver à la chambre ſépulchrale , qui
a dix-huit pieds de longueur ſur douze
de largeur , & un peu plus de hauteur ;
les ſtucs qui ſe ſont conſervés juſqu'à
préſent , ſont d'un très-beau travail ,
digne du ſiécle d'Auguſte , ſous le regne
duquel ce tombeau fut conſtruit ; il en
étoit de même des peintures , il en reſte
quelques parties qui ſont d'un auſſi beau
caractere de deſſein , que celles de la
nôce Aldobrandine ; mais tout-à-fait
décolorées. La pyramide eſt terminée
abſolument en pointe.

Cette forme de monument funêbre ,
la plus ancienne de toutes , étoit auſſi la
plus durable ; celui-ci eſt le ſeul qui ſoit
conſervé dans ſon entier ; les tombeaux
de Cecilia Metella , d'Auguſte & d'A-
drien , conſtruits avec tant de ſoins &
de dépenſes , n'ont pas réſiſté à l'effort
des Barbares qui ont entrepris de les
ruiner , ou de les convertir à d'autres
uſages ; la ſolidité de la pyramide de
Ceſtius ne leur a pas permis d'entreprendre de la renverſer , & ſa forme
même a empêché qu'on l'employa à autre choſe qu'à ſa premiere deſtination.

Est-ce d'un monument de ce genre que Claudien veut parler ? lorsqu'il dit de Ruffin :

Qui sibi piramides, qui non cedentia templis,
Ornatura suos exstruxit culmina, manes.

Entre l'Aventin & le Tibre, est une petite colline de forme ovale d'environ 130 pieds de hauteur perpendiculaire, qui peut avoir cent cinquante pas dans son plus grand diamètre ; singuliere en ce qu'elle est entierement formée de morceaux d'urnes cassées, qui ont acquis tant de solidité par leur propre poids, que l'on y a creusé des voûtes dont la fraîcheur est fameuse pour conserver le vin. Il y a divers sentimens sur le tems & la maniere dont elle s'est formée ; il me paroît que ce ne sont pas les rebuts seules des fabriques de poterie, établies dans ces environs qui ont pu la porter à ce point d'élevation, mais qu'il a fallu qu'on y ait rassemblé tout d'un coup & par quelque ordre exprès beaucoup de ces matériaux, ce qui a pû se faire, lorsqu'après l'établissement de la religion chrétienne dans l'empire, on détruisit les cimétieres anciens dont plusieurs étoient dans ce canton. Le respect pour les morts, ne permit pas qu'on

jetta indifféremment les urnes & les
cendres qu'elles renfermoient ; probablement on indiqua cet endroit pour les
raffembler en tas ; les infcriptions, &
une urne de marbre que l'on a trouvées
en creufant les voûtes dont j'ai parlé,
affurent ce fentiment. De l'autre côté
du Tibre, il y avoit auffi des manufactures confidérables d'urnes & de pots
de terre, & il ne s'eft formé aucune
élévation dans leur voifinage ; on trouve feulement en terre des lits fort épais,
de fragmens de pots caffés ; cette petite
montagne eft appellée *Doliolum*, *Mons
Teftaceus*, aujourd'hui *Monte Teftaccio*.

Elle a une fingularité remarquable,
c'eft qu'en été il en fort de certains côtés un vent très-fort & très-frais, qui
n'a probablement d'iffue, qu'autant que
les fragmens d'urnes font difpofés de
façon à laiffer une communication libre entre l'air extérieur & l'air intérieur ; celui-ci plus frais & plus léger
eft mis en mouvement par la colonne
d'air extérieur ; plus pefante & plus
chaude, qui le comprime & le force à
fortir, par le côté oppofé au point de
gravitation. Cet effet a été beaucoup
plus fenfible autrefois qu'à préfent ;
on a voulu joindre l'art à la nature,

& multiplier les issues par lesquelles
sortoit cet air frais, & on en a fort diminué la quantité & même la fraîcheur
interne de la montagne. Cette remarque toute simple qu'elle peut paroître,
ne donneroit elle pas quelque idée sur
la cause & l'origine des vents ?

Les bords du Tibre de ce côté, &
ceux qui leurs sont opposés avoient anciennement le nom de *Marmorata*, parce que c'est là qu'abordoient tous les
marbres qui venoient d'Egypte, d'A-
frique, & de Sicile à Rome ; on y en a
trouvé la plus grande quantité en fouillant à quelque profondeur, & peut-être
en reste-t-il encore beaucoup caché sous
terre.

Il n'est pas douteux que si l'on vouloit fouiller dans la plupart des monumens ruinés & informes qui sont dans
toute la campagne de Rome, on n'y trou-
vât quantité d'effets précieux, des marbres, des statues, des trésors même,
qui ont été enfouis dans le tems des
grandes révolutions auxquelles tout ce
pays a été exposé ; il a été en quelque
façon le magasin de toutes les richesses
de l'Univers, qui peut-être, restent encore cachées en parties dans son territoire.

On prétend que les Juifs ont propofé autrefois de détourner le cours du Tibre, pour fouiller dans fon lit, à condition qu'on leur abandonneroit une partie du butin qu'ils y trouveroient; la crainte des maladies que pourroit occafionner un fi grand remuement de terres, dans un pays où l'intemperie de l'air n'eft déja que trop fenfible, a été caufe que l'on a toujours rejetté cette propofition; mais il n'eft pas douteux, que tout ce que l'on en tire fortuitement, de ftatues, de médailles, de marbres, de piéces d'or & d'argent éparfes, ne foit une preuve des richeffes qu'il cache fous les eaux; le fond du terrein fur lequel il coule, s'eft elevé à mefure que le fol de Rome s'eft accru, & dérobe par ce moyen aux recherches, les tréfors qu'il renferme. Si cette entreprife pouvoit s'exécuter fans inconvénient pour la ville, & la fanté de fes habitans, il en réfulteroit une autre utilité: c'eft qu'en creufant davantage le lit du fleuve, on préviendroit fes inondations, qui font fi fréquentes & fi dommageables.

38. A un mille & demi environ au-delà de la porte Salara, eft le *Ponte Salaro* ou *Nomentano*, qui doit être mis au

Ponte Salaro, Mont facré.

rang des constructions les plus antiques qui soient à Rome & dans les environs ; il paroît qu'il a été bâti dès les premiers tems de la République ; l'*Anio*, aujourd'hui *Teverone*, a toujours été trop profond, pour qu'on pût le passer à gué, pour aller de Rome sur le Mont Sacré, où le peuple mécontent des Patriciens se retira plusieurs fois. C'est de ce Pont, qu'un Gaulois d'une taille énorme, venoit provoquer les Romains à un combat singulier, en leur criant : *Quem nunc Roma fortissimum virum habet, procedat agedum ad pugnam, ut noster duorum eventus ostendat, utra gens bello sit melior.* Tit. Liv. l. 7. art. 394. Défi que le jeune Titus Manlius accepta, & où il vainquit son ennemi avec autant de bravoure que d'adresse ; il se contenta d'enlever le collier au Gaulois, & de le passer à son col, d'où il eut le nom de *Torquatus*, qui passa à ses descendans, & qui fut toujours heureux pour ceux qui le porterent. Ce Pont étoit alors de bois, les Romains étoient campés du côté de la ville, & les Gaulois de l'autre : aucune des deux armées n'osa le rompre, afin qu'on ne la soupçonna pas de crainte : *Pons in medio erat, neutris eum rumpentibus, ne timoris indicium effet.* Quels hommes, que les Romains de ce tems! L'ennemi étoit à leur porte, & ils ne vouloient pas prendre contre lui une précaution, qui eût pu faire penser qu'ils le redoutoient (*a*). Aulugelle qui rapporte le même fait (l. 9. c. 13.) en citant un ancien Historien, qu'il nomme Claudius Quadrigarius, ajoute au récit de Tite-Live, que T. Manlius coupa

---

(*a*) Ils n'avoient d'autre intérêt, d'autre honneur à ménager que celui de la patrie & du nom Romain,

Pauper erat Curius, Reges cum vinceret armis.

Dit élégamment Claudien; cet état de médiocrité qui étoit celui des plus grands hommes de la République, entretenoit dans toute leur force les sentimens héroïques qui les animoient. Plus habiles dans l'art de la guerre, & plus désintéressés que toutes les nations contre lesquels ils avoient à combattre, pleins de confiance en la justice de leur cause, que la Religion autorisoit toujours; on comprend comment un Dictateur auquel on alloit annoncer la dignité à laquelle il venoit d'être élevé, & que l'on trouvoit creusant un fossé autour de son champ; rétablissoit les affaires désesperées de la République dans une campagne de peu de durée; ils partoit aussi-tôt, faisoit des prodiges de valeur & de prudence, domptoit les ennemis, traitoit ensuite avec eux, & venoit recevoir du Sénat la récompense due à ses exploits héroïques:

la tête au Gaulois ; ils font l'un & l'autre d'accord fur toutes les circonftences du combat, & difent également qu'on arma le jeune foldat : *Scuto pedeftri & gladio his panico.* Tite-Live dit encore que le Gaulois parut, *verficolori vefte, pictifque & auro celatis refulgens armis* & Quadrigarius dit au contraire, *nudus præter fcutum & gladios duos, torque atque armillis decoratus proceffit.* Lequel croire des deux annaliftes ? Ce pont, refpecté dans la fuite par les Carthaginois lorfqu'ils s'approcherent de Rome fous la conduite d'Annibal, fut détruit par les Goths & rétabli par Narfes, ainfi que l'apprennent les infcriptions qui font encore gravées aux deux côtés. Dans des tems poftérieurs il a été fortifié de deux tours à fes extrémités,

---

il retournoit de-là, à fes travaux ruftiques, & fembloit oublier fa dignité & fon mérite, pour vivre dans une égalité parfaite avec fes Concitoyens. Tels furent ces grands hommes qui porterent fi haut la deftinée de Rome, & qui n'exifterent que...

Cum caperet fafces à curvo Conful aratro.
  Nec crimen duras effet habere manus.
                    Ovid. Faft. l. 3.

pour en rendre les approches & le paſſage plus difficile (a .

A quelque diſtance de ce pont à gauche, eſt l'élévation appellée le Mont
Sacré : *Mons ſacer appellatur trans Ani-*

(a) *Imperante. D. N. piiſſimo. ac. trium-*
phali. Juſtiniano. P. P. Aug. anno. XXXIX.
Narſes. vir. glo ioſiſſimus. ex. præpoſito. ſacri.
Palatii. exconſ. atque. patricius. poſt. victo-
riam. Gothicam. ipſis. & eorum. Regibus. cele-
britate. mirabili. conflictu. publico. ſuperatis.
atque. proſtratis. libertate. urbis. Romæ. ac.
totius. Italiæ. reſtituta pontem. viæ. Salariæ.
uſque. ad. aquam. à. nefandiſſimo. Totila. ty-
ranno. diſtructum. purgato. Fluminis. Alveo. in.
meliorem. ſtatum. quam. quondam. fuerat. reno-
vavit.

Ce Pont ſubſiſte depuis l'an 565, qui fut la
trente-neuvieme & derniere année du regne de
Juſtinien.

De l'autre côté eſt l'inſcription ſuivante,

Quam bene turbati directa eſt ſemita pontis,
  Atque interruptum continuatur iter?
Calcamus rapidas, ſubjecti gurgitis, undas,
  Et libet iratæ cernere murmur aquæ.
Ite igitur, faciles, per gaudia veſtra quirites,
  Et Narſem reſonans, plauſus ubique canat.
Qui potuit rigidas Gothorum, ſubdere mentes,
  Hic docuit durum, flumina ferre jugum.

nem, Paulo ultra tertium milliarium, quod eum plebs, cum secessisset à patribus, creatis tribunis plebis, discedentes jovi consacraverunt. Festus. Le peuple s'y retira pour la premiere fois l'an de Rome 260, par le conseil de Sicinius, & y resta tranquillement pendant quelques jours, sans prendre aucune précaution contre les Patriciens : *Rem nullam necessariam nisi ad victum sumendo, per aliquot dies, neque lacessiti, neque lacessentes sese tenuere.* Ils céderent cette fois à l'ingénieux apologue de Menenius Agrippa, qu'ils aimoient & rentrerent dans la ville. Tit. Liv. l. 2. Ils s'y retirerent encore en 305, avec la même tranquillité & pour les mêmes causes, imitant en tout la sage conduite de leurs peres: *Modestiam patrum suorum, nihil violando, imitati.* Il paroît que leurs griefs étoient cette fois plus considérables, que les désordres & les entreprises des Patriciens étoient plus odieuses ; ce mouvement arriva à la suite de l'attentat du Decemvir Appius sur Virginie ; aussi les femmes & les enfans suivirent leurs peres & leurs maris. *Cuinam se relinquerent in ea urbe, in qua nec pudicitia nec libertas sancta esset, miserabiliter rogitantes.* Id. l. 3. Les conditions

de

de la paix furent que le peuple auroit
des tribuns pour sa sûreté. Cette partie
des environs de Rome n'est décorée par
aucun monument remarquable, le pont
même dont je viens de parler, n'a rien
au-delà de sa solidité, mais les grands
évenemens qui s'y sont passés, sont
cause qu'on les voit avec satisfaction;
ce mont sacré qui n'est couvert que
d'herbes & de quelques buissons, outre
ce qu'il a d'intéressant par rapport a l'histoire, mérite encore d'être vû à cause
de l'agrément de sa situation, & de la
beauté de ses vues qui s'étendent fort
loin; on voit au-dessous une partie de
l'aqueduc d'Agrippa qui conduit l'eau
vierge à Rome, le reste étant presque
par-tout caché sous terre. En suivant le
chemin qui est plus bas, on voit les
restes de différens tombeaux dont les
revêtissemens extérieurs sont enlevés;
mais qui ont été très-considérables,
l'un tombé en ruine, l'autre sert d'éta-
ble aux bœufs d'une métairie voisine,
dans l'un & dans l'autre on voit plusieurs niches où étoient placées les urnes
cinéraires.

Il est certain que lorsque les voyes
Romaines étoient bordées à une très-
grande distance de ces monumens fu-

Tome VI.   Q

nébres de différentes formes, tous revêtus de pierres de taille, & souvent
de marbres, que l'architecture & la
sculpture enrichissoient encore de mille
ornemens variés ; le spectacle extérieur étoit beaucoup plus riche, tout
annonçoit la grandeur de ces Romains.
*Quorum flaminia, tegitur cinis atque
latina.* Juv. Sat. 1, Les tombeaux
étoient sous la protection des loix, il
n'étoit pas permis de les violer, les parens & les amis les regardoient comme
des temples qui méritoient un culte religieux ; cet usage remontoit à la plus
haute antiquité ; Virgile parlant du tombeau de Sichée, dit que Didon lui rendoit des honneurs marqués,

> *Fuit in tectis de marmore, templum,*
> *Conjugis antiqui, miro quod honore colebat,*
>
> Æneid. 4.

Il est évident que par le terme de temple, il ne veut désigner que le tombeau
de Sichée.

On les respectoit comme des monumens éternels, séjour de la mort &
des manes ; le comble de l'impiété étoit
de troubler leur repos : le sentiment intime de l'immortalité des ames, alors
accablé en quelque sorte par le poids

énorme de l'idolatrie & de la superſti-
tion, ſembloit ſe conſerver, dans les
monumens ſolides deſtinés à recevoir la
partie périſſable de l'homme.

Perpetuas, ſine fine, domos mors incolit atra,
  Æternoſque levis, poſſidet umbra lares.
                   Ovid.

C'étoit à cette ombre inviſible que
ſe rapportoit toute la religion des Manes, qui ne pouvoit avoir pour objet
une cendre inſenſible & froide, mais
elle appartenoit à cette ombre, ou plutôt à cette ame, à cet eſprit inviſible,
que l'on croyoit toujours attaché à cette
cendre, qu'elle avoit autrefois animée.
De là cette ſupplication ſi touchante
que l'on gravoit ſur la plupart des tombeaux, dans cette formule, ou autre
équivalente.

Per. deos. ſuperos. inferoſque. te Rogo,
Ne. oſſuaria. velis violare.

Ainſi qu'on le lit dans une ancienne inſcription trouvée près de *Grotta Ferrata,*
& que l'on y conſerve encore.

Au reſte, quelle que fût la magnificence
extérieure des tombeaux, & leur ſolidité, quelque reſpect que l'on eût pour
eux, ils annonçoient une égalité finale

de deſtinée, qui a toujours touché les
plus ſages & les plus éclairés des Payens;
& qui leur a fait regarder la mort,
comme le terme auquel tous les hommes ſe trouvoient parfaitement égaux.
Non eſt quod nos, tu in illis metiaris.
His monumentis quæ viam di paria præ-
texunt, æquat omnes cinis. Impares naſ-
cimur: pares morimur. Senec. Ep. 91 (a).

(a) Les différens peuples de l'antiquité, ont
eu chacun leurs uſages de traiter les corps morts:

Namque iſta per omnes
Diſcrimen ſervat, populos, variatque jacentum
Exequias, tumuli & cinerum ſententia diſcors
                    Sil. Ital. l. 13. Punic.

Cet Auteur parle élégamment & en peu de
mots, des uſages des peuples connus de ſon tems,
dans les funerailles des morts; aucuns ne les
traitoient d'une maniere plus convenable que
les Egyptiens & les Romains. Ceux de nos jours,
de même que le plus grand nombre des Indiens,
en conſervant l'uſage de porter les morts en terre
à viſage découvert, ont pris la maniere la plus
ſûre de conſtater la vérité du décès que l'on annonce, & d'empêcher les ſuppoſitions de mort,
les crimes même que des funerailles feintes, ca-
chent aux yeux du public. Il ſemble que tout
Etat policé devroit adopter cette méthode, qui
même par rapport à la Religion, à ſon utilité,

Je ne porterai pas plus loin mes obſervations ſur Rome antique, parce que, toujours fidele à mon plan, je ne rapporte que ce que j'ai vu & examiné avec ſoin ; j'indique la ſituation des monumens dont je parle, & leur état actuel, que je compare avec ce qu'ils ont été ; ce que je dis de leur ancien uſage, d'après les auteurs contemporains, ne peut que les faire voir avec plus de plaiſir ; ſur-tout ſi ces Mémoires ont la deſtination pour laquelle je les ai écris ; celle de ſervir aux voyageurs, & de les aider à retrouver dans la plupart de ces conſtructions ſi délabrées, des veſtiges de leur premiere magnificence, & des uſages auxquels ils ont été employés.

---

en ce qu'elle met ſous les yeux d'une maniere plus frappante, le terme auquel nous devons tous arriver également.

ENVIRONS DE ROME.

Frascati, Tivoli, Oſtie, &c.

Frascati ou Tuſculum.

39. LA petite Ville Epiſcopale que l'on appelle aujourd'hui *Frascati*, a ſuc-cédé à l'ancienne Tuſculum des Ro-mains, qui dès la naiſſance de Rome ſubſiſtoit, & peut-être étoit plus conſi-dérable. Tarquin n'ayant plus d'eſpé-rance d'y rentrer, ſe retira à Tuſculum chez ſon gendre Mamilius Octavius qui y tenoit un rang conſidérable. Cette ville étoit alors fameuſe par ſa citadelle que l'on regardoit comme imprenable ; (Tit. Liv. l. 2.) cependant on ne voit pas que les Tuſculans ayent jamais fait aucun mouvement pour procurer le ré-tabliſſement des Tarquins, au contraire il eſt à préſumer qu'ils vécurent en ſi bonne intelligence avec les Romains qu'ils ne formerent qu'un ſeul & même peuple. Le premier Edile Curule Plé-béïen de Rome, créé l'an 387 étoit de la famille *Juventia* de Tuſculum. L'illuſtre Quintus Cincinnatus y avoit pris naiſſan-ce. Lorſque Annibal s'approcha de Ro-

me, les Tusculans lui fermerent leurs portes, & firent si bonne contenance qu'il
n'entreprit pas de les forcer; tous ces
faits prouvent que cette ville étoit alors
dans un état florissant; mais à la fin la destinée supérieure de Rome l'emporta, &
Tusculum subsista moins par elle-même
que parce que les délices de sa situation, la salubrité de son air, l'abondance & la fraîcheur de ses eaux inviterent
les plus illustres des Romains à y bâtir
des maisons de campagne où ils alloient
passer le tems des chaleurs & de l'in-
tempérie de Rome.

La puissance Romaine ayant été absolument détruite, cette ville ou se donna aux Souverains Pontifes ou leur fut
cédée; elle étoit alors très-peuplée, &
toujours recommandable par sa situation avantageuse. Les Papes la favori-
sérent en toutes choses, ce qui excita
la jalousie des Romains au point qu'ils
prirent les armes pour subjuguer Tusculum ou la détruire. Cette guerre fut
fort vive & causa une division entre le
Pape & les Romains, qui ne finit que
sous le Pontificat de Clément III. à la
fin du douzieme siecle, par un traité
dans lequel il s'obligeoit de leur remettre la ville de Tusculum, qui étoit alors

entre les mains de l'Empereur. Céleſtin
III. qui ſuccéda en 1191. à Clément
III, exécuta le traité de ſon prédéceſ-
ſeur, & les Romains devenus maîtres
de Tuſculum, la traiterent avec la plus
grande cruauté ; ils la ruinerent de fond
en comble, & n'y laiſſerent pas pierre
ſur pierre. Ses habitans diſperſés, ſe
retirerent dans les ruines d'un de ſes
fauxbourgs, où ils ſe conſtruiſirent des
cabanes avec des branches d'arbres,
d'où eſt venu le nom de *Fraſcati*, ou
de Feuillée, à la nouvelle ville conſtruite
dans la ſuite par ces habitans, dans un
terrein moins élevé ; car il paroit que
l'ancienne Tuſculum étoit ſituée dans
l'emplacement qu'occupent aujourd'hui
les *Villé*, Conti, Pamphile ou Belvedere, en remontant juſqu'à la Ruſinella
occupée par les Jéſuites.

Il ne faut pas chercher plus haut la
ſituation de l'ancienne Tuſculum qui
n'auroit pu y avoir cette quantité d'eaux
& les agrémens qui étoient ſi précieux
aux Romains ; les ruines que l'on voit
ſur le plein de la montagne qui domine
la Ruſinella, les reſtes de grandes voûtes, les veſtiges d'un petit théâtre, ou
d'un xiſte, ou promenade couverte que
l'on y remarque, ont appartenu à quel-

que grande maison d'un Romain opu-
lent & voluptueux qui avoit voulu joindre aux délices de la campagne, le luxe
& la magnificence de la ville, & bâtir
dans une situation de fantaisie, dont
rien ne pouvoit compenser l'incommodité que la salubrité de son air & la
fraîcheur, qui devoit y régner presque
continuellement, eu égard à sa grande
élévation. C'est sans fondement que
l'on dit que la maison de Ciceron étoit
dans cet emplacement; on y a découvert nouvellement le pavé d'un petit
sallon très bien conservé, & de la plus
belle mosaïque que pussent faire les anciens, qui ne travailloient qu'avec des
pierres & des marbres naturels. Le tableau du milieu représente une grande
Pallas tenant son bouclier sur lequel est
la tête de Méduse : cette piece est bien
dessinée, les couleurs en sont vives &
presque dans le ton de la nature, elle
est entourée d'un grand cadre de mosaïque où sont représentés divers ornemens en fleurs & en volutes, avec des
figures hyéroglifiques à chaque coin.
Pour ne point déranger ce reste précieux de la belle antiquité & le conserver dans son entier, on a enlevé toutes les terres qui le couvroient, & on a
Q v

bâti autour un petit édifice quarré sous lequel il est à l'abri des injures de l'air, je crois qu'il appartient à la maison de la *Rufinella* qui est au dessous, où le Général des Jésuites avoit logé en 1761. cent-vingt Jésuites Portugais qui ne s'y plaisoient pas.

La ville de Frascati & les belles maisons qui l'avoisinent, sont bâties sur le penchant d'une montagne, entre le levant & le nord; les environs sont presque partout plantés de vignes & d'oliviers; & le territoire est partagé en plusieurs collines couvertes de palais, de jardins, de bosquets arrosés des plus belles eaux qui y abondent. La vue s'étend sur une partie de la campagne de Rome, sur la mer qui n'en est pas assez éloignée pour qu'on ne voye pas distinctement les vaisseaux : la ville de Rome & les montagnes qui sont par-derriere terminent la perspective. Tous ces agrémens réunis à la salubrité de l'air, rendent cette position l'une des plus délicieuses de l'Etat Ecclésiastique.

Villa Conti, grande & belle maison qu'il faut voir à cause de la beauté & de l'abondance de ses eaux, la fraîcheur & le bel ordre de ses plantations. La maison est meublée de bon goût & pro-

prement fans magnificence ; il y a un
refte confidérable de conftructions antiques, compofées de dix-huit voûtes,
dont celles du milieu font les plus élevées, les autres s'abaiffent infenfible-
ment à mefure qu'elles s'éloignent du
centre. On dit à Frafcati qu'elles ont
fervi à la ménagerie de Lucullus. Sur
la partie extérieure de ces voûtes, qui
n'eft pas recouverte de deux pouces de
terrein, fe font élevés des chênes verds,
à une très-grande hauteur, fans prefque
tirer aucune fubftance des pierres des
voûtes à travers lefquelles leurs racines
fe font infinuées, ce qui prouve que ces
arbres font plutôt entretenus par la
fraîcheur de l'air, les pluyes & l'afpi-
ration qui fe fait par leurs feuillages,
que par les fucs qu'ils peuvent tirer de
leurs racines.

Villa Pamphili, dite *Belvedere*, eft
de l'architecture de Jacques de la Porte
& d'un excellent goût de décoration,
de même que le théatre qui eft vis-à-
vis, au pied de la montagne fur laquelle
font les jardins en terraffe. Ce théatre eft orné d'une multitude de jets d'eau
de différentes formes, & encore bien
entretenus. La piece du milieu eft un
groupe d'Hercule qui aide Atlas à por-

ter le Monde, figuré par un grand globe d'airain, duquel partent une quantité de fources; les deux principales figures des côtés font, à droite un Centaure qui fonne de la trompe, & à gauche un Cyclope qui joue de la flute à fept trous, & exécute plufieurs airs par le mouvement de l'eau; le fon de la trompe du Centaure eft effrayant. Ce théâtre eft décoré de plufieurs autres ftatues, parmi lefquelles on ne fe laffe point d'amirer un Silene affis, antique grec, de marbre de paros, & du plus beau fini. Les appartemens du palais font ornés de plufieurs plafonds peints par le cavalier d'*Arpino*, deffinés dans le goût fage & expreffif de Raphael, & de très-belle couleur : ceux qui ont pour fujet la création d'Adam & Judith qui coupe la tête à Holopherne, font excellens.

Dans un grand fallon peint par le Dominiquin, eft un Parnaffe en relief fur lequel font Apollon, les neuf Mufes & le cheval Pegafe, qu'une machine hydraulique met en mouvement, & qui paroiffent exécuter un concert inftrumental, dont un orgue caché derriere le Parnaffe, joue les airs. J'ai vu dans ce palais quelques tables d'un marbre fingulier, que l'on dit antique, &

trouvé dans les ruines de Tusculum ;
c'est une espece de brêche à fonds blanc,
les taches qui se suivent par ordre ressemblent à de petites feuilles de huit à
dix lignes de longueur, couleur de fleur
de pêcher ; je n'en ai vu nulle part ailleurs du semblable ; d'abord je le crus
factice ; mais après l'avoir bien examiné, sa fraîcheur, sa dureté, son poli
& son éclat m'ont déterminé à croire
que c'étoit un marbre naturel, fort
agréable, & précieux par sa rareté.

Les princes Borghese ont deux palais à Frascati au nord de la ville, l'un
appellé *Villa Taberna*, en est très-près,
le corps-de-logis bâti de bon goût &
bien meublé est très-habitable, les jardins en terrasse s'élevent jusqu'à une grande allée d'arbres qui est au-dessus de la
montagne, & qui conduit à *Villa Mon-
dragone*, qui est le second ; d'une grandeur immense, bâti sous le Pontificat de
Paul V, qui y alloit souvent avec toute
sa Cour. Il paroît qu'il y a longtems
qu'on ne l'a habité ; tout y est fort négligé ; la grande gallerie a quelques tableaux dont le meilleur est celui du
fonds ; il est de l'école de Venise, &
représente Salomon dans sa vieillesse
sacrifiant aux Idoles, entourré d'une

multitude de femmes qui s'empreſſent de préparer tout ce qui eſt néceſſaire au ſacrifice, avec un air de contente- ment qui marque combien elles ſont ſa- tisfaites d'avoir entraîné le vieux Mo- narque dans leurs erreurs. Ces figures ſont bien caractériſées, & la plûpart très-gracieuſes..... Deux buſtes anti- ques trouvés dans les ruines de la Villa Adriani à Tivoli, l'un repréſentant Fauſtine la jeune... l'autre Antinous (*a*) les buſtes des douze Céſars d'après

---

(*a*) Antinous, ſur l'origine duquel je n'ai en- core rien dit, étoit de *Claudiopolis* ou *Bithy- nio* en Bithynie, aujourd'hui *Caſtomena*. Il fit pendant quelque tems les plus cheres délices de l'Empereur Adrien, & mourùt en Egypte à la fleur de ſa jeuneſſe, ſoit pour être tombé dans le Nil, comme ce Prince l'écrivit; ſoit pour avoir été immolé, comme Dion Caſſius le rapporte, ce qu'il aſſure même être vrai: *Sivè quod immolatus (idque verum eſt) fuerit*. La raiſon qu'il en donne, eſt qu'Adrien étoit ex- trêmement curieux de connoître l'avenir, & ſe ſervoit de toutes ſortes de divinations & de toutes les reſſources de l'art magique pour y parvenir. Ainſi il rendit les plus grands hon- neurs à Antinous, qui s'étoit volontairement dévoué à la mort par amour pour lui, ou pour quelqu'autre cauſe qui l'intéreſſoit également; car, ajoute cet Auteur, ce Prince étoit abſolu

l'antique, par le *Bernin*, ceux du Cardinal Scipion Borghese en marbre blanc, & du Pape Paul V. en bronze; une Vénus & un Bacchus, statues antiques grecques, parfaitement restaurées par le Bernin. Cette maison a un théâtre assez grand, sur lequel on a vu représenter comédies & opéras dans les *Villegiatures* brillantes de la princesse Borghese; la galerie qui est à la tête du parterre, & l'ornement du théâtre d'eau qui est au fonds sont d'un excellent goût de décoration, & exécutés sur les desseins de Vignola. La terrasse ou plutôt

---

dans ses volontés; & pour lui plaire, il falloit être préparé à tout ce qu'il pouvoit exiger. Il fit rebâtir la ville où il étoit mort, & lui donna son nom; il lui déd-a des Temples, & fit placer ses statues presque dans tout l'univers: *Statuasque ei vel potius simulachra, in omni fere orbe terrarum collocaverit.* Il donna le nom d'Antinous â une constellation nouvelle qui parut alors, & porta ses regrets pour ce jeune homme qu'il avoit immolé à un point d'extravagance, qui le rendit ridicule aux yeux de tout l'Empire. *Dio. Cas. l. 69.*

Antinous mourut à *Antinoé*, ville d'Egypte, dite aussi *Antinopolis* & *Adriánopolis*, dont les ruines subsistent sous le nom d'*Anthios* dans la haute Egypte, sur les frontieres de la Thebaide, à 40 lieues environ du Nil, au levant.

la place qui est devant la face principale de la maison, a les points de vue les plus beaux & les plus riches.

Villa Falconieri qui est de ce même côté, plus près de Frascati, est bâtie avec goût ; les jardins, quoique resserrés d'un côté par un escarpement fort élevé, & de l'autre par une montagne, sont bien entendus. La plupart des appartemens de cette maison sont ornés de bonnes peintures, parmi lesquelles un grand plafond de *Carle Maratte*, qui représente la naissance de Venus, Neptune lui offre les richesses de la mer, les Graces l'attendent sur le rivage pour la couronner de fleurs. Cette composition est très-riante, le dessein en est correct & le pinceau très-gracieux ; il y a d'autres plafonds de *Ciro Ferri* qui ont les saisons pour sujet, & des morceaux d'Architecture peints à fresque, & d'une grande vérité.

Parmi les différens arbres qui sont employés dans les plantations de Frascati, j'ai vu que très-anciennement on s'étoit servi avec succès du *Platane*, actuellement si fort à la mode en France. Il y en a une allée à la Villa Pamphili plantée depuis plus d'un siecle, les arbres y sont d'une grosseur prodigieuse

& ont au moins quatre pieds de diametre, ils font encore frais & vigoureux.

Il n'y a point d'habitans de Frafcati qui n'ait des appartemens à louer pour le temps des Villegiatures ; l'affluence des Romains de tout état qui y vont paffer le tems de la *Malaria* & les beaux jours du printemps leur rend cette efpece de commerce fort utile. Le territoire des environs eft fertile & affez bien cultivé, & fournit les denrées de confommation ordinaire à un bon prix. Le loyer des appartemens n'y eft pas fort difpendieux.

On compte près de douze mille ou quatre lieues de France de Rome à Frafcati, & deux milles & demi de Frafcati aux ruines de l'ancienne Tufculum fur la montagne dont j'ai parlé.

A deux ou trois milles au midi de Frafcati, eft l'Abbaye de Grotta Ferrata habitée par des moines grecs de l'Ordre de St Bafile, qui s'y retirerent fur la fin du dixieme fiecle, fous la conduite de St Nil leur abbé, lorfqu'ils furent contraints de quitter l'habitation qu'ils avoient en Calabre, par les Sarrafins qui dévaftoient alors toute l'Italie méridionale. Les bâtimens de cette

maison, quoique très-riche, sont médiocres : on voit à la bibliotheque beaucoup de manuscrits grecs ascétiques. A
la fin de celui qui contient les lettres
d'Isidore de Peluse, on lit que le moi-
ne Paul qui l'écrivit par ordre de l'abbé
Nil, l'acheva le vendredi 27 Novembre 986, ce qui prouve qu'il y avoit
déja quelque tems que ces moines y
étoient établis. La Chapelle de St Nil &
St Barthelemi, tous deux Abbés de cette
maison, est fameuse par les peintures
du *Dominiquin*, que l'on gravoit à Rome en 1762 ; elles sont intéressantes en
ce que représentant l'établissement des
moines grecs dans ce canton, ce peintre y donne une idée de tout le beau
paysage des environs. Au-dessus d'une
porte on voit une partie d'un bas-rélief
antique de marbre de paros, & d'un
travail parfait ; il a pour sujet un Général Romain parlant à un Officier, &
un soldat qui aidoit à porter un soldat
blessé que l'on venoit présenter au Général : on ne voit de cette partie que le
soldat & le pied de celui qu'il portoit.
Une inscription gravée au-dessous assure que ce bas relief a été trouvé dans
les ruines du Tuculum de Ciceron, que
les moines grecs prétendent avoir été

dans le territoire de *Grotta Ferrata*, &
que les Jéſuites placent au-deſſus de
leur maiſon de la *Ruffinella*, à trois
milles de diſtance : les uns & les autres
ſont jaloux d'habiter le même terrein
qui a porté ce grand homme. Il y a
quelque apparence que leurs prétentions
ſont mal fondées, & que la maiſon de
Ciceron étoit ſur les côteaux qui ſont
immédiatement au-deſſus de Fraſcati
entre le levant & le midi........

TIVOLI.

41. LA route de Tivoli à Rome n'a
rien qui intéreſſe juſqu'à ce qu'on ait
fait environ treize milles, alors on
trouve à peu de diſtance du chemin à
main gauche, un petit lac d'eau ſulphu-
reuſe & d'une odeur forte, dont l'effet eſt
ſingulier. Ses eaux pétrifient les roſeaux
& les plantes qui croiſſent ſur ces bords.
Cette pétrification qui eſt l'effet d'une
fermentation très-active, qui pénétre
les pores des plantes, de particules ſul-
phureuſes & pierreuſes, eſt l'une des
plus curieuſes opérations de la nature
qu'il ſoit poſſible de voir, & d'autant

*Solfatare &
pétrifications.*

plus intéressante que l'on est en quelque
sorte témoin de la maniere dont elle se
fait. En la considérant avec attention,
sur-tout dans les parties qui sont à couvert de l'action de l'air extérieur, on
reconnoît que cette sorte de pétrification alors peu dure par elle-même, ne
peut résulter que d'un très-grand mouvement qui se fait au-dessous du massif
que lui opposent les racines des joncs
& des autres plantes de ce genre; qui
exalte l'eau, le soufre, la terre & le nitre au point de les rendre assez subtiles,
pour pénétrer non seulement la racine
mais le corps même du roseau, sans
le faire changer de forme, & qui dans
son état de pétrification, reste plus ou
moins solide, à proportion de la qualité
qu'il avoit avant que d'avoir éprouvé
aucun changement. Ainsi on distingue
les grosses racines, les fibres plus me-
nues, les tiges des roseaux, la terre
même qui a acquis plus de solidité, que
le soufre & le nitre rendent blanchâtre, & que l'on détache aisément soit
des racines soit du roseau même, qui
conservent toujours leur même volume,
en acquérant un poids plus considérable que celui qu'ils avoient dans leur
état naturel. Cette espece de moëlle

tendre & légère qui tapisse l'intérieur du roseau, participe à la métamorphose, sans changer de configuration, & s'en détache aussi aisément qu'avant que la pétrification fut faite. Ce lac continue à travailler de la même façon les racines & les roseaux qui croissent à quelque distance de ses bords, & on s'apperçoit que c'est l'air qui donne à ses ouvrages la solidité de la pierre ; après que l'eau s'est retirée & les a laissés à sec. Ce lac a peu de profondeur, il est dans un bassin de tuf léger & poreux, sous lequel est une solfatarre, qui communique le mouvement à l'eau, qui détache les parties du tuf, & qui est le ressort caché qui fait agir cette fabrique singuliere. La surface du sol d'alentour en est la preuve, elle ne présente à plus d'un demi mille aux environs qu'un tuf sulphureux, recouvert d'une mousse jaune, de quelques herbes fines, d'épines & autres arbustes que l'on y trouve par intervalles, & qui sont aussi secs que le terrain où ils croissent. La pierre blanche appellée *Travertine*, *Tiburtine* ou de Tivoli, se forme de la même maniere que les joncs se pétrifient ; elle est tendre & même sulphureuse lorsqu'on la tire des carrieres qui font au delà de ce lac, & n'acquiert cette folidité qui la rend fi durable, qu'après avoir été expofée quelque tems au grand air.

En quittant ce petit lac on traverfe une plaine dont tout le terrain eft de la nature de celui dont je viens de parler, abfolument creufe par deffous à en juger par le rétentiffement intérieur qu'y caufent le roulement des voitures, & la marche des chevaux. A un peu plus d'un quart de lieue au-delà, on trouve quelques reftes de conftructions antiques que l'on appelle *Bagni della Regina* ; peut-être étoient-ce ceux de la fameufe Zenobie reine de Palmire, qui eut une maifon à Tivoli ; elles fervent actuellement à loger des cultivateurs ; deux colonnes de verd antique, que l'on a tirées de ces ruines il y a quelques années, prouvent qu'elles avoient été décorées avec magnificence. Elles font fituées fur le bord d'un autre petit lac dont on ne connoît point la profondeur. L'eau en eft blanchâtre, épaiffe, & rend une odeur fétide, qui affecte défagréablement le palais & la gorge ; il eft couvert de petites ifles flotantes de diverfes grandeurs, formées de buiffons, de rofeaux & de

plantes unies ensemble par une terre
bitumineuse & fort tenace. L'eau n'en
est point chaude, quoique d'espace en
espace on la voie bouillir avec force,
& élever avec bruit des lances d'eau à
la hauteur de plus d'un pied ; ces isles
sont mobiles, & se rangent toujours
sous la direction du vent. Le fonds est
de la même couleur & de la même
solidité que les pétrifications du premier lac, mais elles sont recouvertes à
l'extérieur d'une couche de terre noire
& végétale de quatre à cinq pouces d'é-
paisseur ; ce lac ou si l'on veut cette
solfatarre fluide, qui inondoit autrefois
un espace assez large dans les environs,
a son écoulement par un canal qui lui a
été creusé par les ordres du dernier cardinal d'Este, dans lequel court le ruisseau appellé *Albula*, de la couleur de
ses eaux qui sont blanches & épaisses,
& laissent sur ses bords un sédiment de
même couleur ; il y a grande apparence
que les bains de ces eaux sont utiles
à la medecine ; ce sont les mêmes que
Neron fit venir dans son palais doré,
& que Suétone appelle *Aqua Albula* ;
leur odeur est si forte qu'elle se porte
à une demi-lieue au-dessous du vent ;
plus la chaleur est grande & plus elles

font fétides : à la fin de Juin, les pay-
fans des environs arrofent de cette eau
les fleurs & les herbes de la campagne
voifine, qui fe chargent d'un tartre
épais & blanc, qui reffemble à un glacé
de fucre, qui fe féche au foleil, & y
devient fort folide ; il les apportent à
Rome, & les véndent ; il eft d'ufage
dans ce tems d'en envoyer en préfent
à fes amis ; on les appelle par dérifion
Confetti fini.

Le territoire qui eft entre le lac des
ifles flottantes & la montagne de Tivoli, eft gras & bien cultivé, au pied
de la montagne même, eft l'ancien pont
Lucano bâti de groffes pierres blanches
& dures, & qui n'a rien de plus remarquable que la folidité de fa conftruction & fa grande antiquité ; il fert à
paffer la partie du Teverone qui coule
le long du chemin qui conduit à Tivoli.

A côté de ce pont eft une tour ronde
antique, qui a été autrefois le monument fépulchral de la famille Plautia.
Elle étoit conftruite dans le goût du
tombeau de Cecilia Metella à *Capo di
Bove*. Le focle quarré qui étoit de pierre
travertine eft dégradé & recouvert en
partie par les terres que les eaux ont
entraînées

entraînées autour , quelques restes d'architecture, de piedestaux & de fusts , de colonnes & de revêtissemens de marbres , sont des preuves de l'ancienne magnificence de ce monument , sur lequel on lit encore partie d'une inscription antique , qui apprend sa destination (*a*).

42. De-là on monte par un chemin qui a deux mille au moins de longueur, à la ville de Tivoli. *Tibur* sur l'*Anio* ou le *Teverone*, ville très ancienne qui subsistoit dès le tems qu'Enée aborda en Italie , & dont on fait remonter la fondation aux siécles héroïques. Strabon l'appelle ville d'Hercule, *Tibur Herculeum*, & dit qu'elle étoit dédiée à Hercule ; quoique voisine des Romains, elle

Tibur ou Tivoli. Sa situation.

(*a*) *M. Plautius, M. F. An. Silvanus. Cos VII Hvir. Epulon. Huic. Senatus. Triumphalia. ornamenta. decrevit. Ob. res. in. illirico. bene. gestas. Lartia. gn. F. uxor. A. Plautius. M. F. Virgulanius. vixit. Ann.*

C'est sans doute ce Plautius dont parle Suetone dans la vie de l'empereur Claude : *Plautio etiam orationem decrevit, ingressoque urbe et obviam progressus.*

réfifta pendant quatre fiécles à leur puiffance conquérante. Ils favoriferent même les Gaulois, & fe vangerent avec
éclat de la tentative que les Romains
firent de prendre leur ville pendant que
les Gaulois étoient encore en Italie
(Tit. l. 7. An. 395.); mais fix ans
aprés, lorfque les Gaulois fe furent re-
tirés, les Romains firent une guerre fi
vivé aux Tiburtins, qu'ils les forcerent
de fe foumettre à leur Empire : *Cum Ti-
burtibus ad deditionem pugnatum, faf-
fula ex his urbs capta, Cæteraque opida
eandem fortunam habuiffent, ni univer-
fa gens pofitis armis, in fidem confulis
veniffet.* (Id. Ibid. An. 401.)

La fraîcheur de fon climat, l'abondance de fes eaux, & les agrémens de
fa fituation qui eft fort riante, engage-
rent les Romains a y bâtir des maifons
de campagne, où ils fe plaifoient beaucoup. Le culte d'Hercule y étoit alors
folemnel, & fon Temple étoit accompagné de portiques fous lefquels Augufte rendit fouvent la juftice : *Etiam
in porticibus Herculis Templi fæpe, jus
dixit...* Sueton. Ce Temple avoit une
Bibliotheque publique : *Bibliotheca Ti-
burti, quæ tunc in Herculis Templo fatis
commode libris inftructa erat.* Aul. Gel.

l. 19. c. 5. Ces témoignages des Auteurs, les vestiges des monumens antiques que l'on y voit encore, annoncént que cette ville fut florissante sous l'empire des Romains (a).

Les Soldats de Totila la pillerent en 545. Elle doit son rétablissement & sa forme actuelle à l'empereur Frederic Barberousse qui la possédoit pendant ses longues guerres avec les Papes. Elle est aujourd'hui de la domination Ecclésiastique, & les Citoyens qui l'habitent, forment, comme dans les autres villes dépendantes de Rome, une espece de Sénat ou de Corps municipal, & portent pour armes la bande chargée de quatre lettres S. P. Q. T. qui signifient : *Senatus populus que Tiburtinus.*

Il y a bien des fautes au sujet de cette ville dans les Dictionnaires. Il semble que la *Villa Estense*, soit le seul ornement de Tivoli, lorsqu'on lit que ses fontaines, ses palais & ses jardins, la

---

(a) *Tybur, Argeo positum colono,*
Sit meæ sedes utinam senectæ,
Sit modus lasso maris & viarum
militiæque.

Horat. Od. v 1. l. 2.

R ij

rendent le féjour le plus agréable de
de l'Italie. La *Villa Eftenfe* eft une feule
maifon de plaifance qui a des beautés,
même à préfent fort négligées , mais
qui ne fait pas tout Tivoli.

Le féjour de cette ville & de fes environs feroit très - agréable , fans les
vents froids du Nord , qui s'y font fentir de tems en tems, & qui y caufent
des rhumes épidémiques très-dangereux. On voit fur le penchant de la
montagne du côté de Rome, un petit
Temple antique , rond d'une conftruction fimple & fans ornement , qui étoit
autrefois dédié à la Déeffe *Tuffis* ou
Toffé; comme les Romains en avoient
érigé un à la fiévre. Depuis on l'avoit
chriftianifé , en en faifant une Chapelle
fous le vocable de la *Madona della Toffé*,
à laquelle tout le peuple de Tivoli avoit
grande dévotion ; mais des ordres fupé-
rieurs ont fait détruire l'Autel fur lequel on célebroit la Meffe , & enlever
la ftatue de la Vierge ; de forte qu'il ne
refte plus rien que les murs antiques ,
recouverts de buiffons qui y croiffent
entre les jointures des pierres.

L'afpect de la ville de Tivoli, fituée
au haut de la montagne dans un terrein
inégal , eft fort riant ; la place qui eft

devant l'Eglife cathédrale, eft décorée de deux grandes idoles Egyptiennes, du plus beau granite d'Egypte. Ces deux figures de huit à dix pieds de proportion, quoique d'une forme finguliere, font d'un beau travail, & probablement du tems d'Adrien, qui multiplia beaucoup ces idoles en Italie. La ville de grandeur médiocre paroît affez peuplée: elle n'a rien de remarquable, ni dans fes édifices, ni dans fes rues, qui toutes font étroites.

43 Au nord de la ville, eft le Temple de la Sybille Tiburtine, l'un des morceaux les plus élégans d'architecture grecque qui fubfiftent. Il eft bâti de pierres dures de Tivoli, fur un plan parfaitement rond, entourré d'une galerie de colonnes cannelées d'ordre Corinthien, d'une proportion légere. La frife qu'elles foutiennent, eft ornée de guirlandes & de maffacres de bœufs, efpece d'ornement fort en ufage dans l'architecture antique ; le *foffito* ou plafond intérieur de la colonade, eft revêtu de ftucs travaillés à caiffes & à rofons, ornemens femblables à ceux du Panthéon, & des autres édifices de ce genre.

Il refte encore dix de ces colonnes

Temple de la Sibille, Cafcade & Cafcatelles.

R iij

fur pied, avec la frife & la corniche qui font les deux tiers du cercle, de forte qu'il en manque cinq ; dans l'intérieur de la colonnade eft bâtie une petite tour ronde, terminée par une coupole fermée, qui étoit le fanctuaire du temple de la Sibille ; la porte quarrée de même que la fenêtre font d'une grande & belle forme. Les chambranles font de marbre blanc. L'intérieur de ce temple eft totalement dégradé, on y voit quelques anciennes frefques, qui prouvent que l'on a eu intention de le faire fervir à l'ufage de la Religion Chrétienne ; peut-être l'avoit-on deftiné à être le veftibule d'un autre édifice quarré long qui le joint immédiatement, & qui devoit être une Eglife. Un auteur moderne dont je ne me rappelle pas le nom, a prétendu que ce temple avoit été celui d'Hercule & non de la Sibille ; mais Varron cité par Lactance, (l. 1. Inft. Divin. c. 4.) détruit ce fentiment ; il fait l'énumération des Sibilles, & place au dixieme rang celle de Tivoli. *Decimam Tiburtem nomine Albuneam quæ Tiburi colitur ut dea, juxta ripas Anienis, cujus in gurgite, fimulachrum ejus inventum effe dicitur.* La place du temple actuel de la Sibille

est si bien indiquée dans ce passage,
qu'on ne doit pas la chercher ailleurs.

A peu de distance de ce temple est
la grande cascade de Tivoli, formée
par la riviere entiere du *Teverone*, qui
coule du plein d'une montagne voisine ;
comme elle est alors resserrée entre les
rochers qui la bordent, elle n'a guères
plus de trente pieds de largeur, mais
la hauteur de sa chute perpendiculaire
qui est de quarante à cinquante pieds,
son volume d'eau qui est considérable,
& l'écho même des rochers, redou-
blent en quelque sorte le bruit qu'elle
fait en tombant, & aident à croire que
les voisins des Cataractes du Nil sont
sourds. Le réjaillissement de l'eau forme
un brouillard continuel qui s'éleve plus
haut que le niveau de la riviere, & qui
répand une grande humidité dans les
environs. Les papeteries, les forges &
les autres usines du voisinage dont les
marteaux frappent continuellement,
font une sorte d'accompagnement ma-
jestueux au bruit de la cascade, qui ajou-
tent encore à la singularité du spectacle.
Le paysage que l'on voit par derriere
la cascade, est fort riche. On y a la
vue du Teverone qui coule dans un
vallon large, bordé des deux côtés de

R iv

montagnes peu élevées, couronnées d'arbres, & diverſifiées par des maiſons de campagnes bien bâties & pluſieurs villages.

On obſervera qu'une partie du Téveroné a été détournée plus haut que la grande caſcade, & coule dans la ville, & les maiſons de campagne voiſines qu'il fournit d'eaux, c'eſt ce qui forme les caſcatelles dont je parlerai. Le reſte de la riviere a ſon cours par des rochers très-reſſerrés, dans leſquels il eſt en quelque ſorte caché juſqu'à ce qu'il ne ſoit arrivé au vallon, qui eſt au couchant de Tivoli.

Pour voir ces caſcades, on ſort par la porte qui eſt au couchant de la ville, on ſuit un chemin pratiqué ſur la croupe d'une montagne élevée ; les vues en ſont agreſtes, mais variées & pittoreſques, ſur-tout dans le printems où les arbres & les buiſſons couverts de fleurs & parés du verd naiſſant, égayent les triſtes oliviers qui y ſont en très-grand nombre. On arrive à la vue de la grande caſcatelle, qui forme un tableau ruſtique d'un effet piquant, elle tombe d'une très-grande élévation ſur un premier rocher où elle s'eſt formé un baſſin. Je n'ai pû eſtimer la hauteur de cette premiere

chute, mais la seconde est de 100 pieds
au moins, & tombe dans le Téveroné,
qui se dégage à droite des rochers sous
lesquels il étoit caché ; à gauche sont
quelques petites cascatelles qui blan-
chissent entre les buissons. Tout le plan
inférieur semé de rochers couverts de
mousse, de belles plantes aquatiques
qui étoient alors en fleurs, & de grands
roseaux, est vraiment beau à voir &
dédommage de la peine que l'on prend
pour y descendre. A un mille plus loin
sont trois autres cascatelles aussi hautes que la premiere, mais moins frap-
pantes ; le volume en est moindre, &
leur chute n'est pas perpendiculaire.
Toutes ces eaux réunies forment une
riviere assez grosse, qui coule dans un
vallon resserré, occupé en partie par un
petit bois formé de différens jasmins,
de baguenaudiers (coluthéa   de toute
espece, romarins, figuiers, grenadiers,
arbres de Judée qui étoient alors en
pleine fleur, mêlés de grands aloës qui
croissent sur les rochers, de joncs à
feuilles larges, fortes, & coupantes qui
portent une fleur gris de lin ; on jouiroit
encore plus délicieusement de la vue
de tous ces beaux arbustes s'ils n'étoient
entremêlés d'une quantité d'épines for-

R v

tes & piquantes, qui en rendent les approches très-difficiles.

Antiques &
Villa Eftenfé
à Tivoli.

44. Parmi les ruines antiques qui conservent quelque exiftence marquée, hors de Tivoli, fur la montagne au midi, on voit la maifon de campagne de Mecenas, dont les écuries & un appartement au-deffus, font encore dans leur entier ; ce font de très-grandes piéces voûtées, tournées du levant au couchant, qui aboutiffent toutes fur une grande galerie qui a fa direction du nord au midi, & dans laquelle coule dans un aqueduc ouvert, une branche du Teverone qui forme à peu de diftance une des petites cafcatelles ; au-deffus font d'autres voûtes, fur lefquelles regne un refte de galerie découverte qui a fes vues du côté du couchant ; ces conftructions ouvertes & abandonnées au point qu'elles ne fervent plus qu'à retirer des bœufs en hiver, font encore d'une folidité à durer très-long-tems ; la mâçonnerie n'en eft point dégradée, & l'eau qui fe ramaffe dans les environs, & qui en rend l'entrée très-incommode, ne paroît y caufer aucun préjudice. On peut voir dans la montagne qui eft vis-à-vis, un grand fous terrain voûté compofé de trois corri-

dors féparés par douze piliers , & que
l'on prétend avoir été autrefois un ré-
fervoir d'eaux pour les maifons de campagne des Romains , fituées de ce côté.
Il eft moins grand que la pifcine mer-
veilleufe qui eft au Cap de Mifene ,
mais il paroît avoir eu le même ufage.
Ces reftes de conftructions fi folides &
feulement deftinées à fatisfaire le luxe
des particuliers , ne peuvent que donner une très-grande idée de la puiffance
& de la richeffe des Romains. On voit
d'efpace en efpace des maffifs informes
de briques , auxquels on donne le nom
de *ville* d'Horace, de Sallufte, de Le-
pide , de Tibulle , & d'autres hommes
illuftres ; on retrouve encore fous de
grands amas de terrain, dans les buiffons, des reftes de canaux artificiels
d'où l'eau fort en abondance , & qui
fervoient ou à des bains , ou à des maifons dont on n'apperçoit plus le moindre veftige extérieur ; tout dans cette
montagne parle du luxe des Romains ,
& tout prouve combien il y a de tems
que cette puiffance en apparence fi folide , eft anéantie.

La maifon d'Efte poffède fur la montagne qui joint immédiatement la ville de
Tivoli, une des plus belles maifons de

R vj

campagne qui foit aux environs de Rome ; c'eft ce que l'on appelle *Villa Eftenfe*, que l'on voit avoir été formée avec une dépenfe vraiment digne d'un fouverain, mais qui faute d'entretien fe dégrade tous les jours.

Le plan du jardin eft beau & noble, les plantations de cyprès & de pins qui font à l'entrée en font la partie la mieux confervée ; dans un grand bofquet à gauche font des orgues hydrauliques fous une décoration d'architecture fort maffive, les fculptures furtout font d'un mauvais goût ; plus loin du même côté eft un autre bofquet que l'on appelle l'antre de la Sybille ; on y voit un xifte ou galerie circulaire dans la maniere antique, & au milieu une fontaine qui s'éleve d'un baffin de belle forme, le milieu de cette galerie eft occupé par un canal plein d'eau : cette partie eft appuyée à de grands rochers faits exprès, à travers lefquels font couchées quelques figures coloffales, & qui font couronnées de grands arbres. De ce côté coule une riviere ou grande nappe d'eau fur un talus, qui eft d'un très-bel effet.

A la fuite de ces différens bofquets & de plufieurs grottes ruftiques & jets d'eau, font les terraffes qui s'élevent les unes au-deſſus des autres juſqu'au palais ou château qui eſt ſitué ſur le haut de la montagne. Avant que l'eau re-jailliſſe de la girandole ou grand jet qui eſt ſur une de ces terraſſes, l'exploſion de l'air chaſſé par l'eau ſe fait à différentes fois avec un bruit ſemblable à celui du canon. Une de ces terraſſes qui borde le jardin dans toute ſa largeur, eſt bornée de quarante-huit petits jets d'eau de différentes formes, entre-mêlés de beaux vaſes, qui forment autant de petites caſcades qui retombent dans des baſſins; on voit que toute cette partie a été autrefois décorée de bas-reliefs en ſtucs, travaillés du meilleur goût, mais qui n'ont pu réſiſter à l'humidité. A l'ex-trémité de cette terraſſe à droite, ſont pluſieurs modeles des plus beaux édifices de Rome antique, faits de briques, revêtues de ſtucs, hauts de cinq à ſix pieds au plus; idée ſinguliere qui ne préſente rien de noble, & qui n'auroit pu avoir quelque mérite que dans le pays des Pigmées qui auroient pénétré dans l'intérieur de ces édifices, qui à préſent ſont à demi ruinés.

L'eſcalier qui monte de la derniere terraſſe au palais eſt beau, le pallier eſt orné de colonnes qui ſupportent un grand balcon ; le reste de l'architecture n'a rien de régulier , & paroît être de différentes mains : Les dedans des appartemens sont enrichis de peintures de bons maîtres ; le sallon des travaux d'Hercule peint par les *Zuccheri* est bien conservé & frais de couleur.

Il y avoit autrefois quantité de statues antiques que Benoît XIV. a achetées , & qui sont actuellement au Capitole. Il en reste encore quelqu'unes dans le pavillon qui est à droite sur la terrasse , parmi lesquelles une femme nue qui dort, & qui est du plus beau style grec ; une autre femme qui sort du bain, & qui paroît être de la même main , deux statues consulaires, un Jupiter, un Hercule, un très-beau buste de Pertinax , une idole Egyptienne de marbre noir, remarquable en ce qu'elle est vraiment antique apportée d'Egypte, elle n'en est pas pour cela d'une forme plus agréable. Quelques têtes antiques de de marbre verd d'Egypte.

Ce grand palais est inhabité & abandonné par ses maîtres à un concierge qui en tire tout le profit qu'il peut, à la charge de quelqu'entretien. Les Romains, & même les étrangers, y louent des appartemens & y vont passer la belle saison. On y a de tous côtés les vues les plus belles & les plus variées.

Cette maison, ses peintures, ses jardins & ses eaux ont nécessairement couté des sommes immenses : à en juger par le travail qu'il a fallu pour faire, dans un terrein inégal & montueux de si belles choses qui paroissent encore telles, malgré l'état de délabrement où elles sont. Il m'a paru que l'abondance des eaux répandoit partout une humidité incommode ; le sable propre aux jardins, fort rare en Italie, manque absolument dans ceux-ci ; tout y est verd jusqu'aux revêtissemens des terrasses, aux grottes & à leurs ornemens qui sont couvertes de mousse que l'humidité y fait naître, ce qui y répand un ton de monotonie & de tristesse que la solitude augmente encore.

45. La fameuse maison de campagne de l'empereur Adrien étoit située au bas de la montagne de Tivoli au midi ; elle avoit au moins trois milles de longueur sur un peu plus d'un mille de largeur ; la beauté de ses ruines, la quantité de statues que l'on y a trouvées, celles que l'on en tire encore, prouvent avec quelle magnificence elle avoit été bâtie & décorée : on n'en doutera pas, si l'on

Villa Adriani.

se rappelle que ce prince avoit un goût décidé pour les arts, & surtout pour l'architecture, dont il prétendoit avoir une connoissance profonde ; aussi donna-t'il lui même le plan de cette maison, qui étoit l'objet de sa complaisance. A peine subsista-t'elle quatre-vingts ans dans sa beauté. Caracalla commença le premier a en enlever une partie des ornemens, quand il fit construire les bains dont les ruines sont sur le Mont Celius à Rome ; les autres Empereurs y prirent ce qu'ils jugerent convenable. Malgré cela, quand elle fut dévastée par les barbares, il falloit qu'il y eût encore la plus grande quantité de belles statues, de mosaïques & de peintures à en juger par tout ce que l'on a déja tiré de ses ruines.

Parmi les constructions qui restent avec quelque marque de leur premiere forme, on voit presque en entier le logement des Gardes prétoriennes appellé *Centocellé*, en si bon état qu'on en feroit encore avec peu de dépense de très-bonnes casernes. Ce bâtiment étoit quarré comme les camps Romains, & entourré de fossés. La salle d'Adrien, grand édifice quarré où ce Prince donnoit ses audiences dans une piece qui

a au moins cent pas de long fur foixante & dix de large, au-deffous eft une
gallerie voûtée où il refte encore quelques veftiges de peintures à frefque....
Le palais de l'Empereur, qui eft une
fuite de chambres, de falles, de galeries, de petits Temples domeftiques ;
tout cela eft dans un très - grand défordre, & dépouillé de fes ornemens.
Ce qui m'a paru de plus entier, eft une
galerie tournante au tour d'un Temple,
couverte & voûtée. La voûte peinte par
compartimens, conferve encore la fraîcheur de fon premier coloris : elle tenoit à des bains qui font détruits... les
veftiges du théâtre, dont on diftingue
encore les efcaliers, le *Profcenium* &
quelqu'autres parties : à l'extrémité d'un
petit vallon ou grand foffé creufé exprès, & qui paroît avoir été deftiné à
des naumachies, un temple de Neptune
Egyptien, appellé *Canopo* ; il en refte
encore une partie fur pied en forme de
coquille.

C'eft en fouillant autour de ces ruines, qu'on a trouvé une multitude de
ftatues, de colonnes de marbres, de
beaux pavés en mofaïque, qu'on a enlevés & confervés avec foin depuis le
rétabliffement des arts ; toutes les fta-

tues des divinités Payennes que l'on
trouvoit fans les chercher, étoient im-
molées à la fupertition. On croyoit faire
une chofe très-avantageufe à la Religion,
que de les brifer, pour en faire enfuite
de la chaux, la tradition du pays le dit
ainfi ; la quantité de fragmens de ftatues
rompues exprès, fur lefquelles on voit
encore la marque des coups de marteaux, & que l'on trouve épars dans ces
ruines, des chapiteaux, des parties de
colonnes & de corniches brifées, prouvent la magnificence antique de ces
grandes conftructions ; mais on a beau
les examiner, on ne remarque aucune
efpece de commodité dans ces logemens, on donnoit tout à la décoration
exterieure, & on fe contentoit de fe
mettre à couvert des injures immédiates de l'air. En vérité, il refte encore
affez de matériaux dans ces ruines, pour
en bâtir une petite ville. Ce terrein a
été cedé en partie aux Jéfuites, en partie à un Gentilhomme Romain ; les premiers, quoiqu'amateurs de l'antiquité,
aiment à jouir du préfent, & après avoir
fouillé les ruines, & en avoir enlevé
tout ce qu'elle cachoient de curieux ;
ils ont pris foin de les applanir, & d'y
faire des plantations utiles, & ne né-

gligent pas de les étendre aux dépens des masures. Il n'en est pas de même de l'autre possesseur de ces ruines, qui a eu soin de poser une barriere entre sa portion & celle des peres, afin qu'ils n'anticipassent pas sur lui ; on prétend qu'il fait une très-grande dépense pour conserver ces vieux bâtimens : les jours de fêtes, il rassemble les Paysans des environs, les fait balayer & arracher les herbes qui croissent daus les jointures des pierres : s'il entreprend quelques fouilles, c'est avec les plus grandes précautions & sans rien détruire, il a même, dit-on, le projet de faire enlever toutes les terres qui couvrent des parties considérales de ces ruines, dont les vestiges donneroient une idée du plan, des plus beaux édifices que l'empereur Adrien eût vu dans ses voyages.

L'entrée principale étoit tournée du côté du grand chemin de Tivoli, qu'elle rejoignoit au près de *Ponte lucano* par une chaussée pavée, dont il reste encore quelque chose (*a*).

_____

(*a*) L'Auteur des observations sur l'Italie, dit (Tom. 2. pag. 281), que M. l'Abbé Mazéas ; avoit remarqué à la Villa Adriani, parmi

quelques plantes abfolument étrangeres au fol de
Rome, cet arbriffeau précieux, fur lequel les Ara-
bes recueillent le baume de la Mêque, que l'Empereur Adrien avoit tranfporté & cultivé dans
fes jardins de Tivoli. Cet arbriffeau fe trouve
non-feulement à Tivoli, mais dans plufieurs
autres jardins de Rome : il rend une gomme,
un fuc épais & aromatique, dont on fait un
baume excellent ; & c'eft l'Empereur Vefpafien qui l'apporta de la Paleftine, après avoir
fubjugué la Judée ; Pline ledit expreffément:
Vefpafanus de villa Judea, Balfama qua re-
gio illa abundat, in triumpho præferri juſſit.
Hift. nat. l. 12. c. 26. Cet arbriffeau fe trouve
dans plufieurs jardins de botanique en Italie. Je
ne l'ai pas vu dans les plantes qui croiffent à la
Villa Adriani, mais combien j'y en ai remarqué de curieufes, de fingulieres; que de fleurs
charmantes qui acquerroient un nouveau degré de perfection par la culture, s'élevent parmi
les herbes les plus communes ? Tacite (Hift.
l. 5.) parlant de l'expédition de Tite en Paleftine, parlant des mœurs & des ufages de ce pays,
& de fes productions donne la defcription de
l'arbriffeau d'où le baume coule : *Balfamum mo-*
dica arbor : ut quifque ramus intumuit, fi vim
ferri adhibeas parent venæ ; fragmine lapidis
aut tefta aperiuntur humor in ufu medentium
eft. On a reconnu depuis que les incifions faites
avec le couteau déchiroient moins l'arbufte, que
les pierres tranchantes dont on fe fervoit autrefois, qui gâtoient l'écorce, & caufoient un
grand défordre dans les fibres, & occafionnoient
des cicatrices plus larges & plus calleufes. L'u-

OSTIE.

46. LA partie de la campagne de Rome qui m'a paru la plus abandon-née, celle où l'intemperie de l'air eft le plus à craindre, même dès le retour du printems, au dire des Romains, eft entre Oftie & Rome, dans l'efpace de douze milles ou quatre lieues commu-nes de France ; elle eft entierement inculte & inhabitée : on traverfe un bois tailli qui a quatre à cinq milles de longueur, qui fournit une grande partie du bois & du charbon pour la confom-mation de Rome, & dans lequel on nourrit de grands troupeaux de bufles. On trouve enfuite des marais que l'on traverfe en partie fur une chauffée anti-que, faite du tems des Romains, & qui aboutit aux falines appartenantes à la Chambre Apoftolique, établies dans cet endroit depuis plus de deux mille quatre cens ans ; car Tite-Live par-

Ruines d'Of-tie & de Porto. Atterriffement du Tibre.

sage de l'acier inconnu autrefois, faifoit préfé-rer les pierres au fer ; parce que celui-ci étoit fouvent chargé d'une rouille nuifible aux plan-tes délicates.

lant de la ville d'Oftie & de fa fondation, dit que l'on y fit en même-tems
des falines : *Ufque ad mare imperium
prolatum, & in ore Tiberis Oftia condi-
ta ; falinæ circa factæ* (Tit. Liv. l. 1.
c. 33. A. 120. Ces deux établiffemens
doivent leur exiftence à Ancus Martius, quatrieme roi de Rome ; ils furent entretenus avec foin : tant que la
République fubfifta, les premiers Empereurs ne les négligerent point, ils les
embellirent de monumens publics, conftruits avec magnificence ; à en juger
par les ruines mêmes, qu'il faut examiner foigneufement pour y reconnoître
les veftiges de la premiere place mari-
time qu'ayent eu les Romains, qui eft
actuellement à plus d'une demi-lieue de
la mer.

Cette ville de forme ronde étoit conf-
fidérable, elle avoit plufieurs édifices
remarquables, une place publique dans
laquelle on voit les reftes d'un très-
grand palais, qui n'étoit pas décoré
avec moins de fomptuofité que ceux de
Rome ; on voit par-tout des chapiteaux
de colonnes, des bafes de ftatues, des
reftes d'infcriptions gravées fur les plus
beaux marbres ; j'ai vû les ornieres de
quelques mauvais chemins de traverfe,

remplies de morceaux des marbres les
plus précieux, brifés exprès pour eet
ufage ; j'ai vû des tas de jaune antique, & de marbre ferpentin, dont le
fond eft verd obcur, marqué de taches
de verd plus clair, traverfées de filets
jaunes, qui paroiffoient deftinés aux
mêmes ufages. Tout cela annonce qu'Augufte avoit fait réparer cette ville avec
fa magnificence ordinaire ; la place du
baffin de l'ancien port, eft indiquée par
les reftes d'une tour que l'on prétend y
avoir fervi de phare, & qui eft actuellement à plus de deux milles de la
mer.

Ce grand atterriffement dont il paroît que l'on pourroit fixer le commencement à-peu-près à celui de l ère chrétienne, eft formé des fables fins &
légers que le Tibre entraîne en grande quantité, des terres qu'il détache
de fes bords, & des autres matieres
qu'il ramaffe dans fon cours. J'ai obfervé qu'il s'eft toujours fait dans la
même direction du fud-oueft au nord-
eft ; il augmente tous les jours, fur-
tout quand le *Siroco*, vent qui fouffle
entre le midi & le couchant, regne plus
long-tems que les autres ; il n'y a point
de rochers fur ces côtes, on ne voit fur

les bords de la mer que des fables mêlés de terre qui prennent de la folidité
à mefure que leur maffe augmente ; il
faut même marcher fur ces rivages avec
précaution , la plupart de ces fables
mouvants ne font guères plus de réfif-
tance aux corps folides , & fe divifent
auffi aifément , que l'eau.

J'examinois ces atterriffemens qui me
fembloient augmenter fous mes yeux ,
je fuivois le rivage de la mer , lorfque
tout d'un coup le fable manqua fous mes
pieds , j'y enfonçai jufqu'à la ceinture , & probablement, j'y euffe été en-
feveli fur le champ , fi je ne me fuffe
étendu autant qu'il me fut poffible , pour
préfenter une plus grande furface , &
arrêter par ce moyen le terrain qui
fuyoit ; je me tirai d'affaire en nageant
en quelque forte dans ce fable fin &
mouvant , avec beaucoup de peine ; car
j'étois feul alors & éloigné de plus
d'un demi mille des perfonnes avec qui
j'étois venu à Oftie.

Ce petit accident me rendit plus cir-
confpect , & cependant ne m'empêcha
pas d'obferver que cet atterriffement
n'eft point une preuve que la mer fe foit
retirée ; car les eaux font toujours fur
cette côte à la même hauteur , ainfi que
le

le prouve le canal qui les apporte dans
les falines, & qui a fon embouchure
plus haut ; cette maffe de fable a feulement formé une langue de terre fort
avancée dans la mer. Ces terrains nouveaux font d'une grande fertilité, à en
juger par ce que produit le peu qui
en eft cultivé. Le fpectacle de la nature n'y a rien d'ailleurs d'intéreffant
cette petite plaine eft inculte, dé-
ferte & fort trifte ; la mer même n'apporte rien fur fes bords qui puiffe amu-
fer la curiofité.

La nouvelle Oftie fituée à quelque
diftance de l'ancienne, eft la plus petite place que j'aye vue, elle n'a qu'une
porte, une fontaine publique, une petite place, une Eglife & quelques maifons ; c'eft cependant le titre de l'Evêque Doyen du Sacré Collége. L'Eglife
n'a rien de remarquable qu'une chapelle
bâtie dans l'endroit même où étoit la
maifon occupée par St Auguftin, & où
mourut Ste Monique fa mere ; ce qui
prouve que dès le cinquieme fiécle,
l'ancienne Oftie des Romains étoit
abandonnée. Ce lieu n'a d'autres habitans que quelques malfaiteurs que l'on
y laiffe en franchife, & qui y vivent
impunément dans un air fi mal fain, que

Tome VI.   S

l'on affure qu'ordinairement ils n'y fubfiftent guères plus de deux ans, ils ga-
gnent leur vie à travailler aux falines
avec les forçats que l'on y conduit. Les
plus induftrieux cultivent quelque partie du terrein vague dont ils font envi-
ronnés, où ils font les récoltes les plus
abondantes. On peut juger de la bonne
police qui regne dans ce coin de l'Etat
Eccléfiaftique, & de la fûreté où font
ceux que leurs affaires y appellent, par le
fait fuivant qui eft très-vrai. Un de ces
bannis qui habitent la nouvelle Oftie,
avoit tué en 1761, d'un coup de fufil, le
premier commis des falines, & fix mois
après il y vivoit auffi tranquillement &
avec autant d'impunité que s'il n'eut
rien eu à fe reprocher; il n'en paroiffoit
que plus infolent & plus hardi, à bra-
ver celui qui avoit follicité inutilement
la vengeance de ce crime. Les Sbirres
n'ofent pas approcher de cette retraite
de brigands, on les y abandonne à
l'horreur d'habiter un pays dont on
croit l'air empefté; j'en ai déja parlé
ailleurs, ainfi que du malheureux fort
du prêtre qui eft obligé d'y réfider en
qualité de curé. A côté de l'Eglife de
la nouvelle Oftie eft un petit fort bâti
fous le pontificat d'Alexandre VI, dont

la piece principale est une grosse tour, entourée d'un ravelin, & soutenue de quelques bastions avancés, d'une construction solide & encore conservée en son entier; le gouverneur de la place, comme celui de notre Dame de la Garde en Provence, résidant à Rome, en a la clef dans sa poche.

> . . . . . Là dedans
> On n'entre plus depuis long-tems,
> Le Gouverneur de cette roche,
> Retournant en Cour par le coche,
> A depuis environ quinze ans
> Emporté la clef dans sa poche.

A un quart de lieue d'Ostie au couchant, sur une des embouchures du Tibre qui n'est pas navigable, est l'ancienne ville épiscopale de *Porto*, titre du Cardinal sous Doyen du Sacré Collége, bâtie par l'empereur Claude, réparée par Trajan, absolument abandonnée à présent, au point qu'il n'y reste plus que l'Eglise, qui a pour tout clergé un seul prêtre, le palais épiscopal en ruine, & une mauvaise hôtellerie. On y voit quelques vestiges des magnifiques constructions que Trajan y avoit faites, & qui ont été détruites

S ij

exprès lorsque les Sarrasins ravageoient toutes ces côtes.

Le commerce du Tibre a son entre-pôt principal à *Fiumicino*, bourg situé sur la seule embouchure de ce fleuve qui soit navigable, & qui a conservé assez de fonds pour que les plus grosses barques puissent remonter de la mer par le canal jusqu'à Rome ; quoique fort près de Porto & d'Ostie, on y est plus aguerri contre l'intemperie de l'air ; cet endroit est peuplé de gens de mer, de quelques artisans, des commis des né-gocians qui y ont des magazins, enfin il y a du mouvement & quelque indus-trie.

Peu de voyageurs ont la curiosité d'aller visiter les ruines d'Ostie, ce-pendant elles méritent d'être vues, ne fut-ce que pour juger de l'étendue des atterrissemens qui se font sur les bords de la mer de ce côté. Un jour de prin-tems suffit pour cette course, à laquelle m'engagea M. *Lépri*, fermier général des domaines & salines de l'Etat Ecclé-siastique, que j'ai eu souvent occasion de voir pendant mon séjour à Rome, & dans lequel j'ai toujours trouvé beaucoup de politisse, d'égalité, de douceur, & mê-me de modestie, quoiqu'il fût très-riche.

Caftel-Gandolphe, maifon de plaifance des Papes, & fon lac; les monumens antiques qui font dans fes environs, parmi lefquels ont diftinguera le maufolée que Cornelie fit ériger à Pompée, après qu'on eut apporté fes cendres d'Egypte à Rome, les tombeaux que l'on prétend être ceux des Horaces, & quantité d'autres curiofités antiques : Les édifices modernes que le féjour des Papes dans cet endroit, a engagé plufieurs particuliers à y bâtir, le rendent digne de la curiofité des voyageurs. Je ne l'ai pas vu, ainfi je n'en dirai rien de précis; il n'eft qu'à quinze ou dix-huit milles de Rome, dans les montagnes qui font à droite de la grande route de Naples.

La vue de ces monumens quoique ruinés, l'idée de leur premiere magnificence, la mémoire des grands hommes qui les ont fait élever, infpirent un certain refpect auquel eft fenfible tout efprit qui peut porter fes vues au-delà de la fphère des objets phyfiques. Les débris de la vieilleffe de l'état le plus puiffant qui ait exifté, confervent encore une forte de majefté qui en impofe. On voit les lieux où fe font paffées la plupart de ces actions héroïques

O iij

que l'on nous propofe encore aujour-
d'hui pour modeles ; où étoient placés
ces tribunaux d'où font émanées les loix
fages qui réglent encore nos deftinées.
Reverere, gloriam veterem, & hanc ip-
fam senectutem, quæ in homine venera-
bilis, in urbibus facra eft. Sit apud te
honor antiquitatis, fit ingentibus fac-
tis, fit fabulis quoque. Habe ante ocu-
los hanc effe terram, quæ nobis miferit
jura, quæ leges non victa acceperit fed
potius dederit. Plin. l. 8. Ep. 24.

Route de Rome à Bologne par Lorette. Partie de l'État Eccléfiaftique.

Etat Ecclé-
fiaftique Civ.
Caftellana. O-
tricoli Narni.

47. APrès être fortis de Rome par
la porte *del Popolo*, & avoir paffé le
Tibre fur *Ponte-Molle*, on tourne à
droite fur la voye flaminienne, qui s'é-
tendoit autrefois depuis Rome jufqu'à
Rimini, dans la longueur d'environ deux
cens trente milles, ou foixante & feize
lieues de France ; quelques parties en
font encore confervées, fur-tout dans
la campagne de Rome. La premiere
ville que l'on trouve fur cette route eft

Civita-Caftellana, à vingt milles de Rome; avant que d'y arriver on laiffe à
main droite la haute montagne de *So-
racté* couverte de bois, & dont le fommet confervoit encore des neiges au
mois d'Avril.

> *Vides ut altâ ftet nive candidum*
>
> *Soracte......*
>
> Hor. l. 1. Od. 9.

Et on paffe l'ancienne riviere de *Cre-
mera*, aujourd'hui la *Valcha*; fameufe
par la défaite des Fabius qui entrepri-
rent feuls la guerre contre les Veiens.

Civita Caftellana eft l'ancienne ville
des Falifques (*a*), fituée fur une monta-

(*a*) Le Suedois, Auteur des obfervations fur
l'Italie, s'eft trompé fur l'origine de la comédie : dit (Tom. 2. pag. 216,) que Civita Caftellana eft, *fuivant l'opinion commune, l'ancien
Fefcennium d'où etoient venus à Rome les vers
Fefcenniens.* Fefcennium ou Fefcennia, ville des
Etrufques, étoit à fix mille de Civita Caftellana
ou l'ancienne ville des Falifques, au levant ; le
petit bourg de Galefé eft bâti fur fes ruines ; c'eft
de-là effectivement que vinrent les vers Fefcenniens : *Efpece de ftyle poiffard, que Rome avoit
confervé pour certaines pieces deftinées à l'amu-
fement de la canaille.* Il femble que les théâtres
de Rome euffent déja différens genres de fpectacle, & que ces vers Fefcenniens ou Poiffards,

S iv

gne efcarpée. On voit en y arrivant quelques reftes des premieres fortifications de la ville, qui font bâties fur

---

fuffent tolerés pour le feul plaifir du peuple ; mais ce n'eft point cela du tout. Lorfque Rome fit venir des Acteurs de Fefcennium, elle n'avoit encore eu aucune efpece de fpectacle ; cette idée parut tout-à-fait nouvelle à ce peuple guerrier : *Ludi quoque fcenici nova res bellicofo populo.* La pefte défoloit alors la ville, on avoit tout mis en œuvre pour calmer la colere des Dieux, & égayer un peuple qui étoit dans la confternation, on cru que ces jeux nouveaux ferviroient à les appaifer : *Inter alia cœleftis iræ placamina, inftituti dicuntur.* On fit donc venir des efpeces de bouffons d'Etrurie, qui, comme les acteurs de Thefpis, convenoient de repréfenter quelque fujet, qu'il traitoient fur le champ, fans s'y être préparé d'avance, ce qu'ils accompagnoient de danfes pantomimes ; mais honnêtes, à la mode de leur pays... *Sine carmine ullo, fine imitandorum carminum actu, ludiones ex Etruria acciti, ad tibicinis modos faltantes, haud indecoros motus, more Tufco dabant...* Voilà l'origine de la comédie à Rome. La jeuneffe que ce fpectacle amufa, voulut imiter les Fefcenniens, & fe livra à une efpece de licence, qui n'avoit pour but que de plaifanter ; ce genre d'exercice plut fi fort aux Romains, qu'ils le perfectionnerent & laifferent loin derriere eux, les Tofcans leurs maîtres. Cependant ceux qui y réuffirent le mieux, n'eurent d'autres titres que celui d'Hiftrions : *Nomen Hiftrionibus inditum ; qui non ficut ante Fefcennino verfu, fi-*

les rochers qui bordent la montagne du côté de Rome. C'eſt ſans doute de ce côté qu'étoient la ville , la citadelle

---

milem incompoſitum temere , ac rudem alternis jaciebant ; ſed impletas modis ſaturas per age-bant. (Tit. Liv. l. 7. art. 391.) Voilà l'origine de la comédie à Rome, bien expliquée par un Hiſtorien judicieux ; & je ne vois rien dans la ſimplicité des premiers ſpectacles, qui réponde au ſtyle poiſſards. Puiſque les Romains loin de s'en tenir aux drames impromptu des Feſcenniens, les perfectionnerent, & firent des piéces régulieres & ſuivies, *Impletas modis ſaturas.*

Le même Auteur dit à la même page, que le ſçavant Dominique Maſocchi a établi, que Civita Caſtellana étoit la ville des Veiens, dans un ouvrage publié en 1646 ; mais on a prouvé très clairement depuis, que cette ville des Veiens avoit été un peu au-deſſus de la *Storta*, dans l'endroit même ou eſt aujourd'hui le Château de l'*Iſola* qui appartenoit aux Farneſes, à peu de diſtance de *Caprarole*, à dix mille environ de Rome ; on y voit encore les veſtiges de la mine ou ſouterrein que Camille, qui en fit le ſiége, conduiſit du bas de la plaine juſqu'au haut de la montagne, & qui lui facilita la priſe de la ville.

Il avance encore à la même page que *Terni* étoit la derniere ville de l'ancienne Ombrie : certainement c'étoit *Narni*, & le Latium arroſé par le Tibre ne s'ouvroit qu'à la deſcente des collines, qui ſont au-delà des rochers que l'on traverſe en venant de Narni à Otricoli.

S v

& le temple de Junon, de l'ancienne
Faleris. Ses abords font encore tels, que
Tite Liv. les a décrits : *Difficultate adi-*
tus, afperis confragofifque circà & partim
arctis, partim arduis viis. (Liv. l. 5.)
Le Dictateur Furius Camillus mit le
fiége devant cette ville, l'an de Rome
359. Il duroit depuis deux ans, lorfque
la générofité de ce Général qui rendit
aux Falifques leurs enfans, que la tra-
hifon du Maître d'école de la ville lui
avoit livrés ; les détermina de fe foumettre aux Romains. Civita Caftellana
qui remplace cette ville, eft fituée à un
mille plus loin de l'ancien emplacement.
Elle eft petite, mal bâtie, a l'air pauvre & dépeuplé. Alexandre VI, y a fait
conftruire un palais, qui reffemble plus
à une citadelle, qu'à une maifon de plaifance. Il fert aujourd'hui à enfermer des
prifonniers d'Etat. Cette conftruction
prouve que ce Pape aimoit à être en
fûreté, & ne fe fioit pas à tout le
monde ; il jugeoit des autres par lui-
même.

Cette montagne efcarpée de toutes
parts, eût été inabordable du côté du
levant, fi on n'eût élevé une chauffée de
plus de cent pieds de hauteur, qui traverfe un vallon étroit qui unit la mon-

tagne de Civita Castellana, à la campagne voisine ; c'est sur cette chaussée que passe l'Aqueduc qui porte de l'eau à la fontaine publique.

On traverse une seconde fois le Tibre au bas de Borghetto sur le *Ponte Felice*, ainsi appellé du nom de Sixte V, qui l'a fait construire ; le fleuve resserré en cet endroit entre des rochers, & les débris d'un ancien Pont construit sous le regne d'Auguste, est rapide & profond. Il y a apparence que c'est-là que finissoit le *Latium*. Les hauteurs qui sont au-delà du Tibre, commencent à être cultivées ; on y voit beaucoup d'oliviers & de vignes. A main gauche, sont des ruines qui occupent un assez grand espace de terrein : on croit que ce sont les restes de l'ancienne *Orta*.

Tout-à-fait sur la hauteur est le bourg d'Otricoli, qui a succédé à la ville d'*Ocriculum* bâtie avec magnificence, à en juger par les ruines d'un théâtre & de quelqu'autres édifices publics, qui sont au couchant de la ville ; cet endroit est à quarante-deux mille, ou quatorze lieues de Rome, dont la banlieue ou les fauxbourgs s'étendoient autrefois jusques-là ; on voyoit une suite continuelle de monumens de la magnificence Ro-

S vj

maine, d'arcs, de temples, de tombeaux
fi fuperbement conftruits, que l'empereur Conftantius venant pour la premiere fois à Rome, dont il s'étoit fait
la plus grande idée, crut, ainfi que le
rapporte Ammian Marcellin, entrer
dans la ville au fortir d'Otricoli.

Les collines que l'on traverfe pendant
quelques milles, font cultivées avec
foin, & préfentent par-tout des vues
riantes & variées; avant que d'arriver
à Narni, on marche pendant affez long-
tems fur un chemin, taillé dans des
rochers fort élevés, & qui cotoye de
tems en tems des précipices efcarpés &
profonds; c'eft-là que commencent ces
corniches que l'on trouve fur la route
de Rome à Lorette, & avec laquelle
les gens accoutumés à la beauté & à la
largeur des chemin de France ne fe fa-
miliarifent pas aifément, on y a toujours d'un côté le rocher coupé perpendiculairement, & de l'autre le précipice
à fonds de cuve, & prefque toutes ces
corniches font taillées, fuivant l'ancienne Ordonnance des douze tables:
*Viæ latitudo in porrectum, pedum octo,
in anfractum fexdecim efto.* Il y a pour
paffer une voiture, & s'il s'en rencontre deux qui aillent en fens contraire;

il faut que l'une des deux s'arrête au détour, & attende que l'autre ait passé pour aller plus loin.

Narni, ville épiscopale, petite & mal bâtie, n'a pas changé de situation depuis les tems les plus reculés, & ressemble encore à l'idée que Tite Live en donne : *Nequinum... locus erat arduus atque in parte una præceps, ubi nunc Narnia sita est.* Les Romains s'en emparerent par la trahison de deux de ses habitans, & y envoyerent alors une colonie qui fut appellée *Narnia à flumine Narnia.* (L. 10. An. 453). Un des grands titres d'honneur de cette ville, est d'avoir donné la naissance à l'Empereur Nerva ; ses environs sont de tous les côtés riants & gracieux, mais la ville n'y répond en aucune maniere.

Le vallon qui occupe tout l'espace qui est entre Terni & Narni, est de forme ronde, & peut avoir environ cinq lieues dans son plus grand diamétre ; il est partagé par la riviere de *Nera*, qui y roule en serpentant des eaux pures & limpides ; les prairies les plus fraîches la bordent dans tout son cours ; les terres y sont bien cultivées, & divisées par des mûriers, des peupliers, des arbres à fruit de toute espéce ; les côteaux sont

couverts de vignes ou d'oliviers ; on
voit dans la partie du vallon qui est garantie par les montagnes des vents du
nord, de belles plantations d'orangers
& de citroniers ; enfin, ce vallon délicieux tel que je l'ai vu dans le printems, ressemble à la réalité des descriptions que Milton fait du Paradis ter-
restre, & présente par-tout les objets
les plus agréables pour la peinture. Les
Postillons proposent ordinairement à
tous les voyageurs de se détourner du
chemin pour aller voir un pont antique,
dont la principale arcade, a, dit-on,
cent vingt pieds d'ouvertures ; mais la
quantité de constructions antiques que
nous avions déja vues depuis que nous
étions en Italie, avoit diminué notre
curiosité, & nous nous hâtames d'arriver à Terni, pour voir une merveille
d'un autre genre, qui nous paroissoit
intéressante, & en quelque sorte plus
nouvelle.

Terni, Cas-
cades, Petri-
fications.

48. Je veux parler de la fameuse cascade qui est à trois ou quatre milles de
Terni, la plus belle qui soit en Europe.
C'est une de ces singularités merveil-
leuses de la nature qui étonnent par la
magnificence de leur spectacle, & que
l'on ne peut s'empêcher d'admirer. La

riviere de *Velino*, qui prend sa source
dans les montagnes de l'Abruzze ul-
térieure, après avoir passé par *Rieti*,
ville frontiere du Royaume de Naples,
se jette dans le lac de *Luco*, d'où elle
sort beaucoup plus grosse qu'elle n'y
est entrée. Son cours sur un niveau
penchant, est très-précipité au sortir de
ce lac jusqu'à ce qu'elle n'arrive au bord
de la montagne *del Marmore*, où elle
trouve un escarpement d'où elle fait un
saut perpendiculaire de trois cent pieds
de hauteur, & tombe dans un abîme
que les eaux se sont creusées par leur
propre poids dans le rocher qui est au-
dessous de la chute de la cascade. L'eau
sort de cet abîme avec une espece de
fureur ; les flots sont en confusion &
s'élevent les uns d'un côté les autres
de l'autre à travers les rochers ; l'air
continuellement comprimé par le poids
de l'eau, fait éruption avec un bruisse-
ment semblable au mugissement des
vents les plus forts ; l'eau conserve pendant quelqu'espace ce mouvement vio-
lent & irrégulier, que sa chute lui a im-
primé ; la riviere, en tombant sur les
rochers, se brise avec tant d'effort qu'il
s'en éleve un nuage qui ressemble à une
poussiere humide, & qui est toujours

fort au-deſſus du point de ſa chute, de
ſorte que tous les environs ſont arroſés
d'une pluye continuelle, mais ſi légere
qu'elle ne détrempe point le terrein,
ce qui vu du côté oppoſé à la caſcade,
fait un effet merveilleux, en ce que cette
eau, que l'on peut appeller pulvériſée, ré-
fléchiſſant les rayons du ſoleil qui viennent s'y briſer, forme une multitude
d'arcs-en-ciel qui ſe croiſent, changent
de place, s'élevent ou s'abaiſſent pro-
portionnellement à la force que le mouvement inférieur de l'eau imprime, ou
brouillard ſur lequel ils paroiſſent: quand
le vent du midi raſſemble le brouillard
contre la montagne, & le tient dans
une eſpece de tranquillité, alors le ſoleil ne forme qu'un ſeul grand arc qui
couronne toute la caſcade & ſes environs. Il faut convenir que ce ſpectacle
eſt bien au-deſſus de toutes les merveilles de l'art; il eſt unique, & aucune
puiſſance humaine ne pourra parvenir
à l'imiter; il eſt ſi éclatant, ſi varié,
que la peinture même ne pourroit qu'en
donner une idée. Tous ces objets réunis forment un tableau brillant & ma-
jeſtueux auquel le bruit des eaux, l'eſ-
carpement des rochers, l'attention qu'il
faut avoir en paſſant d'un endroit à

l'autre pour ne pas fe précipiter , & le filence que l'on eft obligé de garder , parce qu'on ne s'entendroit pas , tant le bruit eft fort ; donnent quelque chofe de terrible. Le *Velino* à quelque diftance de fa chute , fe joint à la *Nera* dont il prend le nom en la groffiffant beaucoup. Tout le haut de la montagne eft couvert d'un bois taillis que la pluye continuelle dont j'ai parlé n'empêche pas de croître. Les plantes y font fraîches & vigoureufes ; mais ce qu'il y a de fingulier, c'eft que toutes les racines des arbres & même celles de quelques plantes , dès qu'elles font à une certaine profondeur en terre , font pétrifiées ; elles ne changent point de forme, elles prennent feulement la couleur grife du fable fin qui les environne & ne s'y attache point ; perfonne ne m'avoit parlé de cette fingularité de la nature : Je trouvai le long du fentier qui defcend de la montagne à la cafcade , une racine qui me parut d'une couleur extraordinaire , & je m'apperçus qu'elle étoit pétrifiée & plus péfante que n'auroit été une pierre du même volume : je cherchai en terre, fi je n'en trouverois pas d'autres , & après avoir fouillé dans le fable qui fe détachoit aifément, je vis les racines de toute taille pétrifiées de même, placées perpendiculairement, & formant de petites colonnades de différens diamêtres; c'est ce que j'observai encore mieux en remontant, l'eau du Velino s'étoit échappée par le côté, & s'étoit formé un petit canal souterrein; le sable qu'elle avoit enlevé laissoit voir à une très-grande profondeur toutes les racines pétrifiées & rangées dans le même ordre que celles que j'avois découvertes. Cet accident ne paroît causer aucun dommage à l'arbre, dès que le suc pétrifiant a pénétré la racine, ce qui ne se fait qu'à un demi pied environ de profondeur en terre; la partie de racine qui conserve sa force ordinaire de de végétation, se divise en deux branches qui s'étendent horizontalement, & continuent à nourrir l'arbre. Il paroît que c'est l'eau du Velino qui a cette qualité particuliere; les cochons qui fouillent en terre & qui mangent les racines, les animaux qui boivent beaucoup & les hommes mêmes sont fort sujets à la pierre, dont on fait l'extraction assez habilement dans le pays, même aux animaux qui sont attaqués de cette maladie, & de-là ils ont acquis encore une autre espece de talent, qui n'a d'utilité qu'en Italie : *sono questi popoli naturalmente pratici di castrare.* On ne peut aller de Terni à la cascade qu'à cheval ou à pied ; on monte du vallon à la montagne sur laquelle coule le Velino par une corniche étroite & escarpée taillée dans un rocher de marbre blanc qui a quelques veines rougeâtres. Cette carriere qui paroît riche, n'a pas encore été fouillée (*a*). Le vallon qui est au bas, garanti des vents froids par les montagnes qui l'environnent, présente l'aspect le plus riant : on y voit des plantations considérables d'orangers qui y croissent en pleine terre. La végétation au printems y est admirable & très-précoce. Toute la montagne est plan-

---

(*a*) On lit dans la rélation d'un prétendu voyage fait en Italie & aux isles de l'Archipel en 1750, &c. imprimée en 1763, un long détail de toutes les especes de pétrifications que l'on trouve dans cette montagne ; on y parle de toutes les coquilles connues, sur-tout de celles que l'on trouve dans les mers de la Chine & des Indes ; c'est une pure imagination de celui qui a fait cette espece de Roman, qui d'un bout à l'autre, est rempli de faits faux ou hazardés : il n'y a d'autres pétrifications dans cette montagne, que les racines dont j'ai parlé.

tée d'oliviers, & les huiles font le commerce le plus confidérable de Terni.

Cette ville qui eft l'*Interamna* des anciens, nom que lui a donné fa fituation dans une ifle formée par la Nera, eft affez bien bâtie & mal peuplée, j'y ai vu quelques Eglifes propres, deux places, & des rues affez larges ; on la croit auffi ancienne que Rome dont elle étoit colonnie l'an 458 de la Républicque. Les Samnites tenterent alors inutilement de s'en emparer (Tit. Liv. l. 10.) elle a depuis donné naiffance à l'hiftorien tacite & à l'Empereur de ce nom, qui tous deux étoient de la même famille.

Somma, Spolette, Foligno, Corniches. Au fortir de Terni on entre dans des montagnes où je n'ai rien vu de remarquable, la pofte fuivante eft au lieu dit la *Strettura*, qui tire fon nom de fa pofition fi refferrée entre deux montagnes qu'à peine y a-t-il affez d'efpace pour le chemin & la maifon de la pofte. Immédiatement enfuite, on commence à monter la Somma groffe montagne fort élevée, plantée de chataigniers & d'autres bois ; fur fon fommet eft une plateforme affez large avec quelques fources, qui ont fans doute déterminé à y bâtir un cabaret très-fréquenté des pé-

lérins , & où les voyageurs qui ont
monté à pied pour obferver la montagne , trouvent avec plaifir des œufs frais
& du vin d'affez bonne qualité.

En defcendant du côté de Spolette,
je remarquai dans les différens lits de
pierre qui forment cette montagne, tous
les veftiges d'un grand bouleverfement
occafionné par quelques forts tremblemens de terre : j'y vis des rochers fen-
dus avec effort, & depuis peu de tems,
ainfi que l'on en peut juger par la couleur de la pierre & la correfpondance
des angles , les uns dans une affiete perpendiculaire , les autres couchés diago-
nalement, fans que les arbres qui croiffent dans les fentes euffent été déraci-
nés ; mais on voyoit qu'ils formoient
peu à peu une courbe pour reprendre
la perpendiculaire ; quelqu'autres en
lits de carriere , confervoient encore la
ligne horizontale , mais fort inclinée au
nord ; prefque tous ces rochers font de
marbre de même que la plupart de ceux
que l'on trouve fur le chemin de Rome
à Lorette , j'y ai trouvé des petites maf-
fes de pierre de la forme la plus finguliere , compofées de plufieurs couches,
chacunes d'environ fix lignes d'épaif-
feurs , de couleurs différentes , & qui

tenoient beaucoup de la nature de l'albatre, chaque couche avoit plusieurs angles, & ceux de l'une ne répondoient point à ceux de l'autre (*a*).

La plaine qui est au bas de cette montagne, est de la plus grande fertilité, & continue à être telle jusqu'à Foligno, dans un espace de plus de quatorze milles.

Spolette est une ville ancienne de l'Ombrie, capitale du duché de ce nom, située sur un terrein inégal, qui n'a plus rien de son ancienne grandeur, que deux inscriptions qui sont gravées au-dessus de ses deux portes principales, & qui doivent la rendre respectable aux amateurs érudits de l'antiquité ; elles font l'éloge de la bravoure des anciens

---

(*a*) On chercheroit inutilement dans les environs quelqu'un qui pût donner des éclaircissemens sur le désordre où est cette montagne : on est obligé de s'en tenir aux conjectures que l'on forme d'après ses observations. J'étois seulement prévenu que ce pays, deux ou trois ans auparavant, avoit été agité de violentes sécousses, de tremblemens de terre, ainsi que me l'avoit raconté le sçavant Pere Jacquier Minime, qui étoit alors à Spolette, & qui fut témoin de l'effroi qui se répandit dans cette ville & dans ses environs.

habitans de Spolette, qui les premiers
oferent réfifter à Annibal, vainqueur
des Romains à Thrafimene, & le forcerent à fe retirer avec perte de devant
leur ville qu'il affiégeoit.

Hannibal cæfis ad Trafimenum Romanis
Urbem Romam infenfo Agmine petens
Spoleto magna fuorum claude repulfus
Infigni fugâ portæ nomen fecit.

L'autre fait mention du fiége.

Hannibal deviftis Romanis ad Trafimenum
Lacum, obfeffo incaffum Spoleto, porta hæc
Ariete perculfa, à civibus repulfus & lacef-
      fitus
Hic primum viftus, hoftibus vifus eft fugeret.

Ces infcriptions ne difent rien qui ne
foit conforme à la vérité hiftorique.
Annibal traverfant l'Ombrie, vint droit
à Spolette en faifant le dégat dans cette
riche campagne ; il tenta enfuite de
prendre la ville d'Emblée, mais il fut
repouffé avec perte, *cum magna fuorum*
cæde repulfus, dit Tite-Live ; la fermeté
d'une colonnie qui bravoit toutes fes
forces, le perfuada qu'il n'étoit pas encore tems d'affiéger Rome, & il tourna
droit dans le Picenum (Tit. Liv. l. 22.

an. 535.) on y voit les restes d'un cha-
teau bâti par les ducs de Spolette, sur
les ruines même de celui de Théodoric, Roi des Goths. Aux côtés de la
porte de la cathédrale, sont deux am-
bons ou tribunes d'où on lisoit autrefois
l'Epître & l'Evangile au peuple assem-
blé dans la place, monument singulier
de l'antiquité ecclésiastique. L'Eglise est
de construction gothique. Le pont qui
traverse la Marogia, torrent impétueux
qui coule entre la ville & la montagne
qui est au levant, est curieux par rapport à son élévation, il y a dix grandes
arches, portées sur neuf piliers d'une
hauteur prodigieuse ; sur un des côtés
du pont, s'éleve l'aqueduc qui porte
l'eau de la montagne dans la ville, ces
deux ouvrages unis n'ont guères moins
de quatre cens pieds de hauteur, du
fond de la vallée étroite où coule le
torrent, jusqu'à la partie supérieure de
l'aqueduc : cet ouvrage paroît être du
tems de Théodoric, roi des Goths ; il
n'a rien qui ressemble aux constructions
Romaines. Il est de l'exécution la plus
hardie, très - solide & conservé dans
son entier. Comme le pont est sans
parapets d'un côté, les gens du pays
ne manquent pas de raconter plusieurs
avantures

aventures tragiques de gens ou qui font tombés, ou qui ont été précipités du haut en bas.

De l'autre côté du pont eft le *Monte-Luco*, connu dans l'hiftoire eccléfiaftique par le féjour qu'y ont fait très-anciennement des folitaires, qui y vivoient enfemble ; il conferve aujourd'hui quelque chofe de fa premiere deftination, il a encore douze habitations principales, habitées par autant de particuliers laïcs, qui vivent chacun chez eux avec leurs domeftiques, dans le célibat. Quand il y a une maifon vacante par mort, elle ne peut être habitée que du confentement des onze autres ; ils élifent entr'eux un fupérieur auquel ils donnent le nom de Prévôt. Ils ont une Eglife qu'ils entretiennent, & une maifon commune d'infirmerie, où ils paffent s'ils le jugent à propos, quand ils font malades. On appelle ces folitaires, les Hermites de Spolette, ce font ordinairement des gentilshommes qui s'y retirent avec affez de revenu pour y vivre fort à leur aife. Les magiftrats de la ville leur ont accordé le droit de fe fournir aux marchés avant tout autre, des denrées qui leurs font néceffaires. Leurs habitations qui font à différentes

Tome VI.   T

hauteurs, accompagnées de plantations & de jardins, forment le coup d'œil le plus agréable sur cette montagne.

Entre Spolette & Foligno, à cinq ou six milles de l'une & de l'autre, au pied des collines qui bordent la plaine, le long de la voye flaminienne, sort de dessous un rocher, le *Clitumno* qui est le Clitumnus de Virgile, fameux par la beauté des troupeaux que l'on nourrissoit sur ses bords, & qui fournissoient des victimes choisies aux sacrifices les plus solemnels.

Hinc Albi Clitumne greges, & maxima Taurus
Victima, sæpe tuo perfusi flumine sacro
Romanos ad templa Deum duxere triumphos.

Georg. 2.

Cette petite riviere a un cours tortueux qui contribue autant à l'embellissement qu'à la fertilité de la belle plaine dans laquelle elle coule lentement (*a*).

(*a*) Pline le jeune (l. 8. ep. 8.), donne une description fort exacte de la source du Clitumne & de sa position. Il en parle comme d'un des plus beaux lieux qu'il fut possible de voir: *Modicus collis assurgit, antiqua cupressu numerosus & opacus: hunc subter fons exit & exprimitur pluribus venis, sed imparibus, eluctât*

La petite ville de *Foligno* eſt ſituée
à la tête de cette plaine, quoique médiocrement peuplée, il y a plus de mouvement & de commerce que dans toutes
les autres villes dont je viens de parler,
il a pour objet principal le papier des
manufactures voiſines, dont il eſt l'entrepôt, & qui de là ſe diſtribue dans le
reſte de l'Italie ; c'eſt le meilleur que
l'on y connoiſſe, il eſt uni, point caſ-
ſant, mais a très-peu de corps. La ſoye

---

cuſque facit gurgitem qui lato gremio pateſcit pu-
rus & vitreus... inde non loci devexitate, ſed ipſâ
ſui copia, & quaſi pondere impellitur... Ripæ
fraxino multa, multa populo veſtiuntur: quas
perſpicuus amnis velut merſas viridi imagine
annumerat... adjacet templum priſcum & reli-
gioſum. Stat clitumnus ipſe amictus ornatuſque
pretexta præſens numen atque etiam fatidicum.
Indicant ſortes. Sparſa ſunt circà, Sacella com-
plura... Le paſſage eſt long, mais à quelques
changemens près, il indique la beauté de cette
riviere, les agrémens de ſes bords, & la limpi-
dité de ſes eaux; il prouve encore qu'il y a eu
autrefois à cette ſource un temple conſacré à ce
Fleuve, où il ſe rendoit des oracles, ſur les
ruines duquel a été bâtie depuis l'Egliſe de *San*
Salvadore, ſi Miſſon eût eu connoiſſance de ce
témoignage de Pline, il n'eût pas dit qu'il étoit
hors d'apparence que cette Divinité locale eût
eu des temples, & un culte particulier dans cet
endroit.

& le bétail font les deux autres branches du commerce de cette ville, dans le voifinage de laquelle il m'a paru que l'agriculture étoit en honneur, à en juger par les graines de toute efpece dont la campagne étoit couverte, les prairies artificielles, les champs de lin & de chanvre, je ne parle pas des vignes & des oliviers, on en trouve dans toute l'Italie.

La Cathédrale de conftruction gothique, réparée à la moderne, eft une croix latine de belle forme, mais elle eft abfolument nue; on y voit une belle ftatue d'argent de St. Felicien Evêque & Patron de cette ville, faite par le Gros, Scuplteur François; le Maître-Autel eft recouvert d'un pavillon dans le goût de celui de St Pierre de Rome.

Dans un couvent de Francifcaines, que l'on appelle les Comteffes, eft un grand tableau de Raphael qui repréfente une Vierge dans une gloire, St Jean & un petit enfant qui tient un papier, au-deffus eft un homme à genoux préfenté par St Marc; St Jérôme & fon lion. On ne peut rien voir de plus beau & de plus noble que la Vierge. La beauté du deffein & de l'expreffion le rendent digne du grand maître au-

quel on l'attribue; & le coloris en est
aussi beau que celui de quelques tableaux
de Fra-Bartholoméo di Sanmarco, dont
j'ai parlé à l'article de Florence, & dans
le même ton.

A un mille au-delà de Foligno, on
sort de cette plaine délicieuse pour entrer dans des montagnes que l'on ne
quitte plus pendant quarante milles, de
Foligno à Tolentino ; ce pays est élevé
& froid, le terrein en est presque par-
tout sec & de peu de rapport. C'est le
long de cette route que l'on trouve ces
corniches ou chemins étroits taillés
dans le roc & bordés de précipices es-
carpés & effrayans ; tel est celui qui
borde le vallon étroit & profond à la
tête duquel sont plusieurs manufactures de papiers, & qui est connu sous le
nom de *Cartieré di Foligno*, tracé sur
l'ancienne ordonnance que j'ai citée
plus haut, sans parapet ailleurs, que dans
un coude que fait le chemin, & qui est
devenu fameux par la mort tragique de
plusieurs personnes qui sont tombées
dans le précipice.

Après avoir quitté cette corniche &
les papeteries voisines, on fait quelques milles par une plaine stérile & dé-
serte, dans laquelle on trouve le village

T iij

de Café-nuové, dont tous les habitans
d'une misere extrême, avouent n'avoir
de ressource que dans la charité des
étrangers, qu'ils ne quittent pas sans
en avoir tiré quelque chose ; au-delà de
Café-nuové, on tourne sur la grande
corniche de *Col fiorito*, qui forme un
demi cercle de deux milles au moins
d'étendue, chemin très-dangereux, &
où je fus témoin de l'embarras de deux
voitures qui se rencontrerent dans ces
routes étroites ; il fut nécessaire de détacher les chevaux de la voiture la
moins lourde, & de la remonter jusqu'à
un endroit où on pût la ranger dans le
bois qui couvre cette montagne, de façon, à laisser assez d'espace pour passer la nôtre qui fut à l'instant de tomber dans le précipice, si elle n'eût pas
été retenue par les fourches qui étoient
derriere ; ainsi je ne vois point de façon plus sûre de passer ces chemins
qu'à pied, , alors on voit sans effroi, &
avec une sorte de curiosité ces rochers
entassés les uns sur les autres, parmi
lesquels croissent de beaux arbustes &
des plantes de toute espece. De cette
corniche à Serravallé, il y a environ
cinq milles que l'on fait par un territoire élevé & uni, dans lequel on trouve

un petit lac peu profond , qui dans les
chaleurs , eft prefque à fec , & qui cependant eft poiffonneux , à ce que m'af-
furerent quelques Cultivateurs , alors
répandus par la campagne. J'y admi-
rai l'induftrie groffiere avec laquelle ils
ménagent les eaux, & forment des Aqueducs affez longs avec des arbres creufés.

Serravallé eft un gros village refferré
entre deux montagnes éloignées d'environ cent cinquante toifes de diftance; on
y voit les veftiges des portes , des murailles & d'un château qui a été bâti du
tems des Goths , pour défendre le paffage; il eft traverfé par un ruiffeau rapide qui coule du haut de la montagne au
couchant. De-là jufqu'à Tolentin ; on a
quelques corniches à paffer , & continuellement des montagnes , qui, comme
les reftes des Apennins , ont des fingularités toujours nouvelles. Les angles n'y
ont point de correfpondance entr'eux :
je me rappelle de m'être trouvé dans une
petite vallée exactement ronde , entourrée de tous côtés de hautes montagnes ,
reconnoître à peine l'endroit par où nous
y étions entrés , & ne pouvoir pas même
imaginer où en étoit l'iffue , quoi quelle
dût être à l'angle d'une montagne, par un
vallon qui n'avoit pas dix toifes de lar-

geur, dans le fond duquel couloit un ruisseau très-bruyant.

Valcimara est un mauvais village où est la poste, qui ne peut être agréable qu'au printems, à cause des taillis d'arbres de Judée dont il est environné, qui sont alors couverts de fleurs, la plupart des hayes vives sont de ce même bois; de sorte que toute cette campagne ressemble à un jardin bien fleuri. J'en ai vu beaucoup de plantations nouvellement semées, & très-bien tenues; il faut que cet arbre soit d'une grande utilité à ce pauvre pays, eu égard au soin que l'on a de le multiplier.

Tolentin est une petite Ville Episcopale, située sur une colline à la source de la riviere de Chiento, où je n'ai rien vu de plus remarquable que le buste de François Philelphe, littérateur du quinzieme siécle connu, sur-tout par le recueil de ses Lettres.

Macerata, ville capitale de la Marche d'Ancone, résidence du Gouverneur ou Président de la Province, & d'un conseil ou rotte pour les affaires civiles; est dans une situation élevée: Je n'ai fait que la voir en passant, elle m'a paru bien bâtie; c'est le séjour de la principale noblesse de la Province: la

plaine entre Tolentin & Macerata, eſt
fertile & bien cultivée, quoiqu'on ne
voie preſque aucunes habitations de cultivateurs répandues dans la campagne.

Il n'en eſt pas de même du vallon qui
eſt entre Macerata & Recanati qui eſt
mieux peuplé, & dont la culture eſt d'une
variété qui ſemble faite exprès pour rendre le tableau agréable, grains de toute
eſpeces, prés, prairies artificielles,
vignes, arbres fruitiers; hortolages de
toutes ſortes, petits bois plantés par
ordre : c'eſt ce que l'on voit dans toutes
cette campagne arroſée de pluſieurs rivieres qui coulent de l'Apennin ; il y
a ſur-tout des plantations de peupliers
qui ſont admirables ; je fus curieux d'en
voir une de près, & je ſautai par-deſſus
une petite haye vive, dont elle étoit fermée; mais que l'on imagine, ſi l'on peut,
l'horreur dont je fut pénétré, quand je
me vis environné d'une multitude de
ſerpens de toutes tailles, qui s'écha-
poient de droite & de gauche, avec de
très-forts ſifflemens, ſans doute que le
tems de fraye avoit raſſemblé tous ceux
de la plaine, dans ce boſquet. J'en ſortis
ſans accident, mais non ſans avoir reſ-
ſenti bien vivement les effets de cette
averſion naturelle, qui eſt entre l'hom-

R v

me & le serpent, d'autant plus que je
ne m'attendois point du tout à en trouver dans ce petit bois, dont la fraîcheur
annonçoit le séjour d'une douce tranquillité. Cette aventure calma ma curiofité ; je remontai en voiture le fang encore ému, & bien réfolu de ne plus troubler par mon indiscretion les horribles
amours des ferpens.

On traverfe Recanati, ville fituée fur
une hauteur ; la principale rue eft large
& bordée d'affez beaux bâtimens. Cette
vi.le & celle de Macerata, ont été bâties l'une & l'autre des ruines de l'ancienne *Helvia Recina*, colonie Romaine
détruite par les Goths dans le cinquieme
fiécle de notre ère. Elle n'eft féparée de
Lorette que par un vallon large d'environ deux milles ; lorfque nous le tra-
verfames, le tems étoit beau, le printems paré de fes fleurs fe montroit dans
tout fon étalage, & notre voiture fut
conftamment fuivie de jeunes filles qui
venoient chanter l'*Allegromagio*, & nous
prefenter des fleurs, pour avoir en
échange de leur chanfons & de leurs
bouquets, quelque monnoye.

Lorette, fon
tréfor. Lorette eft la ville la plus nouvelle
de tout le pays ; elle doit fon origine
& fon accroiffement à la dévotion due

que l'on a eu pour la *Casa santa*, depuis qu'elle fut miraculeusement transportée dans l'endroit où on la revere actuellement, ce que l'on dit être arrivé dans le treizieme siecle ; peu après on bâtit une église dans laquelle on la renferma : on y a ajouté dans le seizieme siecle un encaissement de marbre blanc, de Carrare, qui enveloppe entierement le bâtiment antique, & que l'on peut regarder comme un chef-d'œuvre de l'art. On y a employé l'ordre Corinthien comme le plus riche ; les grands bas-reliefs dont il est revêtu représentent les mystères de la Vierge : entre les colonnes qui soutiennent l'architrave qui regne tout autour, sont vingt niches où sont placées les statues des Prophêtes & des Sybiles : l'architecture est du Bramante ; les ornemens de sculpture sont d'André Contucci, du Sansovin, de Tribolo, d'Antoine de St Gal, de Baccio Bandinelli, les plus célebres artistes de ce tems qui y travaillerent en concurrence, & qui avoient une connoissance parfaite des beautés de l'antique, qu'ils ont habilement fait passer dans l'exécution de ce monument moderne, le plus beau de ce genre que l'on puisse voir.

La *Casa sancta* qui en est entourée, est

T vj

un édifice quarré long d'un peu plus de trente pieds, sur quinze de largeur & dix-huit de hauteur, voûté & bâti de briques mêlées de quelques pierres : les chambranles des portes & des fenêtres font revêtus d'épaisses lames d'argent : l'autel posé contre une grande grille de même métal, est un massif d'Orféverie d'une très-grande richesse ; on a retranché sur la longueur de cette chambre un espace d'environ six pieds, & qui a la même largeur que le reste de l'édifice, où est le *Camino sancto* ; toute cette partie est revêtue de lames d'or ou d'argent depuis le bas jusqu'à la voûte, & renferme un trésor inestimable ; au-dessus de la cheminée est une grande niche dont les corniches extérieures & tout le revêtissement font en or, on y a placé une image de la Ste Vierge tenant l'Enfant Jesus d'un travail ancien & d'un bois qui est fort noirci, elle est couverte d'une robe d'étoffe précieuse que l'on ne voit point sous la quantité de diamans & de pierres fines, dont elle est enrichie : tout l'intérieur de la niche est rempli d'une multitude de croix, de fleurs, de cœurs & d'autres bijoux d'or couverts de diamans. On est ébloui de la quantité & de l'éclat de toutes ces ri-

cheffes ; vingt lampes d'or dont quelqu'unes font enrichies de diamants, &
toutes d'un travail précieux, font ardentes, dans ce petit efpace que l'on
peut regarder comme un des plus riches
tréfors qui exiftent dans l'Univers ; je
n'en fais pas ici le détail, il importe
peu de fçavoir le nombre & la forme
des bijoux, non plus que celui des ftatues d'or & d'argent que la piété des
Princes catholiques y a fait placer. Les
François ne manqueront pas d'y remarquer un ange qui préfente Louis
XIV. à la Vierge ; la figure de l'ange eft
d'argent, celle du jeune Prince repréfenté dans fes premiers langes, eft d'or,
& pefe, dit-on, trente-fix marcs ; le
travail en eft très-beau. Il y a beaucoup d'autres vœux de ce genre & auffi
riches.

La falle qui tient à l'églife, ce que
l'on appelle le tréfor, renferme un amas
encore plus confiderable de richeffes du
même genre, formé des dons de tous
les Princes Catholiques de l'Europe, &
de quantité de Seigneurs Italiens, Alle-
mands & François, & même Anglois ;
car j'ai vu le nom de *Stafford* fur le pied
d'un calice d'or ; ce font des bijoux de
toutes formes qui ont été envoyés en

préfent & exprès pour enrichir ce précieux dépôt. J'y ai remarqué entr'autres
une grande étoile d'or ornée de trente-
cinq groffes perles, huit diamans, dix rubis & feize girandoles ou opales; le centre de l'étoile eft occupé par une groffe
émeraude taillée en cœur, entourrée de
fix rubis & de neuf diamans. On lit
l'infcription fuivante fur ce bijou: *Lu-*
dovica Henrici III, Galliæ & Poloniæ
Regis uxor 1598. Le collier de la Toi-
fon d'or de Philippe IV, roi d'Efpagne,
le travail en eft au-deffus des diamans
& des autres pierres précieufes dont il
eft enrichi... un cordon de chapeau d'un
Duc de Baviere formé de deux cens
vingt-quatre diamans... il faut vraiment
voir ce tréfor pour fe faire une idée de
fa richeffe qui éblouit. Je ne dis rien de
quantité de ftatues d'argent de grandeur
naturelle, qui font & dans cette maifon & dans l'Eglife, & de foixante groffes
lampes d'argent toujours allumées. Les
yeux font fatigués de l'éclat de ces différens objets, & l'efprit ne fuffit pas à
en eftimer la valeur. Auffi revient-on
avec le plus grand plaifir à confidérer
un tableau de la naiffance de la Vierge,
excellent ouvrage d'*Annibal Carrache*
bien confervé, & encore frais de cou-

leur; de même qu'une famille fainte, peinte par *Raphaël*, & de fa meilleure maniere. Dans le veftibule du tréfor, eft un grand tableau extrêmement gracieux qui m'a paru être du *Guide* ou de fon école ; il repréfente la fainte Vierge à l'ouvrage avec fix jeunes filles de fon âge, qui paroît être de douze à quatorze ans ; quelques femmes âgées qui font là pour les gouverner & les inftruire, contraftent heureufement avec leurs jeunes éleves. Les graces, la beauté, l'innocence de cet âge, y font peintes dans la vérité de la plus belle nature, il regne dans toute cette compofition, un ordre, une tranquillité qui ont quelque chofe de célefte ; le ton de couleur eft dans la maniere tendre du *Guide*, très-convenable à ce fujet.

L'Eglife qui eft en même tems épifcopale & paroiffiale pour toute la ville, eft grande & d'une affez belle conftruction, la coupole peinte par le *Pomarancio*, repréfente l'Affomption de la Vierge, les quatre Evangeliftes peints fur les pendentifs, font d'un grand caractère de deffein, la quantité de lampes & de cierges toujours ardents dans cette Eglife, en ont fort alteré le coloris. Parmi les tableaux des Chapelles, on verra avec plaifir une Annonciation du *Barrocci*, la figure de la Vierge y eft d'une beauté admirable... la Cêne de J. C. avec fes Apôtres, par *Vouet*, peintre François, excellente compofition pour le deffein, le coloris, la variété & la nobleffe d'expreffion des airs de tête. Le refte des ornemens de cette Eglife, ne répond point aux richeffes qu'elle renferme. Les portes font de bronze, ornées de bas-reliefs, d'une belle exécution. La façade conftruite en 1583, eft d'une architecture médiocre; on lit au haut en lettres d'or fur un marbre noir : *Dei paræ domus in quæ verbum caro factum eft.* La place eft décorée d'une grande ftatue en bronze de Sixte V, accompagnée de celles des quatre Vertus cardinales, & de quelques Génies bien modelés; un peu plus loin eft une fontaine dont le baffin eft de marbre, les ornemens & les figures qui jettent de l'eau font en bronze, ouvrage fait par les ordres de Paul V.

Les portiques qui entourent la place des deux côtés, font de très-belle architecture, ainfi que le grand palais où logent le Gouverneur, l'Evêque, les Chanoines & les Jéfuites des différentes nations de l'Europe qui y font Péniten-

ciers. On voit à l'apothicairerie entretenue par le Gouvernement, plusieurs
beaux vases d'ancienne fayance peinte
en jaune & en bleu, sur les desseins de
l'école de Raphaël ; on les vante beaucoup, on en montre quelques-uns pour
lesquels on a voulu donner des vases
d'or de même grandeur : tout cela se
débite sur l'estime que l'on en a fait
autrefois, lorsqu'on ne connoissoit rien
de mieux. Un beau vase de porcelaine
de Saxe, bien peint, n'auroit, à ce que
je crois, pas moins de mérite.

A la suite de ce grand Palais, joignant l'Eglise, est un petit arsenal où il
y a des armes pour deux mille soldats,
& quelques petites piéces de canon,
que l'on dit avoir été enlevées aux
Turcs ; on y voit aussi deux grandes
armoires garnies de plusieurs milliers de
stilets de toutes les formes imaginables,
dont quelques-uns devoient faire des
blessures si dangereuses, que la rage
seule de la vengeance portée à l'excès,
a pu les faire imaginer ; ils ont tous été
remis à un Capucin qui faisoit une Mission en 1739 dans les environs de Lorette, par les assassins même qui s'en
servoient d'habitude, & dont la con-
version a été si sincere, que depuis ce

tems, il s'y fait très-peu d'affaffinats, qui auparavant y étoient fréquents ; il feroit à fouhaiter que ce zélé Prédicateur eût trouvé des fucceffeurs dans fon miniftere, auffi perfuafifs que lui, & qui euffent répandu leurs inftructions plus au loin. Pour le peu que je me fois arrêté dans les villes de l'Ombrie, j'ai peu vu de ces gens oififs qui s'attroupent autour des voyageurs, qui n'euffent le ftilet en poche, dont on voyoit paroître la garde.

Le Campanile ou clocher élevé nouvellement fur les deffeins de Vanvitelli, eft d'une architecture légére, élégante & folide ; la colonnade qui foutient le couronnement eft de belle forme, & traitée dans le goût de l'antique. Tout ce que cet habile architecte a fait, eft marqué au coin du vrai génie.

La dévotion à Notre-Dame de Lorette fe foutient avec une ferveur étonnante ; l'afluence des Pélerins y eft continuelle dans toutes les faifons de l'année ; on y voit Prêtres, Moines, Hommes, Femmes, Gentilshommes ; Princes d'Italie & d'Allemagne, que le même motif y conduit. Les vrais Pélerins, ceux qui font le voyage à pied, entrent par troupes dans la ville : il com-

mencent à la porte les Litanies de la
Vierge qu'ils chantent à deux chœurs,
en traverfant les rues avec beaucoup
d'ordre ; & ils vont droit à l'Eglife,
dont ils baifent les murs fi elle n'eft pas
ouverte ; quand ils ont fait leurs dévo-
tions, & qu'ils font prêts à partir, les
différentes troupes fe raffemblent au pied
de la *Santa Cafa*, où les Chantres en-
tonnent les litanies de la Vierge, qu'ils
chantent en fe retirant de l'Eglife, le
vifage toujours tourné du côté de l'objet de leur dévotion. Ils continuent à
marcher ainfi à reculons, jufqu'à l'extrémité de la place ; alors ils fe mettent
à genoux, faluent très-dévotement la
fainte Maifon, & traverfent la ville dans
le même ordre qu'ils y étoient entrés.

Que l'on n'imagine pas que cette
forte de marche ait rien de ridicule ou
d'affecté, ou fe reffente de la caricature
Italienne, le chant, l'attitude, le refpect extérieur, eft la preuve du fentiment intime de piété qui anime alors
ces gens, & qui ne peut qu'édifier. La
fincérité de leur foi perce à travers l'enveloppe groffiere dont elle eft couverte.
J'ai vu des gens prévenus de fentimens
bien oppofés aux leurs, être vraiment
touchés de ce fpectacle : leur ufage eft

de faire à genoux nuds le tour de la
Sancta Casa ; je ne sçai s'ils le répe-
tent plusieurs fois, mais j'ai vu hommes & femmes occupés à ce pieux exercice, qui étoit plus laborieux qu'on ne
pense ; le pavé quoique de marbre, étoit
sillonné à la profondeur de plus d'un
pouce & demi, & les uns & les autres
suivoient exactement la trace marquée;
ce qui ne pouvoit être que très-fatiguant.
Le concours y est si considérable que
l'on est souvent obligé de renouveller ce
pavé.

Outre le riche trésor dont j'ai parlé,
l'Eglise de Lorette possede des sommes
considérables en argent monnoyé, auxquelles on dit que l'on ne peut toucher
que dans les nécessités de l'Eglise les
plus pressantes. Les revenus doivent être
immenses eu égard à ce qu'il en coûte
pour l'entretien de l'Evêque, du Cha-
pitre, des Péniténciers & de toutes les
personnes, préposées au service de l'E-
glise & à ses réparations. Quelque nom-
breux que soit le concours des Pélerins
on leur donne deux fois par jour à man-
ger, & les denrées, sur-tout le pain
qu'on leur distribue, sont de bonne qualité ; ils y ont le séjour franc, le jour de
l'arrivée & du départ ; ce qui fait qua-

tre repas pour chacun, & ils reçoivent
en partant deux fols & demi d'argent.
La dévotion des Pélerins eft de fe foumettre à ce genre de vie, quoiqu'ils foient
en état de fe procurer ce qui leur eft né-
ceffaire de leurs propre fonds ; en ce
cas il eft à croire qu'ils remettent dans
les troncs de l'Eglife au moins la valeur de ce qu'ils en tirent à titre d'au-
mones.

La ville de Lorette eft fituée fur une
colline oblongue, éloignée de la mer
d'environ trois milles ; petite, mais bien
peuplée pour fon étendue ; le concours
continuel d'étrangers qui y arrivent de
tous les côtés & le petit commerce de
détail qui s'y fait continuellement, y
mettent beaucoup de mouvement. Le
fang m'y a paru affez beau ; les femmes
y font pour la plûpart de figure intéreffante & bien faites, polies & affables
dans leurs boutiques, qui pour la plûpart, ne font garnies que de chapelets,
de médailles, de rubans, de fleurs &
autres petites marchandifes de ce genre,
dont le débit eft prodigieux ; il n'y a
point d'habitans qui ne faffent quelque
commerce, au moins de comeftibles.
Le territoire des environs fournit abon-
damment les denrées de confommation

ordinaire, qui font d'excellente qualité. Les Papes ont eu foin d'y faire conduire de bonnes eaux, & n'ont rien épargné de ce qui pouvoit contribuer à l'agrément & à l'utilité de cette ville, qui doit fon exiftence à la religion & à leurs foins. Elle eft entourrée d'une muraille bien entretenue, défendue par quelques tours & des baftions avancés, de forte qu'elle eft à l'abri d'un coup de main de la part des Corfaires, pour le peu qu'on veille à en garder les avenues & à la garantir des effets d'une premiere furprife, qui ne pourroit qu'être funefte vis-à-vis d'un peuple timide accoutumé aux douceurs de la paix, & auquel un Corfaire le fabre à la main, imprimeroit la terreur la plus vive. Le territoire qui eft entre Lorette & la mer eft prefque partout couvert de jolies maifons de campagnes & de jardins qui forment le tableau le plus riant. Tout le pays jufqu'à Ancone eft également fertile & bien cultivé; & dès-lors affez peuplé pour être entretenu dans cet état de culture.

Ancone, fon Port.

51. Ancone, ville actuellement très-commerçante, & Port de mer très-fréquenté, a été fondée par les Syracufains lorfqu'ils fuyoient la tyrannie de

Denys le pere; le cap fur lequel ils commencerent leurs conftructions, qui fait une courbure qui s'avance dans la mer, lui donna fon nom d'Ancone ou Ancona; c'eft-là où ces peuples, originairement Grecs Doriens, bâtirent un Temple à Venus.

Ante domum veneris quam dorica fuftinet Ancon... Juv. l. 4. Elle devint affez promptement une place importante. Deux cent vingt-fept ans après fa fondation, les Romains y établirent la ftation de la flotte, qui devoit tenir la mer fupérieure pendant la guerre contre les Illiriens: *Adverfus Illiriorum claffem, creati duum viri navales erant qui tuendam viginti navibus mari fuperiore Anconam, veluti Cardinem haberent.* (Tit. Liv. l. 41. A. 574.) Ce fut une des premieres villes où Cefar mit garnifon après avoir paffé le Rubicon. Trajan fit fortifier fon Port. La Ville occupoit alors à-peu-près le même emplacement où elle eft aujourd'hui, s'il eft vrai que la Cathédrale, qui eft placée fur le cap, qui étoit l'ancien *Crumerum*, ait fuccédé au Temple de Vénus que les Syracufains y avoient bâti. Ce qu'il y a de certain, c'eft que les ouvrages de Trajan qui fubfiftent en-

core, ne laiffent aucun doute à ce fujet.
Les Goths détruifirent dans le cinquieme fiecle toute la partie inférieure de
la ville, que Narfes, Général des armées de Juftinien, fit rétablir peu de
tems après. Dans le dixieme fiecle les
Sarrafins, après avoir brûlé la flotte
des Vénitiens dans le golphe de Triefte,
ravagerent plufieurs places de la mer
Adriatique, Ancone fut du nombre. Il
y a très-long-tems qu'elle eft du Domaine de l'Eglife; Pie II qui y mourut
en 1464, commença à la faire rétablir
& à remettre fon port en meilleur état,
ouvrage auquel on a travaillé à différentes reprifes, & que l'on continue à
préfent avec plus d'ardeur que jamais.
Lorfque j'y paffai en 1762; il y avoit le
plus grand mouvement dans la ville &
fur le Port, les Marchands, les Mate-
lots, les Maçons travailloient chacun de
leur côté; les uns traînoient les pierres
& les matériaux qui devoient être employés à finir le grand Mole, les autres
réparoient le Port & le nettoyoient : ici
on chargeoit des vaiffeaux des marchandifes que l'on tiroit du pays même; là on
apportoit dans les magafins de la ville
les productions des Indes & du Levant;
il fembloit voir les Tyriens en mouvement,

ment, occupés à établir la ville & le commerce de Carthage.

Inftant ardentes Tirii, pars ducere Muros,
Molirique arcem, & manibus fubvolvere Saxa,
Hic portus alii effodiunt. . . . .

Virg. Æneid. 1. ..

On fait actuellement monter la population de cette ville, a vingt-deux mille ames, & tous les jours elle augmente par l'attention qu'ont eu les Souverains Pontifes à maintenir ce Port dans toutes les franchifes qui lui avoient été accordées, & a en ajouter de nouvelles, en permettant même que les Négocians de toute fecte s'y établiffent, pourvu qu'ils ne faffent point d'exercice public de leur Religion. Le Port n'en étoit pas fûr pour les grands vaiffeaux, qui y étoient battus des vents du nord & du levant ; on n'omet rien pour obvier à cet inconvénient, au moyen du Mole nouveau, auquel on travaille encore.

Le commerce d'exportation fe fait en bleds, en laines & en foyes : celui d'entrepôt y eft plus confidérable, & fait un grand tort à la ville de Venife; les vaiffeaux qui viennent du levant dans la mer Adriatique, aiment beaucoup mieux s'arrêter à Ancone, que d'aller

Tome VI. V

jufqu'au fond du Golphe: ils s'épargnent plus de cent cinquante mille d'une navigation difficile, & prefque toujours orageufe.

Les monumens principaux dont cette ville eft décorée, font à la place publique, la ftatue de Clément XII, une fontaine ornée de quatre chevaux marins, & d'un Neptune qui jettent de l'eau. Le Palais de l'Hôtel-de-Ville, bâti dans le treizieme fiécle, d'un beau gothique enrichi de fculptures affez bonnes pour ce tems. La loge des Marchands ou bourfe, décorée de quelques bonnes ftatues.

L'arc de Trajan qui eft à l'entrée du Mole, de marbre de Carrare avec des colonnes d'ordre Corinthien, petit & folide, mais de bonne maniere; il a eu autrefois plufieurs ornemens en bronze qui ont été enlevés, il n'en refte plus que les infcriptions antiques, qui font très-lifibles (a). *Vanvitelli* a fait élever un autre arc de triomphe à l'extrémité

_____

(a) *Imp. Cæfari. divi. Nervæ. F. Nervæ. Trajano. optimo. Aug. Germanico. dacico. Pont. Max. Trib. pot. XIX. Imp. IX. Cof. V. P. P. providentiſſimo. Principi. S. P. Q. R. quod, adceſſum. Italiæ. hoc. etiam. addito. ex. pecu.*

du nouveau Mole, qui eſt une continuation de l'ancien ; il eſt bâti en pierre d'une proportion plus grande que celui de Trajan, & très-beau. Le Lazaret, grand édifice du même Architecte, bâti dans la mer ſur un plan Pentagone, bien revêtu, & entouré d'une terraſſe de même forme, au milieu de laquelle eſt une chapelle ouverte, ſous une colonnade du meilleur goût ; cet ouvrage commencé ſous le pontificat de Clément XII, a été terminé par les ordres de ſon ſucceſſeur. Le Dôme ou Cathédrale, ſitué ſur le haut du Cap, a la vue ſur le Port, une longue étendue de côtés, & la mer Adriatique. La Citadelle eſt au-deſſus de la ville au couchant, & a une garniſon de Corſes ; tous ces ouvrages, de même que ceux qui défendent la ville du côté du port & de la terre, ſont très-bien entretenus. La campagne des environs eſt ſi belle & ſi bien cultivée, qu'elle reſſemble à un vaſte jardin.

---

ria. ſua. portum. tutiorem. navigantibus. reddiderit.

Au deſſus on lit à droite. à gauche.

Plotinæ. Aug.   *Divæ. Marcianæ.*
Conjugi. Aug.   *Sorori. Aug.*

À cinq ou six mille au-delà d'Ancone, on abandonne le chemin pour suivre les bords de la mer, que l'on cotoye jusqu'à Pesaro ; le fond en est d'une telle solidité que dans le reflux, les fers des chevaux, & le rouage des voitures y marquent à peine leurs traces ; car dans le flux l'eau dépasse les voitures de quelques toises ; les Postillons accoutumés à courir sur ces rivages, sçavent quand il faut quitter la mer pour regagner le bas des Falaises dont elle est bordée de ce côté, & qui n'en sont éloignées que de cent toises auplus; l'espace qui est entr'elles & la mer, est couvert d'un gros sable, qui ne ressemble point à celui sur lequel on court, qui est très-fin.

Je profitai de quelques instans pendant lesquels on fut occupé à retirer notre voiture d'un bourbier où les postillons l'avoient engagée mal-à-propos, pour examiner ces sables ; je vis que la mer ne rejettoit rien sur ses bords qui méritât quelque attention ; je n'y trouvai que de coquilles de moules semblables à celles que l'on voit d'ordinaire dans les rivieres ou dans les étangs, la plupart brunes ou grises à l'extérieur, quelques-unes de couleur plus brillantes

& tirant fur le rouge. Les fables, de la
mer jufqu'aux falaifes font à une épaiffeur de plufieurs pieds, & ne font point
mêlés avec la vafe & le fable fin qui
compofent le fond de la mer adriatique, il eft naturel de croire que ces
fables font entraînés par les ruiffeaux
qui coulent des montagnes dans la mer,
& qui les rejette fur fes bords. Il paroît que la mer a dû baigner autrefois
le pied des falaifes, qui en font à préfent à quelque diftance; cette route jufqu'à Pefaro eft très-amufante; à droite
on a la vue de la mer, fur laquelle on voit
de tems en tems quelques vaiffeaux; à
gauche, des côteaux fertiles & bien cul-
tivés, couronnés de beaux arbres, des
gros villages, & de jolies villes.

52. Sinigaglia (*Seno Gallia*) ville ancienne bâtie par les Gaulois Senonois, à
quelques toifes de la mer, traverfée
par un canal fur lequel remontent les
grandes barques dans l'intérieur de la
ville, ce que j'en ai vu en paffant m'a
paru bien bâti, fur-tout le long quai
revêtu qui borde le canal, il eft fort large, & décoré d'un grand portique à
arcades ouvertes, d'architecture uniforme, fous lefquels fe placent les marchands pendant la belle foire, qui fe tient

Sinigaglia.
Fano. Pefaro

V iij

dans cette ville au mois de Juillet. Toutes ces villes ont quelque chose qui les annonce avantageusement, les domes dont elles sont couronnées, plusieurs grands édifices remarquables qui s'élevent au-dessus des autres, les dehors de la plupart leur donnent un air distingué & vivant, qu'un examen particulier leur fait perdre souvent. C'est à Sinigaglia que l'on fabrique la petite monnoie de Billon, qui a cours dans les Etats de l'Eglise.

Fano (Fanum Fortunæ) petite ville sur le bord de la mer, traversée d'un canal au-dessus duquel est une belle cascade qui paroît le former.

Pesaro (Pisaurum) colonie Romaine établie l'an 568 de la Republique, dans cette partie de l'Italie où les Gaulois avoient eu des établissemens, & qui en retenoit encore le nom, ainsi que le rapporte Tite-Live. *Colonia Pisaurum, in Gallicum agrum deducta.* (l. 39. c. 44.) Après la chûte de l'Empire elle a eu différens maîtres dont les derniers ont été les ducs d'Urbin de la maison de la Rouere, auxquels elle doit la plupart de ses embellissemens. Sa situation entre la mer & les collines est agréable, son petit port est bon & commode, la plupart de ſes rues ſont larges, allignées & bordées d'aſſez belles maiſons. Les habitans principaux vantent beaucoup la douceur & les agrémens de ſes ſociétés. Elle m'a paru médiocrement peuplée eu égard à ſon étendue.

La grande place eſt réguliere, & a pour ornement principal la ſtatue du pape Urbain VIII, ſous le pontificat duquel la ville de Peſaro rentra dans le domaine de l'Egliſe en 1630. En courant cette ville j'y ai vu quelques tableaux précieux. A l'Egliſe de la confrairie de la mort, la vocation de St Pierre & de St André par *Frederic Barocci*. La tête de St André eſt de la plus belle expreſſion... Au Nom de Jeſus un tableau du même qui a pour ſujet la Circonciſion, traité d'une maniere neuve : la figure de la Vierge eſt intéreſſante, autant par la douleur vraie & tendre qui eſt peinte dans tous ſes traits, que par ſa beauté. La couleur en eſt brillante & extrêmement gracieuſe. A la Cathédrale un tableau de l'Annonciation tout-à-fait ſemblable à celui de Notre Dame de Lorette ; l'Ange ſeulement y a été travaillé avec plus de ſoin, ce qui eſt peut-être cauſe que la figure de la Vierge paroît moins belle...

Je vis dans cette ville un peintre de payfages qui ne manquoit pas de mérite, quoiqu'il fût peu connu hors de Pefaro. Son coloris gracieux & vif étoit dans le beau ton de la nature. On pouvoit prendre dans fon attelier une idée des différentes vues de la Romagne, il y en avoit de l'intérieur des montagnes, de très-piquantes. Cet homme avec toutes les apparences de la pauvreté étoit fier, & tenoit fes tableaux à un haut prix, il nous affura qu'il avoit beaucoup de commiffions pour les Anglois.

Au fortir de Pefaro on quitte les bords de la mer pour courir par un chemin tracé fur un plan plus élevé & prefque toujours dans les montagnes, d'où cependant on voit la mer d'affez près. A dix milles de Pefaro on trouve le village de la *Catholica* dans la Romagne, où quelques-uns des Peres du Concile de Rimini, indignés de ce que la fecte des Ariens dominoit dans cette affemblée générale de l'Eglife, fe retirerent en 359, pour fe féparer de la communion des fauteurs déclarés de l'héréfie. Ce lieu a confervé le nom de Catholica depuis ce tems. Une infcription qu'a fait pofer au devant de l'Eglife le cardinal Spada, apprend à-peu-près ce que je viens de rapporter.

53. Rimini (Ariminium), eft une ville ancienne, autrefois confidérable, ainfi que l'annoncent les reftes de plufieurs monumens dont elle a été décorée du tems des Romains ; ce fut la premiere place dont Céfar s'empara, après avoir paffé le Rubicon, & d'où il commença la guerre civile. Il y étoit entré avec la treizieme Légion : On prétend conferver encore dans la place publique de Rimini, la pierre fur laquelle il monta pour haranguer fes Soldats dans cette occafion, ainfi qu'on le peut voir au premier Livre de la guerre civile. (*Comment. Cæf.*)

Rimini, Cefena, Forli, Faenza imola.

L'Arc de triomphe fous lequel on paffe en entrant dans cette ville, n'a rien de plus beau que fon antiquité, & d'être encore fur pied après les révolutions de tant de fiécles ; le Pont qui eft à la fuite, eft du même âge, mais d'une conftruction plus belle & plus folide que l'Arc : ces deux monumens font du tems d'Augufte. On y lit ces infcriptions antiques :

Imp. Cæf. divi. Jul. Fil. Auguftus. Pont. Max. Cof. XIII. Imp. XX. Tribun. pot. XXVII. P. P.

V v

Tib. Cæf. Divi. Augufti. F. Divi Julii. N.
Aug. Pont. Max. Cof. IV. Imp. VIII. pot. XXII.

On voit encore à la face de l'Hôtel-
de - Ville cette infcription du même
fiécle.

C. Cæfar. Augufti. F. Cof. Vias. omnes.
Ariminis. Ter...

On fçait que la voie Flaminienne fe
terminoit à Rimini, & cette infcription
défigne fans doute une réparation générale des voies Romaines faite fous
l'empire d'Augufte, & achevée à cette
Ville. On dit qu'il y a plufieurs autres reftes d'antiquité & quelques édifices gothiques du tems des Malatefta,
feigneurs de Rimini, mais que je n'ai
pas vu, n'ayant fait que traverfer cette
Ville affez promptement.

A quelque diftance de là on trouve
la riviere du *Rubicon*, fi fameufe dans
l'Hiftoire par le paffage de Cefar lorfqu'il vint des Gaules à Rome, dans
l'intention de s'oppofer au parti que
Pompée avoit formé contre lui. On
s'attend à paffer un fleuve majeftueux
capable d'arrêter un conquérant, & on
eft tout étonné de ne trouver qu'un ruiffeau bourbeux, coulant dans un lit fort

large dont il occupe la sixieme partie
au plus, & que l'on traverse aisément
à gué, quoiqu'il soit peu éloigné de
son embouchure dans la mer. On ne se
rappelle point que Lucain n'en a pas donné une grande idée en disant :

Fonte cadit modico, parvisque impellitur undis.

On ne songe qu'à Cesar qui hésita s'il
le passeroit ou non ; mais il étoit plus
occupé de la défense du Sénat & de la
guerre civile, qu'il alloit commencer,
que de la difficulté du passage. On l'appelle aujourd'hui *Ilpisatello*. Cette riviere étoit la borne de l'Italie & de la
Gaule Cispadane. (*a*)

(*a*) Sur une colonne d'une antiquité dou-
teuse, relevée par les soins d'un Cardinal Legat
de la Romagne, on lit le fameux Décret du
Sénat, qui défendoit à tout Général ou Officier ; de passer cette borne à la tête d'une trou-
pe armée, sous peine d'être déclaré ennemi de
la Patrie, & qui étoit conçu en ces termes :

Jussu, Mandatuve, P. R.—Cos. Imp. Trib.
Miles, Tyro, — commilito armate — quisquis
es—manipularisve Centurio turmæve Legiona-
riæ — hic sistito. Vexillum sinito — arma d-
ponito.—nec citra hunc Amnem-Rubiconem si-
gna ductum — exercitum, commeatumve — Tra-
ducito. —— Si quis hujusce jussionis — ergo ad-
versus præcepta — ierit feceritve — adjudica-

Le bourg, ou beau village de *Savi-gnano*, qui eſt le *Compita* des anciens Itinéraires, eſt à huit milles de Rimini,

---

tus eſto hoſtis —— *S. P. Q. R. ac ſi contra pa-triam* —— *arma tulerit* —— *penateſq. è ſacr. pe-netralibus* —— *aſportaverit.*

S. P. Q. R. Sanctio.

Plebiſciti. S. V. C.

Ultra hos fines arma proferre, nemini liceat.

Je ne ſçai pourquoi on doute de l'authenti-cité de l'inſcription : elle a été reconnue telle, dès les premiers tems du rétabliſſement des ſciences.

Toute l'Italie, depuis l'extrémité du Royau-me de Naples juſqu'au Rubicon, la Sicile & l'Iſle de Corſe, étoient compriſes au rang des Provinces & Villes ſuburbicaires, ſoumiſes à l'au-torité de Préfet ou Gouverneur de Rome. Les Papes, quand leur puiſſance fut pleinement éta-blie, eurent ſeuls le droit de ſacrer les Evêques de ces différentes Provinces, rejettant ceux qui ne leur convenoient pas, en annulant leur élec-tion. Ils y envoyoient des Viſiteurs Apoſtoli-ques, obligeoient les Evêques à venir à Rome autant que bon leur ſembloit, & exerçoient même dans leurs Diocèſes une autorité réelle; de-là ce que l'on nomme encore à Rome les Pays & Royaumes d'obédience, & cette quan-tité d'Evêques ſoumis immédiatement au St Siége, & que l'on appelle aſſiſtans du trône.

on y voit un pont moderne d'une très-belle conſtruction.

La ville de *Ceſena* , bâtie ſur un ter-rein inégal au pied d'une montagne éle-vée , a été fondée par les Gaulois Sé-nonois. On voit de la place principale les reſtes d'un château bâti par l'Em-pereur Frédéric II , au deſſus de la montagne : En remontant de la place dans le haut de la ville , j'entrai dans une Egliſe , où parmi pluſieurs inſcriptions , je notai la ſuivante :

D. M. Seia T. F. Marcellina.
Sibi. & Vibennio. Marcellino.
Filio. viva. poſuit.
Quod. voluit. & potuit.
Quod. potuit. & voluit.

Je commençai à m'appercevoir que les habitans des environs de *Ceſena* n'a-voient plus rien de cette gravité apprê-tée des Italiens méridionaux : il me ſem-bloit y retrouver des traits marqués de la franchiſe & de la gaieté Gauloiſe. J'en jugai par ce qu'aux environs de de cette ville les jeunes filles ſe raſſem-ploient pour chanter & danſer en plein air , ainſi que cela eſt d'uſage dans la belle ſaiſon , dans preſque tous nos villages de France. Je crois que ces peuples de l'ancienne Gaule Cifalpine font d'un commerce franc & aifé. J'ai vu fouvent à Rome Monfignor *Manfi*, né à Cefena & à préfent Archevêque d'Avignon ; ce Prélat d'une conduite vraiment refpectable, étoit de la fociété la plus gracieufe, doux, honnête ; né pour rendre la vertu aimable. Sa phyfionomie annonçoit toutes ces excellentes qualités.

Le chemin de Cefena à Forli eft beau & tracé à travers une campagne fertile & riante. Avant que d'y arriver, on paffe par *Forlimpopoli*, (Forum popilii,) ville ancienne détruite, dont il ne refte que quelques maifons & un château de conftruction moderne. On cultive dans les environs avec fuccès le lin & la garence. Forli qui eft a onze milles de Cefena, (Forum livii,) m'a paru une belle & grande ville ; nous la traverfâmes à l'heure de la promenade, & nous vîmes tout le côté par où nous arrivions rempli du plus joli peuple, qui avoit l'air de la gaieté même, & d'une longue file de carroffes. Nous changeâmes de chevaux au milieu d'une place réguliere entourrée de beaux édifices & de portiques à arcades ouver-

tes ; je fus fâché de quitter si prompte-
tement un lieu qui me sembloit si agréable à habiter. Les différentes villes qui
sont d'Ancone à Forli sont dans des
situations si riantes, la campagne qui
les environne est si riche, si variée;
qu'il y a peu d'endroits où l'on ne fût
charmé d'avoir une habitation.

De Forli nous allâmes coucher à
Faenza, (Faventia), qui en est à dix
milles, par une très-belle route; cette
ville est connue par la belle vaisselle de
terre cuite & vernie qui s'y fabrique
depuis longtems, & que les Italiens appellent *Maïolica*. Toutes les manufactures de ce genre ont conservé ailleurs
le nom de Fayence, de la ville de Faenza, où elles avoient été établies. On
y avoit célébré ce jour même la fête
de Notre-Dame des Graces, & nous
trouvâmes toute la Ville illuminée d'une
manière uniforme, avec des lanternes
de papier peint; outre ces lantenes,
chaque portique de la grande place
avoit un lustre chargé de six chandel-
les, on avoit tiré un feu d'artifice
que nous avions vu de loin avant que
d'arriver. C'est avec cet appareil que
l'on solemnise en Italie toutes ces fêtes
votives. Comme la ville de Rome est

plus grande , la paroiſſe où ſe célébre la fête , eſt illuminée en entier , avec autant de goût & de ſimétrie , que ſi une ſeule main eût tout arrangé. Le lendemain avant que de partir je parcourus cette ville qui eſt grande & fort bien bâtie. Je lus à la grande place deux inſcriptions qui me firent plaiſir , en ce qu'elles témoignoient la reconnoiſſance & l'attachement de cette ville pour le cardinal Stopani , dont j'ai déja parlé , & dont elle avoit reçu pluſieurs bienfaits pendant ſa légation de Ravenne.

A peu de diſtance de Faenza , on entre dans la plaine de Lombardie , & après neuf milles de chemin on arrive à *Imola* (Forum Cornelii) ſitué ſur les frontieres du Bolonois & de la Romagne. Les avenues en ſont riantes ; on y voit de grandes plantations de peupliers , qui ſont du plus bel effet dans la perſpective , mais l'intérieur de la ville n'y répond pas. J'ai remarqué en la traverſant beaucoup de mouvement & des artiſans de toute eſpece. Il y a ſeize milles d'Imola à Bologne qui ſe font par une campagne riche , fertile & peuplée ; mais qui n'a pas la variété piquante d'une partie de la Romagne & de la Marche d'Ancone.

Telles font les obfervations que j'ai
faites dans le cours de mon voyage
d'Italie, & d'après lefqu'elles j'ai formé
ces Mémoires toujours éclairé par le
flambeau de la vérité, & guidé par les
regles d'une critique qui paroîtra, à ce
que j'efpere, exacte & judicieufe.

Les différens climats de cette belle
région de l'Europe, ont dans leur variété mille chofes agréables, & curieufes. La nature s'y montre par-tout fous
la forme la plus intéreffante & la plus
riche. Les arts y étalent mille chefs
d'œuvres. Tout y eft fait pour inftruire,
les colonnes, les ftatues, les murailles
même y ont leur langage. Les hommes
(car on y en trouve) les ufages & les
mœurs, offrent d'autres objets de con-
fidération qui ne font pas moins im-
portants. *In fumma nihil erit ex quo non
capias voluptatem : nam ftudebis quoque,
& leges multa multorum omnibus columnis, omnibus parietibus infcripta. Plura
laudabis, non nulla ridebis, quamquam
tu vero, quœ tua humanitas, nulla ridebis.* (Plin. I. 8. Ep. 8.)

Fin du fixieme & dernier Volume.

TABLE
DES MATIERES
DU SIXIEME TOME.

A.

B.

D.

E.

F.

Q.

R.

V.

Tom. VI. X

Fin de la Table du sixieme Volume.

ERRATA du Tome VI.

Page 3. note, *lig.* 2. *vitu*, lif. *ritu.*

P. 4. *lig.* derniere, vue, *lif.* rue.

P. 21. *lig.* 2. fêtes, *lif.* faftes.

P. 25. not. *lig.* 15. cornita, *lif.* comite.

P. 81. *lig.* 10. par *Magianino*, lif. *du Parme gianino.*

P. 91. *lig.* 25. Bouré, *lif.* Bové.

P. 94. *lig.* 1. accroupée, *lif.* accroupie.

P. 120. *lig.* 11. *invitio*, lif. *invito.*

P. 123. *lig.* 2. *Maflo*, lif. *Meflo.*

　Lig. 4. *lifince*, *lif. fin ché.*

P. 114. *lig.* 23. *feu*, lif. *fece.*

　Lig. 22. *vare*, lif. *rare.*

　Lig. 24. *nomini*, lif. *vomini.*

P. 128. not. *lig.* 5. *natis*, lif. *nates.*

　Lig. 7. *ambas*, lif. *ambæ.*

P. 130. *lig.* 1. *gallipige*, lif. *callipige.*

P. 143. not. *lig.* 20. *perpetuas quæ*, lif. *quæ.*

P. 148. not. *lig.* 13. *pertingua*, lif *pertingunt.*

　Lig. 14. phæd. *lif.* phars.

Pag. 149. not. *lig.* 10. *exurerit*, lif. *exuxerit.*

p. 154. *lig.* dern. *caufidibus*, lif. *caufidicus.*

p. 167. *lig.* 25. *vivit*, lif. *vixit.*

p. 179. *lig.* 4. de tableaux, *lif.* peu de.

　Lig. 9. lapins, *lif.* lupins.

　Lig. 8. autour, *lif.* en tour.

p. 182. not. *lig.* 4. laquelle, *lif.* lequel.

　Not. lig. 5. *Mofa*, lif. *Exofa.*

p. 182. not. *lig.* 16. *bonum Deum*, lif. *bonam Deam.*

　lig. 17. left. *lif.* lent.

X ij

p. 188. *lig.* 11. *degle si*, *lis. degli.*

p. 195. *lig.* 13. regardent, *lis.* regarderent.

p. 206. *lig.* 7. *gravidi*, *lis. gradivi.*

p. 218. not. *lig.* 7. *pænnis*, *lis. perenni.*

lig. 14. *fecit*, *lis. fuit.*

p. 222. not. *lig.* 4. *disturbatas*, *lis. disturbatos.*

p. 227. *lig.* 16. *in*, *lis. ab.*

lig. 29. *efferro*, *lis. effera.*

p. 237. *lig.* 12. habité, *lis.* inhabité.

lig. 25. *urbes*, *lis. urbs.*

p. 239. not. *lig.* 1. avoit, *lis.* avec.

p. 240. not. *lig.* 5. n'eut, *lis.* eut.

p. 262. *lig.* 23. Agomistique, *lis.* Agonistique.

N. B. L'*Approbation* & le *Privilége*, qui auroient dû être mis ici, pour terminer ce *Volume*, ont été placés, par convenance thypographique, à la fin du *Tome* cinquiéme.

CATALOGUE

De quelques Livres de fonds & d'aſſortiment, deſquels il y a nombre; qui ſe trouvent chez DES VENTES Pere, Libraire de S. A. S. Monſeig. le Prince de Condé, à Dijon en 1766.

IN-FOLIO.

BIBLE (Diſcours ſur la) par MM. Saurin & beauſobre. La Haye, 1739 . 6. vol. cart. mag, pap. ſuperfin imp, avec plus de 300 fig. reliés. 300 liv.

Bibliotheca Piſtorienſis & Anecdotorum Mediolanum. Taurineus, 1755, 2 vol. 30 liv.

* Bibliotheque de Bourgogne, par l'Abbé Papillon. Dijon, 1745, 2 vol. en 1 tom. 15 liv.

* Coutume de Bourgogne, par Taiſand. Dijon 1747, 1 vol. grand l'apier. 15 liv.

* Critiques (Rematques) ſur le Dictionnaire de Bayle. Dijon, 1752, 2 vol. en 1 tom. 18 liv.

Dictionnaire de Richelet, Lyon, 1759, 3 vol. 48 liv.

Gallia Chiſtiana. Paris, 1715 à 1760. 11 vol. 250 liv.

Hiſtoria Eccleſiaſticorum Scriptorum. Taurineus, &c. Tomus tertius. 60 liv.

Lanoï Opera omnia, &c. Col. Allob. 1731 10 vol. 100 liv.

Loix Eccléſiaſtiqces pa. M. d'Héric, Paris, 1755, 1 vol. complet. 28 liv.

— Civiles, par Domat. 1 vol. 28 liv.

* Œuvres de Renuiſon, Paris, 1760 1 vol. 24 liv.

— de M. Deſpeiſſes. Lyon, 1751, 3 vol. 60 liv.

Oriens Chriſtianus. (L') Paris, 1740, 3 vol. & les volumes détachés, chaque tom. ou vol. à. 22 liv.

IN-QUARTO.

Académie des Inſcriptions & Belles Lettres. Paris, 1743, à 1764, 30 vol. fig. 360 liv.

* Arrêt de Réglément, par M. de Joui, 1 vol. 9 liv.

Aurore (L') Boréale, par M. de Meiran. Paris,
vol. in-4°. fig.   12 vol.

Bibliothéque curieuse, hiftorique & critique de tous les
Livres rares, par David Clément ; les cinq premiers vol.
feulement.   45 livr.

—Des jeunes Négocians, par la Rüe. Lyon, 1758, 2 vol.
                                                        18 liv.

Boerhave cum Vanfwieten. Taur. 1764, 4 vol. 48 liv.

* Collection Académique, compofée fur les Mémoires,
Actes & Journaux des plus célèbres Académiciens &
Sociétés Littéraires de l'Europe, &c. 9 vol. fig. Dijon
& Paris, 1766.   135 liv.

Dictionnaire de Droit Ganonique. Paris, 2 vol. 24 liv.

—De Novitius, 2 vol.   18 liv.

—Italien & François d'Antonini. Lyon, 2. vol. 24 liv.

—De Physique. Avignon, 1761, 3. vol.   30 liv.

* Differtation fur Herodote ; par M. L. P. Bouhier.
Dijon, 1746, 1 vol.   6 liv.

Hiftoire Politique du Siécle, depuis 1656 à 1757
Londres, 1257, 1 vol.   9 liv.

—Des Templiers, par Dupuy. Bruxel. 1751, 1. vol.
fig.   10 liv.

—De Louis XIII, par le Vaffor. Amfterdam, 1751,
6 vol.   60 liv.

—Du Droit Eccléfiaftique François, &c. Londres,
1757, 2 vol.   15. liv.

Journal d'un Voyage par M. de la Condamine.
Paris, 1760, 1. vol.   10 liv. 10 f.

Mémoires des Commifaires du Roi. Paris, 1754,
2 vol.   24. liv.

—Des Savans étrangers fur la Phyfique, l'Hiftoire
Naturelle, les Mathématiques, &c. 4. vol.   48 liv.

Œuvres de M. d'Héricourt, Avocat au Parlement,
4 vol.   36 liv.

Sainte-(la) Bible, en Latin & François, par le P. Carrieres, 6 vol. avec cartes & figures,   48 liv.

Spectateur (le ou le Socrate moderne, traduit de
l'Anglois, 3 vol. Paris, 1755.   21 liv.

S'Gravefende Phyfices Elementa, 2 vol. fig. 30 liv.

* SWAMMERDAM, (Hift. ou Traité complet des Infectes.)
Paris & Dijon, 1760, 3 vol. avec quantité de figures.
                                                        18 liv.

* Traité des Juftices des Seigneurs & des Droits Seigneu-
riaux par Jacquet. Lyon, 1764, 1 vol.   10 liv.

* Traité des Criées, Ventes des Immeubles & des Offices
par Décret, par A. Thibault, derniere édition, aug-

mentée de plus de 200 pages. Dijon & Paris, 1260 & 1765, 2 vol. in-4°. 18 liv.

Voyage de l'Amiral Anson. Lyon, 1 vol. fig. 9 liv.

* Voyages de Chabert, 1 vol. fig. Paris. 10 liv. 10 f.

Vies des SS. (Les) par Baillet, 10 vol. Paris, 1739. 60 liv.

IN-OCTAVO.

Abrégé du Dictionnaire de la Langue Françoise, par Richelet. Lyon, 1 vol. 1761. 4 liv. 10 f.

* Amours de Mirtil, 1 vol. figures. Constantinople, 1761. 3 liv.

* Caminologie, (Traité de) ou l'Art d'empêcher les cheminées de fumer, D. Eb. R. B. Dijon, 1756, 1 vol. figures. 3 liv.

Mémoires d'Azema, anecdottes Ruffiennes, 2 vol. Moscou, 1764. 3 liv.

* Differtation fur les Antifpafmodiques, proprement dits, &c. par M. Godard D. en Médecine, Paris, 1765. 3 liv.

Elemens de Géométrie, par Simpfon. Paris, 1755, 1 vol. figures. 3 liv.

Les Rêveries fur la Guerre, par M. le Maréchal de Saxe, 2 vol. figures, 1755. 7 liv. 10 f.

* Logique (la), ou l'Art de penfer, dégagé de la fervitude de la Dialectique, par M. l'Abbé Jurain, de l'Acad. Royale des Sciences. Paris & Dijon, 1765. 2 l. 10 f.

Maifon Ruftique de Cayenne. Paris, 1. vol. fig. 6 liv.

* Œuvres de Théâtre, par M. Diffon, 1 vol. en quatre Parties. Dijon, 1750. 2 liv. 10 f.

Traité des Vapeurs, par M. Pome. Lyon, 1763, 1 vol. 2 liv. 10 f.

IN-DOUZE.

Abrégé de l'Hiftoire Univerfelle de M. de Thou, 10 vol. Lond. 1762. 24 liv.

Adélaïde, Hiftoire nouvelle, 1 vol. 1763. 2 liv.

Arifte, ou les Charmes de la Converfation. Paris, 1764. 1 liv. 10 f.

Caractères de Théoph. par la Bruyere. 2 vol. gr. pap. 5 l.

* —Petit papier, 2 vol. 4 liv.

* Dialogues fur les Mœurs Angloifes & les Voyages, &c. 1 vol. Paris, 1765. 2 liv.

Effai fur les Femmes, par M. de Bouffanelle, 1 vol. Paris, 1765. 1 liv. 16 f.

Eleve de la Nature. Paris, 1764, 2 vol. en 1 tom. 3 liv.

Géographe (le) Manuel, par M. Expilly, avec cartes & figures. Paris, 1 vol. derniere Edit. 2 liv. 8 f.

Histoire de Don Quichotte. Francfort, 1757, 6 vol. 21 l.
Id. — de Gilblas du Santillane , 5 vol. 12 liv.
Histoire des Guerres de l'Inde , ou des Evénemens Militaires, &c. depuis 1745, 2 vol. Paris, 1763. 4 l. 10 f.
La Religion Révélée , défendue contre les ennemis qui l'ont attaquée , par le R. P. Balleur, Cord. 5 vol. Paris, 1764. 12 liv.
Histoire du Peuple de Dieu, Anc. & N. Testament, 8 vol. 42 liv.
— du Siécle de Louis XIV , 3 vol. Dresde, 1753. 71 l. 10 f.
— de Saladin. Sult. d'Egypte. Paris , 2 vol. 5 liv.
Lettres & Mémoires de Madame de Maintenon. Hambourg, 1756, 12 & 15 vol. grand & pet. p. 24 liv.
L'Anatomie de la Langue Latine. Paris, 1764. 2 l. 10 f.
La Physique du Ciel , par le R. P. Berthier. Paris, 1763, 3 vol. figures. 7 liv. 10 f.
Mémoires historiques, critiques & anecdotes de France, &c. 8 vol. Amsterdam, 1764. 12 liv.
Mémoires de l'Académie de Berlin , contenant la Physique & l'Histoire naturelle , 4 vol. 10 liv.
* Mémoires historiques & critiques sur l'état actuel du gouvernement, des Sciences, des Arts, du Commerce, de la Population , & de l'Histoire naturelle en Italie , recueillis dans un voyage fait pendant les années 1761, 1762, par M. l'Abbé Richard Paris & Dijon , 1766, 6 vol. avec des Cartes Géographiques. 18 liv.
Maniere d'élever & perfectionner les Bêtes à laines, 2 Parties. 2 liv. 8 f.
* Ophelie , Histoire nouvelle. Amsterd. 1764 , 2 vol. 4 liv.
* Ordo Perpetuus Divini Officii , &c. Ordinabat Monach. Bened. à Cong. S. Mauri Div. 1765 , 1 vol. 3 liv.
Panégyriques du P. de la Rue. Paris , 1749, 3 vol. 9 liv.
* Philosophie de Dagoumer, ad usum Scholast. Lugd. 1757, 6 liv. 15 liv.
Sainte Bible (la) , par Carrieres , in 18 , en 18 vol. 36 liv.
* Tablettes des Rois & Reines de France , par M. le D. D. R. 3 vol. Paris, 1765. 8. P. 7 liv. 10 f.
* Tablettes Historiques, Topohraphiques & Physiques de Bourgogne ; ou Histoire abrégée de cette Province, jusqu'à sa réunion à la Couronne ; 8 vol. in-24, p. p. Dijon, 1760 inclusivement. 12 liv.
Ver solitaire , par M. W. Lyon , 1764 , 1 vol. 2 l. 10 f.

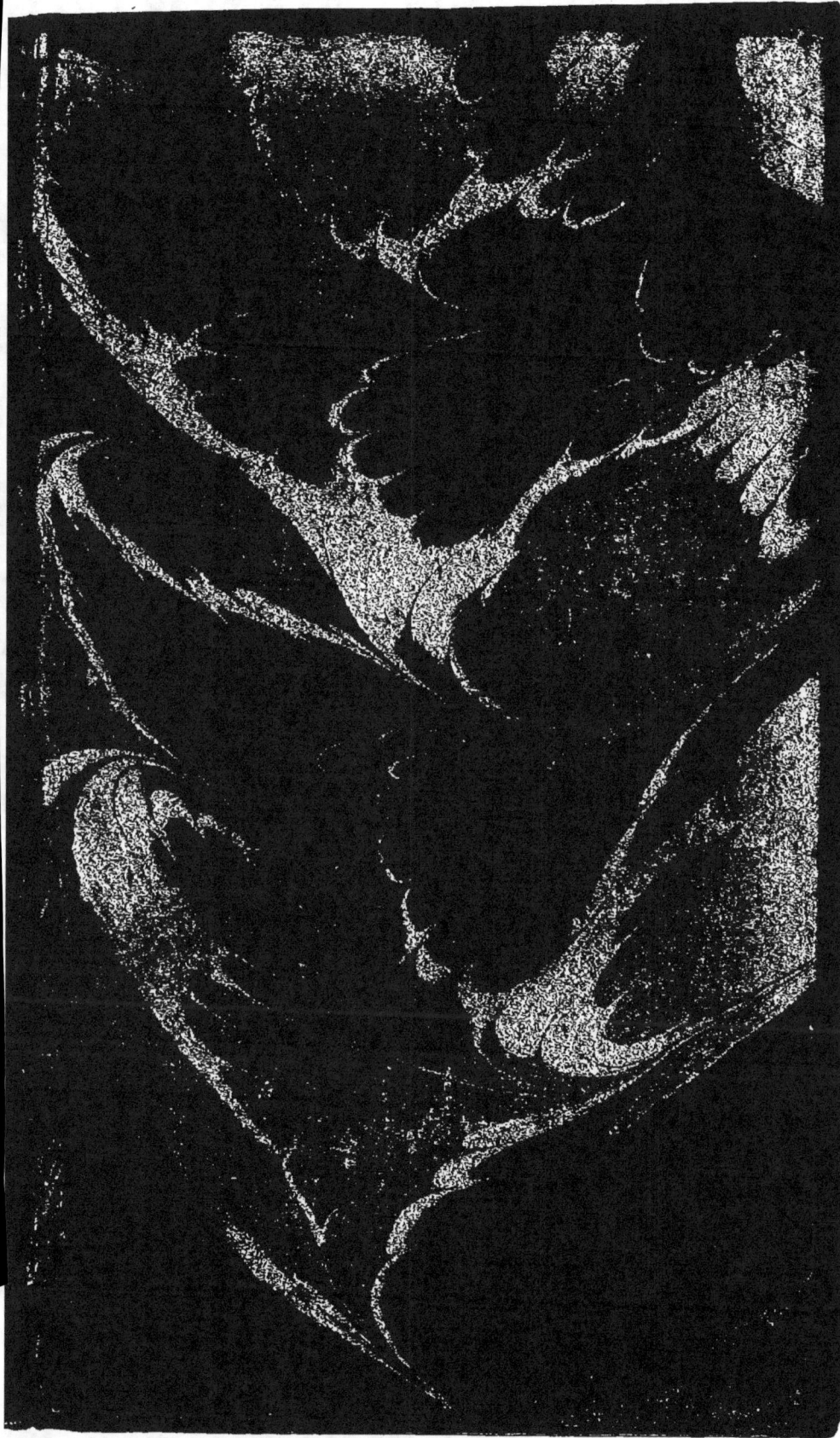

www.ingramcontent.com/pod-product-compliance
Lightning Source LLC
Chambersburg PA
CBHW071717230426
43670CB00008B/1043